Goethes Briefe an Charlotte von Stein gehören zu den schönsten Liebeszeugnissen der Weltliteratur. Sigrid Damm hat die über tausend Briefe neu gelesen und leuchtet die Hintergründe dieser ungewöhnlichen Liebe zu der sieben Jahre älteren Frau aus.

Sie erzählt von den hochfliegenden Illusionen, der zauberhaften Intimität, von Alltagsnähe, Heiterkeit, ihren Spannungen, Beglückungen und den Ursachen des letztlich tragischen Scheiterns. Entstanden ist ein einzigartiges, umfassendes und intimes Porträt des jungen Goethe im Alter zwischen sechsundzwanzig und sechsunddreißig.

»… akribische Rekonstruktion und kongeniale Nacherzählung.« *Astrid Herbold, Das Magazin*

Sigrid Damm, in Gotha/Thüringen geboren, lebt als freie Schriftstellerin in Berlin und Mecklenburg. Die Autorin ist Mitglied des PEN und der Mainzer Akademie der Wissenschaften und der Literatur. Sie erhielt für ihr Werk zahlreiche Auszeichnungen, unter anderem den Feuchtwanger-, den Mörike- und den Fontane-Preis.

insel taschenbuch 4580
Sigrid Damm
»Sommerregen der Liebe«

Sigrid Damm

»Sommerregen der Liebe«

Goethe und Frau von Stein

Insel Verlag

Erste Auflage 2017
insel taschenbuch 4580
© Insel Verlag Berlin 2015
Alle Rechte vorbehalten, insbesondere das der Übersetzung,
des öffentlichen Vortrags sowie der Übertragung
durch Rundfunk und Fernsehen, auch einzelner Teile.
Kein Teil des Werkes darf in irgendeiner Form
(durch Fotografie, Mikrofilm oder andere Verfahren)
ohne schriftliche Genehmigung des Verlages reproduziert
oder unter Verwendung elektronischer Systeme verarbeitet,
vervielfältigt oder verbreitet werden.
Vertrieb durch den Suhrkamp Taschenbuch Verlag
Umschlag: hißmann, heilmann, hamburg/ Sybille Dörfler
Umschlagabbildung: Klassik Stiftung Weimar (GSA 29/486,1)
Satz: Satz-Offizin Hümmer GmbH, Waldbüttelbrunn
Druck: CPI – Ebner & Spiegel, Ulm
Printed in Germany
ISBN 978-3-458-36280-7

Inhalt

Für H. J. W.

Sommerregen der Liebe

Liebe Frau hier ein Zettelgen ...

In den Januartagen des Jahres 1827 bewegt sich in Weimar ein Trauerzug von dem am Park gelegenen Stiedenvorwerk über den Frauenplan in Richtung des Neuen Friedhofs am Poseckschen Garten. Zu Grabe getragen wird die Oberstallmeisterin Freifrau Charlotte Albertine Ernestine von Stein, geborene von Schardt. Ihrem Wunsch, der Leichenzug möge aus Rücksicht auf den berühmten Anwohner nicht am Frauenplan, sondern rückwärtig an der Ackerwand entlanggehen, wird nicht entsprochen.

Am 25. Dezember 1826 ist Charlotte vierundachtzig Jahre geworden. Ihr letztes Jahrzehnt ist von Krankheiten und einem dramatischen Abnehmen der Kräfte überschattet. Ihr Gehör läßt nach. Bereits im April 1816 klagt sie: *Die Nachtigallen schlagen, und der Kukkuck ruft – sagt mir Stäffchen* (ihre Mitbewohnerin), *aber meinen Ohren bleiben diese Töne verborgen.* Am Lebensende ist sie fast taub. Auch Briefe schreiben und Bücher lesen wird von Jahr zu Jahr anstrengender, die Augen versagen zunehmend den Dienst. Migräne und Kopfschmerz, an denen sie bereits als junge Frau litt, werden chronisch. Hinzu kommt ein *Getöse* in ihrem *Kopf* (vermutlich ein Tinitus), *ein fürchterliches Schallen von innen, das mir,* so schreibt sie, *fast die Gedanken verwirrte.*

Dennoch ist sie keineswegs lebensmüde, im Gegenteil, mit wachen Sinnen und fast heiter setzt sie sich mit ihren Leiden, dem vom Alter bedingten Verfall ihres Körpers auseinander. Von *einem schwachen Flämmchen, das jeder Windstoß zu verlöschen drohte,* sprechen ihre Freunde. Sie selbst schreibt am 12. September 1816 an ihren langjährigen Vertrauten Karl Ludwig von Knebel: *Es ist mir manchmal, als wäre ich schon aus meinem Körper abgereist und käme nur manchmal wieder nach Hause, die notwendigsten Geschäfte zu besorgen.* Und das Bild des schwachen Flämmchens aufnehmend, heißt es: *Der Docht ist nun bald in mir aufgezehrt, und das Flämmchen davon kann sich bald als Irrwisch lustig machen. Da will ich recht oft in der Nähe Ihres Fensters herumhüpfen, da das Paradies bei Ihnen am nächsten ist.*

Mit dem *Paradies* spielt sie auf ein gleichnamiges parkähnliches, von der Saale durchflossenes Gelände in Jena an, in dessen Nähe Knebel wohnt. Ihre heiteren Gedanken von Verwandlung und Wiederkehr. Diese Jenseitsvorstellungen entsprechen kaum dem strengen christlichen Glauben, in dem sie von ihrer Mutter erzogen wurde. Im Gegensatz zu ihrem Freund Karl Ludwig von Knebel, der im Alter zum Glauben findet, gesteht sie ihm: *Mit mir ist's umgekehrt; ich habe keinen Glauben mehr, aber Ergebung, und so lebe ich auch still fort und freue mich, daß ich Ihnen manchmal einen Gedanken meines Herzens sagen kann.*

Einen solchen Gedanken des Herzens vertraut sie dem Freund am 29. September 1814 an. Es ist eine Erwiderung auf einen seiner Briefe, der sich mit dem Planetensystem beschäftigt. *Den Ring des Saturn, wovon Sie mir sagen, hätte ich gar so gern noch gesehen, ehe ich von unserem Planeten abreise,* schreibt sie ihm, *aber ich konnte nie dazu kommen, so oft ich mich auch darum bemühte. Vermutlich werden wir mehr- mals auf die Universität der Welt geschickt, und da will ich hoffentlich das Versäumte nachholen. Wenn ich Sie nur auch als Professor darin finde, da Sie einem so gerne von Ihren Kenntnissen mitteilen!*

Erneut das Motiv der Wiederkehr, der Seelenwande- rung. Der *Irrwisch*! Distanz zum Ich, ein nüchterner Blick auf die eigene Sterblichkeit; über viele Jahre muß sie sich mit ihrer Endlichkeit vertraut gemacht haben.

Dafür spricht auch eine andere Passage im Briefwech- sel mit Knebel. Im Mai 1811 bittet sie den zwei Jah- re Jüngeren, eine Grabinschrift für sie zu entwerfen. Sie wolle wissen, was auf ihrem Grab stehe, und dem Spruch zustimmen. Aus Pietät wohl lehnt Knebel ab, sie solle, begabt wie sie sei, es selber tun, antwortet er. Und sie tut es. Ein Brief erreicht den Freund: *Hier haben Sie meine Grabschrift,* kann er lesen.

Sie konnte nichts begreifen, die hier im Boden liegt, Nun hat sie's wohl begriffen, da sie sich so vertieft.

Ein Spruch voller Sarkasmus. Zugleich von einem gro- ßen Ernst. Ein hartes Selbstgericht. Bezichtigt sie sich des persönlichen Versagens? Ratlosigkeit: *Sie konnte nichts begreifen.* Das Begreifen-Wollen des eigenen Schicksals, das ergebnislose, vergebliche Reflektieren darüber, das niemals zur Ruhe kommt, ein Leben an- hält, erst im Tod endet, wenn die sterbliche Hülle *im Boden liegt.*

Bezieht sich dieses *nichts begreifen* auf jenes beglückende, tragisch endende Jahrzehnt, da sie die Vertraute und geliebte Freundin des berühmten Weimarer Dichters ist, jenes Jahrzehnt, von dem aus bis heute die Nachwelt ihr Urteil fällt?

Werfen wir einen Blick auf Frau von Steins Leben vor und nach dem Jahrzehnt mit Goethe.

Am 25. Dezember 1742 kommt Charlotte von Schardt in Eisenach zur Welt. Der Vater dient am dortigen kleinen Hof als schlechtbezahlter Reisemarschall. Als das Kind zwei wird, fällt die sachsen-ernestinische Nebenlinie an das Herzogtum Sachsen-Weimar, die Familie zieht um. Herr von Schardt nimmt am Weimarer Hof das Amt eines Haus- und Hofmarschalls an. Als Dienstquartier wird ihm das Schwarzenfelsische Haus (das heutige Palais Schardt), ein schönes Renaissancegebäude in der Scherfgasse, zur Verfügung gestellt. In den Umbau des Hauses steckt Schardt hohe Summen aus dem Privatvermögen, das seine Frau in die Ehe eingebracht hat, zudem schießt er – auf übermäßige Repräsentation in seinem Amt bedacht – dem ständig fast mittellosen Hof aus seinem privaten Portefeuille Gelder vor, die er nie wiedersieht, so daß die Familie sich schon bald in finanziellen Nöten befindet.

Als die Herzogin Anna Amalia 1759 nach dem Tod ihres Mannes die Regentschaft übernimmt, schickt sie den Haus- und Hofmarschall von Schardt – er ist noch nicht fünfzig – in Rente. Nicht nur wirtschaftlich ein schwerer Schlag. Fortan tyrannisiert der arbeitslose Vater die Familie. Charlottes Kindheit und Jugend ist davon überschattet. Sie, die Zweitälteste, wächst mit drei Brüdern und zwei Schwestern auf. Alle werden zu Hause unterrichtet. Neben den Elementarfächern Schreiben, Lesen und Rechnen stehen französische Sprache und vor allem höfischer Tanz auf dem Lehrplan.

Mit sechzehn wird Charlotte als Hoffräulein in den Kreis der Hofdamen der Herzogin Anna Amalia aufgenommen. Lernt sie da ihren späteren Mann kennen, von dem überliefert ist, daß er ein ausgezeichneter Tänzer und ein ausnehmend schöner Mann war, der sich besonders auf Reitkünste verstand? Es ist Freiherr Gottlob Ernst Josias Friedrich von Stein, Erbherr auf Großkochberg, seit 1760 Stallmeister Anna Amalias. Charlotte ist arm, keine gute Partie. Anzunehmen ist daher, daß es ihr Äußeres, ihre Bescheidenheit, ihre guten Manieren, also Sympathie war, die den sieben Jahre Älteren hat um sie werben lassen.

Am 17. Mai 1764 – Charlotte ist einundzwanzig – findet die Hochzeit statt. Das junge Paar bezieht als Dienstwohnung das Landschaftskollegienhaus in der Kleinen Teichgasse, direkt benachbart dem Elternhaus Charlottes; bis zum Umzug in das Stiedenvorwerk am Park im November 1777 ist es das Zuhause der jungen Familie.

Am 8. März 1765 wird ein erstes Kind geboren, der Sohn Karl. In rascher Folge, fast Jahr für Jahr wird Charlotte schwanger, in neun Jahren bringt sie sieben Kinder zur Welt. Ihre Mutter steht ihr bei den Niederkünften bei. Ihre Geburten sind alle schwer. Am 30. September 1767 kommt Ernst zur Welt, am 26. Oktober 1772 Fritz. Die Geburt des letzten Kindes erfolgt am 13. April 1774. Wie die 1766, 1769 und 1770 Geborenen ist es ein Mädchen. Und so wie die drei Mädchen kurz nach der Geburt verstorben sind, verliert sie auch diese Kleine Wochen später. Am 7. Mai 1774 verlischt ihr Leben.

Zwei Jahre später wird Charlotte von Wieland gebeten, bei einem seiner Kinder Patin zu stehen. Das *Pathgen*, berichtet sie, *sieht völlig aus wie eine Tochter die ich verlohren habe und die ich sehr liebte, ich bilde mir ein sie ist bey Wielanden wieder auf die Welt gekommen, und darüber ist mirs nicht anders als wens mein Kind wär.*

Diese berührenden Zeilen sind an den Schweizer Schriftsteller und Mediziner Johann Georg Zimmermann gerichtet.

In Bad Pyrmont hat Charlotte ihn 1773 kennengelernt, als sie dort ihrer geschwächten Gesundheit wegen zur Kur weilt. Auch ein Jahr später, nach dem Tod ihres siebenten Kindes, sucht sie Erholung in Bad Pyrmont. Zimmermann ist ihr Badearzt. Er ist eine Berühmtheit. Regenten wie Friedrich I. und die Zarin Katharina suchen seinen Rat. Sein Buch »Betrachtungen über die Einsamkeit« wird später weite Verbreitung finden. Er muß ein guter Menschenkenner und Psychologe gewesen sein, gewinnt schnell das Vertrauen seiner Patienten. So auch das Charlotte von Steins. Über den Kuraufenthalt hinaus wird der Kontakt gehalten, Briefe werden gewechselt, fast eine Freundschaft entsteht.

Zimmermann korrespondiert mit aller Welt. Und er

berichtet auch ohne Hemmungen über seine neuen Bekanntschaften in Bad Pyrmont. Wie viele seiner Zeitgenossen ist er ein Beiträger zu Johann Caspar Lavaters in Mode gekommenen »Physiognomischen Fragmenten, zur Beförderung der Menschenkenntniß und Menschenliebe«. So geht auch ein Schattenriß Charlottes nach Zürich, begleitet – wie es üblich ist – von einem die Porträtierte charakterisierenden Text. *Sie ist einige und dreißig Jahre alt, hat sehr viele Kinder und schwache Nerven,* heißt es über die *Frau Kammerherrin, Stallmeisterin und Baronesse v. Stein aus Weimar. Ihre Wangen sind sehr rot, ihre Haare ganz schwarz, ihre Haut italienisch wie ihre Augen. Der Körper mager; ihr ganzes Wesen elegant mit Simplizität.* Zimmermann schildert sie als *sehr fromm ..., leidende Tugend und feine, tiefgegründete Empfindsamkeit sehe jeder Mensch beim ersten Anblick auf ihrem Gesichte.* Von ihrer *theatralischen Fertigkeit in künstlichen Tänzen,* ihrem *leichten Zephirgang* berichtet er, von ihrer *Stimme,* die *sanft und bedrückt* sei, und daß sie *die Hofmanieren ... vollkommen an sich* habe. Am meisten aber faszinieren ihn ihre Augen, es seien *überaus große schwarze Augen von der größten Schönheit.*

Ähnlich urteilen etwa zeitgleich ein Hofmann in Weimar und ein Besucher. Karl Siegmund von Seckendorff schreibt: *Unser weiblicher Hof ist mittelmäßig, nur zwei Frauen kann man wirklich hübsch nennen.* Eine davon ist Charlotte von Stein. Und Graf von Stolberg nennt sie *ein allerliebstes schönes Weibgen,* für ihn ist sie die *schönäugige, liebe, sanfte Stein.*

Diese Beschreibungen geben uns eine Vorstellung davon, wem Goethe da begegnet, als er im November 1775 in Weimar eintrifft. Er ist sechsundzwanzig Jahre jung, ist der Autor des berühmt-berüchtigten Romans »Die Leiden des jungen Werthers«.

Für Charlotte beginnt, sie überwältigend, ein neues Leben, ein Jahrzehnt in ständigem Widerstreit zwischen Abwehr und Nähe, schwierig und beglückend.

Die vielen Briefe, die sie an Goethe richtet, die ihre Beziehung aus ihrer Sicht dokumentieren könnten, hat sie am Ende des Jahrzehnts zurückgefordert. Sie sind vernichtet, wann und durch wen, ist ungeklärt. Goethes über tausendsiebenhundert Briefe an sie dagegen sind erhalten. Ein Ungleichgewicht von vornherein. Denn in seinen Briefen erscheint sie allenfalls skizzen- oder schemenhaft, nur Details oder Beschreibungen ihrer Reaktionen geben für Momente den Blick frei, erzeugen ein Bild, das schnell wieder verblaßt.

Bevor daher – anschließend an Goethes Briefe an Charlotte – die Geschichte der Liebenden erzählt wird, bei der – durch die Lage der Dokumente – Goethe eindeutig die Hauptrolle spielt, sollen zunächst diese zehn Jahre in Charlottes Biographie grob umrissen, sodann soll von ihrem weiteren Lebensweg berichtet werden. Ein kleiner Versuch, das Ungleichgewicht, wenn nicht aufzuheben, so es doch zu relativieren und dem geneigten Leser die Freiheit zu geben, nachfolgend stets die Empfängerin der Liebesbriefe vor Augen zu haben, sie in den Umrissen ihrer Lebensrealität mitdenken zu können.

Gleich nach seiner Ankunft in Weimar verliebt sich Goethe in sie, bestürmt sie bedenkenlos und leidenschaftlich. Wird von ihr zurückgewiesen; spottet, protestiert, daß sie ihn zum *Heiligen*, sich zur *Madonna die gen Himmel fährt* machen wolle. Fordert Lebensnähe, *Vertrauen* und *Vertraulichkeit*.

Charlotte, einerseits offenbar überwältigt von der überbordenden Vereinnahmung durch den jungen Mann, der ihr eine faszinierende neue Welt öffnet, andererseits streng darauf bedacht, ihre Ehe, ihr Hofamt und ihre Familie nicht zu gefährden und die Grundwerte ihres Daseins, fraglose Anerkennung der höfischen Welt, Verleugnung der Sinnlichkeit und puritanisch strenge Pflichterfüllung, nicht zu verraten, sucht sich klug eine Rolle, hinter der sie sich verschanzen kann und die zugleich dennoch Zusammensein ermöglicht: die der Bildnerin und Erzieherin des in ihren Augen ungebärdigen und anmaßenden jungen Bürgerlichen.

Fortan vertraut Goethe ihr all seine Gedanken, Erlebnisse und Erfahrungen an, die ihn in der neuen, für ihn ungewohnten höfischen Umgebung bestürmen.

Sie sehen sich nahezu täglich, Charlottes Kinder sind einbezogen, zuweilen auch der Ehemann. Diese Frau ist für ihn da, hört zu. (Dieses unbedingte Zuhörenkönnen scheint eine von Charlottes besonderen Fähigkeiten gewesen zu sein.) Fast unmerklich wachsen die beiden – ständig Spannungen und Mißverständnisse überwindend – in einen gemeinsamen Alltag hinein.

Nach leidenschaftlichen Einwänden und vielerlei Aufbegehren sieht sich Goethe wohl gezwungen, die von

Charlotte gezogene Grenze ihrer Beziehung zu akzeptieren. Aber sein Eros bleibt lebendig, läßt ihn nicht zur Ruhe kommen. Dennoch wendet er sich nicht von Charlotte ab. Im Gegenteil. Fast zwanghaft fühlt er sich zu der sexuell unerreichbaren Frau hingezogen. Vielleicht, weil die Nichterfüllung des Begehrens ein reizvoller Schwebezustand des Werdens ist, der ihm freies Spiel und Möglichkeiten auch des Rückzugs gibt? Während die Erfüllung mit Gefahren des Festlegens, der Verantwortlichkeit, zumal in der profanen Institution der Ehe, verbunden ist. Braucht Goethe die unmögliche Bindung aus Furcht vor der möglichen?

Spielt das Motiv der Unerreichbarkeit der Geliebten, ihr Nicht-besitzen-Können nicht lebenslang in Goethes Herzensangelegenheiten eine Rolle? Denken wir an Marianne von Willemer, an Ulrike von Levetzow. In seiner frühen Leipziger Zeit heißt es 1767 in einem Brief an seinen Freund Behrisch in bezug auf Käthchen Schönkopf: *so bitte ich Gott, sie mir nicht zu geben.* Und im »Werther« läßt er Lotte sagen: *Warum denn mich! Ich fürchte, es ist nur die Unmöglichkeit mich zu besitzen, die Ihnen diesen Wunsch so reizend macht.*

Anfangs ist in Goethes Briefen an Charlotte von Stein viel von *Reinheit* die Rede. Später viel von *Liebe.* Als seine *neue* bezeichnet er sie da; ihre *Liebe* habe ihn in einen *Zustand* versetzt, *den ich so alt ich bin noch nicht kenne.* Alle Wünsche scheinen erfüllt. Welcher Art ihre Nähe, ihre Intimität war, wissen wir nicht. Sein *ganzes Wesen* sei an sie *geknüpft ... Du Ziel meiner Arbeit und meiner Ruhe ... Du mein geliebtes er-*

stes und leztes. Immer wieder Dankbarkeit und Bitten, daß Charlotte ihr *Werk* an ihm *vollende ... Sey mir ja wohlthätig ... denn du kannst es alleine von Grund aus seyn.* Als ihren *ehmännischen Liebhaber* bezeichnet er sich da, spricht vom *Sakrament* ihrer *Ehe.*

Als aber die ersten Symptome einer Krise in seinem Verhältnis zum Weimarer Hof sichtbar werden, er seiner *Weltrolle* überdrüssig wird, alle seine anstrengenden amtlichen Arbeiten nicht den gewünschten Erfolg bringen, Aufwand und Ergebnis in keinem Verhältnis stehen, er überdies wahrnehmen muß, daß er seine Fähigkeit zu schöpferischer künstlerischer Tätigkeit immer mehr einbüßt, da verändert sich sein Verhältnis zu Charlotte auf merkwürdige Weise.

In einer Selbsttäuschung klammert er sich an die geliebte Frau, sie wird für ihn zum *Ancker,* der ihn einzig noch in Weimar hält. Er hebt sie auf ein Podest, erhöht sie ins Unendliche. Nur das Zusammensein mit ihr scheint ihm sinnvoll: *Was ich ohne dich habe und geniese ist mir alles nur Verlust.* Und: *Ich will nur seyn wo du bist denn da ist mein Himmel.* Er entfremdet sich nach und nach fast völlig von seinem offiziellen Dasein in Weimar. Reduziert sich immer mehr auf seine private Welt, die aus Charlotte und ihm besteht. Für sie, durch sie lebt er; seine *eigne Hälfte* sei sie. Die sich wiederholende Klage: *Ich bin kein einzelnes kein selbstständiges Wesen.* Und: *Ich sehe wie wenig ich für mich bestehe und wie nothwendig mir dein Daseyn bleibt daß aus dem meinigen ein Ganzes werde.*

Er vereinsamt, neben der Geliebten ist es die Natur,

in der er Entlastung sucht, nicht aber die Außenwelt, der Weimarer Hof, die Freunde, sein Publikum. Die Krise weitet sich aus, ein Abgrund klafft vor ihm, als er erkennt: Seine poetische Ader ist fast völlig erschöpft. Er versucht, die Verluste seiner Persönlichkeit mit Charlotte, durch sie wettzumachen. Die Geliebte wird, wie die Natur, zur Zuflucht, zum Ersatz für seine einstigen Quellen der Inspiration. In seinen schriftlichen Liebesbekundungen steigert er sich in einen empathischen, fast religiösen Ton hinein.

Die Wirklichkeit dagegen sieht anders aus. Zunehmend zieht er sich – entgegen allen Beteuerungen auf dem Papier – auch von Charlotte zurück, hüllt sich in Schweigen. Als *El penseroso*, Gedankenvollen, Nachdenklichen bezeichnet sie ihn da. Ihre Ratlosigkeit über sein Schweigen drängt auch sie in die Stummheit. *Mir versagt leider manchmal die Sprache aus doppelten Ursachen, weil ich nichts weiß und weil ich leide*, gesteht sie Knebel.

Heimlich, hinter ihrem Rücken, bereitet Goethe seine Flucht nach Italien vor. Er hat die Geliebte so an sich gebunden, ihr einen solchen Stellenwert gegeben, daß er sich nur gewaltsam von ihr losreißen kann.

Wie er einst sein Verhältnis zur geliebten Schwester löste, sie messerscharf von sich trennte, als eine notwendige neue Lebensphase es ihm zu gebieten schien, so macht er jetzt – wieder an einem Wendepunkt in seinem Leben – einen ebensolchen Schnitt in seinem Verhältnis zu Charlotte.

Aber während er seiner Schwester Cornelia die Verantwortung für den Bruch zuschiebt: Du hast mich nicht genug geliebt, lautet das vernichtende, für sie nahezu tödliche Urteil, das sie aus seinem ihr zugesandten Drama »Die Geschwister« herauslesen kann, tritt im Verhältnis zu Charlotte das Gegenteil ein.

Auch nach seiner wortlosen Abreise beschwört er ihr gegenüber unbeirrt weiter seine Liebe. Die Trennung von ihr steht während seiner gesamten Zeit in Italien nicht auf der Tagesordnung: *Laß uns keinen andern Gedancken haben, als unser Leben miteinander zu endigen*, schreibt er ihr.

Frau von Stein gibt sich wohl – im Gegensatz zu ihrem Geliebten – keiner Selbsttäuschung hin. Sie ahnt den unwiederbringlichen Verlust. Für sie ist vermutlich der Bruch bereits mit seiner vor ihr verheimlichten Flucht vollzogen. Die Zäsur könnte das Abschiednehmen am 14. August 1786 in Schneeberg gewesen sein. Dort, in dem kleinen Ort im Erzgebirge, sind die beiden letztmalig zusammen. Goethe begleitet die nach Thüringen zurückgehende Geliebte vom böhmischen Karlsbad aus eine Tagreise lang. In Schneeberg die Trennung. Allein kehrt er nach Karlsbad zurück, um von dort am 3. September 1786 nach Italien aufzubrechen.

Wieder in Weimar, klagt Frau von Stein, Goethes Gedicht »An den Mond« abwandelnd:

Lösch' das Bild aus meinem Herz
Vom geschiednen Freund

Und in einem anderen Vers von ihr heißt es:
Alles, alles floh mit dir.
Ich allein verarmt in mir!

Nach monatelangem, sie verletzendem und demütigendem Schweigen des Freundes ist sie es, die die Beziehung für beendet erklärt und ihre Korrespondenz der zehn Jahre zurückfordert.

Vor seiner Abreise hat Goethe Charlottes Briefe mit anderen, zum Teil *gebündelten und gehefteten Korrespondenzen* von seinem Sekretär Philipp Seidel *gegen Quittung* ins *Fürstliche Archiv* bringen lassen.

Schockiert von der Bestimmtheit der Geliebten, dem Ernst der Lage, der aus ihrem Brief spricht, der ihn am 8. Dezember in Rom erreicht, antwortet er umgehend. *Die Kasten auf dem Archive gehören dein.* Die Dramatik seiner eigenen Lage unterstreichend, bittet er: *liebst du mich noch ein wenig; so eröffne sie nicht eher als biß du Nachricht von meinem Todte hast, so lang ich lebe laß mir die Hoffnung sie in deiner Gegenwart zu eröffnen.*

Goethe tut alles, um Charlotte zu versöhnen. Auch ihre Anweisung, alle ihre Schreiben, die ihn in Italien erreichen, sofort zu verbrennen, erfüllt er. *Deine Briefe werden alle gleich verbrannt, wie wohl ungern. Doch dein Wille geschehe.*

Und in unendlichen Wiederholungen bekennt er seine Schuld. *Verzeih mir grosmütig*, heißt es. Er drängt sie: *sieh mich nicht von dir Geschieden an, nichts in der Welt kann mir ersetzen, was ich an dir, was ich an meinen Verhältnißen dort verlöhre.* Er schickt ihr sein für sie geschriebenes Reisetagebuch, setzt seine Liebesbekundungen fort. Briefe gehen wieder hin und her, es gelingt ihm, Charlotte zu versöhnen und erneut an sich zu binden.

Eine Versöhnung lediglich an der Oberfläche? Ihrer beider Bindung ist gefährlich brüchig, denn Charlottes Grundvertrauen in den Geliebten ist tief erschüttert. Nach Goethes Rückkehr aus dem Süden im Juni 1788 erwartet sie ein erneuter Vertrauensbruch, eine zweite Enttäuschung, vergleichbar der ersten.

Der Freund hat in Italien eine neue Existenz gewonnen, seine *Wiedergeburt* erlebt, er ist ein anderer. Hat sie die Zeichen, die ihr das hätten bewußtmachen können, übersehen? Wie aber kann sie seine Veränderung begreifen, da er doch ihr gegenüber unbeirrt auf der Fortführung ihrer voritalienischen Bindung besteht.

Ahnungen vielleicht. *Sinnlich* sei er geworden, soll sie über ihn gesagt haben. Sie weiß nichts von seiner sexuellen Erfahrung mit einer jungen römischen Witwe in den letzten Monaten seines Italienaufenthaltes. Weiß nichts von der ihn beglückenden Liebesaffäre mit einem Mädchen aus der *Weimarischen Armuth*, die er kurz nach seiner Rückkehr aus dem Süden beginnt.

Kein Wunder, daß sich die einstige Vertrautheit nicht wieder einstellt, sich das Verhältnis schwierig gestaltet. Wohl von beiden Seiten. Goethe wird ihr später vorwerfen: *die Art wie du mich bißher behandelt hast, kann ich nicht erdulden ... Jede meiner Minen hast du*

*kontrollirt, meine Bewegungen, meine Art zu seyn ge-
tadelt und mich immer mal a mon aise* (in Verlegenheit) *gesezt.*

Dennoch wirbt er weiter um sie: *Liebe mich,* bittet
er noch am 20. Februar 1789, auch im nächsten Brief
steht *liebe mich.* Da hat er bereits seit einem Dreivier-
teljahr ein Liebesverhältnis mit Christiane Vulpius.

Als Charlotte durch einen Zufall, noch vor Hof und
Stadt, von diesem *Verhältniß* erfährt, fühlt sie sich
abermals hintergangen. Schmerz. Und doppelte Kränkung. Das Mädchen ist von niederem Stand, sie sieht
sich verhöhnt, es widerstrebt völlig ihrem höfischen
Wertekanon. Und – bitter – die vom Freund Erwählte
ist dreiundzwanzig Jahre jung, sie dagegen dreiundvierzig.

Frau von Stein sei *sehr sehr unglücklich ...,* berichtet
Karoline Herder ihrem in Italien weilenden Mann.
Der Grund: *Goethe,* der einst geliebte und vertraute
Freund, habe *sein Herz, wie sie glaubt, ganz von ihr
gewendet und sich ganz dem Mädchen ... geschenkt.*

Charlotte muß Goethe gegenüber ihr Befremden,
ihre Kränkung, vielleicht Empörung über seinen erneuten Wortbruch und sein für sie unannehmbares
Verhältnis zum Ausdruck gebracht haben. Goethe verteidigt sich, nun aber nicht mehr von *Liebe* redend –
wir haben noch sein *Laß uns keinen andern Gedanken haben, als unser Leben miteinander zu endigen*
im Ohr –, sondern von *Pflichten,* die er – er wählt
den Plural – ihr und ihrem Sohn Fritz gegenüber durch
seine *Rückkunft aus Italien erfüllt* habe.

Dann holt er – ähnlich wie bei seiner Schwester Cornelia – zu einem unbarmherzig harten Schlag aus. In seinem Brief, der eine Antwort auf einen der ihren sein muß, geht er auf seine Liebesbeziehung zu Christiane ein, auf das *Verhältniß, das* – wie er Charlotte schreibt – *dich so sehr zu kräncken scheint.* Und er stellt sich und ihr die Frage: *Und welch ein Verhältniß ist es? Wer wird dadurch verkürzt? wer macht Anspruch an die Empfindungen die ich dem armen Geschöpf gönne? Wer an die Stunden die ich mit ihr zubringe?*

Unglaublich grobe, beide Frauen, besonders Christiane erniedrigende Worte. Verheerend für Charlotte. Unsere Liebe ist nie eine erfüllte gewesen, sagt er ihr ins Gesicht. Kündigt das einst im Zeichen der Entsagung geschlossene Bündnis auf. Dennoch will er sie nicht verlieren, lebt offenbar im Wahn eines möglichen Doppellebens, in dem Sinnenliebe und Seelenliebe nebeneinander existieren sollen.

Im nächsten Brief versucht er – er scheint völlig den Boden unter den Füßen verloren zu haben –, Charlotte zu seiner Komplizin für diese Idee zu machen. Wie einst bittet er um ihren Beistand. *Nur mag ich dich gern bitten,* schreibt er ihr: *Hilf mir selbst, daß das Verhältniß das dir zuwider ist, nicht ausarte, sondern stehen bleibe wie es steht. Schencke mir dein Vertrauen wieder, sieh die Sache aus einem natürlichen Gesichtpunckte an, erlaube mir dir ein gelaßnes wahres Wort darüber zu sagen und ich kann hoffen es soll sich alles zwischen uns rein und gut herstellen.*

Der Brief ist auf den 8. Juni 1789 datiert. Zu diesem Zeitpunkt muß Goethe bereits wissen, daß sein *Verhältniß* Folgen hat, Christiane Vulpius von ihm schwanger ist. Am 25. Dezember – es ist Charlottes Geburtstag – wird Goethe Vater, Christiane Vulpius bringt den Sohn August zur Welt.

Ob Frau von Stein Goethes Briefe vom Sommer 89 beantwortet hat, wissen wir nicht. Auch nicht, ob in diesem spannungsvollen Zustand die *Kasten auf dem Archive*, wie er von Rom aus erbeten hatte, von beiden gemeinsam geöffnet werden. Oder Goethe der Geliebten ihre Korrespondenz wortlos übergibt. Oder gar nichts geschieht, beide es auf sich beruhen lassen? Weder bei ihm noch bei ihr findet sich eine Notiz dazu.

Goethes wenige nachitalienische Briefe an Frau von Stein haben nichts mehr von jenem Zauber der jahrzehntelangen Liebesbekundungen, sie bewegen sich mit absurden Vorwürfen und Unterstellungen auf die Niederungen eines gewöhnlichen Ehestreites zu. Ob Charlotte daran einen Anteil hat, ihn dazu herausfordert, können wir, da ihre Briefe vernichtet sind, nicht sagen. Aber zu vermuten ist es, sie ist zu tief verletzt, um gelassen reagieren zu können. Auf einem von Goethes letzten Schreiben hat sie, ihr Erstaunen und Unverständnis artikulierend, einzig ein *Oh* notiert. Beide, bei Goethe nachgewiesenermaßen, bestehen das Ende ihrer Liebe nicht gut.

Das *gelaßne wahre Wort* zwischen ihnen wird nicht gesprochen werden. Es kommt zum Bruch.

Mit der Trennung erlischt das Licht, in das die Nachwelt die Gefährtin des berühmten Dichters taucht; Dunkelheit umgibt ihren weiteren Lebensweg.

Charlottes familiäre Situation. Während Goethe in Italien beglückt seine *Wiedergeburt* als Mensch und Dichter erlebt, kämpft sie um das Leben ihres Sohnes Ernst. Ihr Zweitgeborener leidet an *Auszehrung*. Vermutlich ist es Knochentuberkulose. Er kann sich nur mühsam auf Krücken fortbewegen. Das Martyrium des jungen Mannes. Die Ratlosigkeit der Ärzte, über Jahre immer neue Behandlungen ohne Ergebnis. 1785 wünscht Goethe, Charlotte solle den Sohn mit ins böhmische Heilbad nehmen. Sie lehnt ab. Zwei Jahre später entscheidet sie sich für Karlsbad als einen letzten Versuch. Aber der Anstrengung der Reise ist der Schwerkranke nicht gewachsen. Auf dem Hinweg, in der Nähe von Schneeberg, dort, wo sie sich ein Jahr zuvor von Goethe getrennt hat, stirbt Ernst, neunzehn Jahre jung, am 14. Juni 1787. Auf dem Dorffriedhof in Wildenthal wird er begraben.

Ein Jahr später, im Oktober 1788, erleidet ihr Ehemann, der seit längerem mit Depressionen kämpft, einen Schlaganfall. Charlotte *befürchtet*, wie sie Knebel anvertraut, *seine ehemalige Gemütskrankheit* kehre zurück; *ich muß meinem Kranken Gesellschaft leisten*, heißt es. Im Februar 1790 folgt ein zweiter Schlaganfall. Im Sommer sucht er Heilung im böhmischen Bad. Vergeblich. *Mein Mann ist von Karlsbad zurück, aber in seinem Gemüte um nichts heiterer*, berichtet Charlotte.

Eine schwere Zeit für sie. Der Tod des Sohnes, die

Krankheit des Ehemannes, der Schmerz um den verlorenen Freund. Da notiert sie die bitteren Sätze: *Da die Vorhänge fallen sind und die Kulissen in grader Linie mir die Perspektive genommen, so ist mein Leben ganz alltäglich und unpoetisch.* Ihr Rückzug von der Welt; sie meidet das Weimarer Theater. Knebel gesteht sie im November 1790: *aber eigentlich kann ich dem nachgespielten menschlichen Leben keinen Genuß abgewinnen; vielmehr weckt mir's manches Weggelittene wieder auf.*

Aber sie gibt sich nicht auf, ihr strenges Pflichtbewußtsein, in dem sie erzogen wurde. Sie bekämpft jenes nach der Italien-Flucht Goethes geschriebene traurige: *Ich allein verarmt in mir!* Im Dezember 1790 berichtet sie Knebel, daß sie *noch immer allerhand treibe … Ich spiele ein wenig Gitarre …, ich reite auch wieder fleißig, auf englisch, welches mir viel besser behagt … Gestern ritt ich ins Webicht, da war's gar schön, und mein Pferd so verständig, und mein Spitz so treu.*

In jenem Jahr 90 verliert sie ihren Vater. Mit neunundsiebzig Jahren stirbt er. Seine frühe Pensionierung, sein glückloses Hofdasein, er muß eine belächelte, tragisch-komische Figur gewesen sein. Auf ihn, den alten Herrn von Schardt, bezieht sich wohl Schillers böser Spruch: *In dieser Familie sind die Weiber gescheit und die Männer dumm bis zum Sprüchwort.*

Nach dem zweiten Schlaganfall ist Charlottes Mann ein Pflegefall. Eine schwierige Zeit mit dem psychisch und physisch Kranken; auch körperlich ist sie überfordert, einzig der alte Hausdiener Schach steht ihr zur Seite.

Als Anfang 1793 das Ende naht, trifft Karl, der älteste Sohn, in Weimar ein. Er sei *gekommen*, schreibt er seinem Bruder Fritz, damit er der *Mutter beystehen kann, einen obgleich lange vorhergesehenen aber doch äußerst schmerzlichen Schlag zu ertragen.*

Karl schildert, der Vater sei *sehr schön im Tode* gewesen, *und die sonst so besonders ängstlichen Züge, die seine Krankheit bezeichneten, waren weg.* Ähnlich äußert sich Charlotte: *Er sah schön aus im Tod, und all das Verzogene in seinem Gesicht, durch seine Seelenkrankheit bewirkt, womit er sich und andere quälte, hatte ein sanfter Tod wieder in Ruhe gebracht und sein schönes Ebenmaß wieder hergestellt.*

Eine Obduktion des Leichnams wird vorgenommen, sie bringt die Ursache seiner Leiden ans Licht. *Wie man seinen Kopf öffnete, fand man einen Knochen, der ihm ins Gehirn gewachsen war,* berichtet Charlotte. Vermutlich war es ein Reitunfall, ein Sturz vom Pferd in jungen Jahren.

Die Zurückgebliebene kommentiert: *Es ist mir nun, als möchte ich zu allem schweigen.* Beschämung vermutlich, stille Abbitte im nachhinein, den Kranken nicht verstanden, nicht immer die nötige Geduld mit ihm gehabt zu haben. Versöhnung auch. Berührende Zeilen fügt sie an: *Wenn wir jemand lieben, wollen wir immer die Person nach unserer Art glücklich wissen. Das ist ein Irrtum ... Wer kann wissen, inwieweit des Menschen Handlung von ihm selbst abhängt? Wie oft habe ich mich über des armen Stein unrichtigen Gang der Begriffe und Handlungen geärgert!*

Einen *Kopfhänger, ein leeres Geschöpf* nennt Schiller Josias von Stein 1788; ein ungerechtes Urteil. Über Jahrzehnte hat Stein, zunächst bei Anna Amalia, dann seit 1775 mit dem Regierungsantritt Carl Augusts, als Oberstallmeister mit einem Jahresgehalt von 2000 Talern seine Pflichten erfüllt, keine einzige Klage der Herrschaft über ihn ist überliefert. Für den Marstall mit über hundert Pferden ist er verantwortlich, hat für Instandhaltung und Erneuerung der Kutschen und Schlitten, des gesamten Wagenparks zu sorgen. Hat den Herzog auf Reisen zu begleiten, ist zum Hofdienst an der Tafel und an den Spieltischen verpflichtet, hat den Ankauf neuer Pferde zu verantworten und leitet darüber hinaus das in der Exklave Allstedt befindliche weimarische Gestüt.

Wie pflichtbewußt und mit welchem Aufwand an Kraft ihr Ehemann unermüdlich seiner Arbeit nachgegangen ist, wird Charlotte vielleicht erst nach seinem Tod bewußt. Sie hält die Erinnerung an ihn wach. Beschäftigt sich mit seinem vom Maler Heinsius geschaffenen Porträt, das heute in Schloß Kochberg hängt. *Ich habe eine Zeignung für Dich angefangen nehmlich ich kopire Deines Vaters Bild ...*, heißt es in einem Brief an ihren Sohn Fritz im fernen Breslau. Einen Monat später schickt sie ihm die fertige Arbeit. *Ich habe das große Oelgemälde von Deinem Vater mit Silberstift kopirt und ist recht ähnlich geworden.* Sie fügt an: *er hat dich sehr geliebt;* fast klingt es wie ein Bedauern im nachhinein, daß sie ihn als Knaben über Jahre in Goethes Haus gegeben hat.

Mit jenem Silberstift hat sie einst auch ihr Selbstporträt geschaffen; jenes bekannte, noch in der Zeit der Liebe zu Goethe entstandene. Eine professionelle Zeichnung, im Alter von vierzig Jahren ist sie im Profil zu sehen, eine feinsinnige, anziehend schöne Frau mit großer Lockenfülle.

Aber auch eher dilettantische Zeichnungen sind von ihr überliefert, zwei Porträts von ihren Söhnen. Und aus späteren Jahren ein Selbstporträt, in dem nichts mehr an die Vierzigjährige erinnert. Mit einer Haube am Schreibtisch sitzend, stellt sie sich dar. Feder, Tinte und ein Blatt Papier vor sich, zu ihren Füßen ein großer Hund. Sie habe sich *zweimal gesessen*, berichtet sie, *und da mußte ich den Spiegel wieder abgeben, den ich geborgt hatte.*

Ein anderes Porträt, vermutlich von Luise Seidler, zeigt ihr Gesicht umschlossen von einer Spitzenhaube, so daß es verschwindend klein wirkt. Ist es die übliche Witwenhaube, die sie trägt? Dreiundvierzig Jahre ist Frau von Stein, als Goethe sich von ihr trennt. Fünfzig, als ihr Ehemann stirbt. Noch über dreißig Jahre lebt sie als Witwe in Weimar.

1802 verliert sie auch ihre Mutter. Bei ihr, die sie sehr geliebt hat, konnte sie sich offenbar stets Rat holen. Ihr wohl hat sie den Schmerz um das Verlassenwerden vom Dichterfreund, den über den Tod des Gatten anvertraut. Diese Concordia Elisabetha von Schardt, dem schottischen Geschlecht der Irving of Drum entstammend, muß eine starke Frau gewesen sein. Ihr Leben ist von Religiosität geprägt, in ihrem vierzigsten

Jahr überantwortet sie sich Gott. Unbeirrt steht sie ihrem dreizehn Jahre älteren, schwierigen Ehemann bei, der das beträchtliche Vermögen, das sie mit in die Ehe gebracht hat, zu einem Nichts zusammenschmelzen läßt. Nach seinem Tod ist sie gezwungen, das Palais in der Scherfgasse, das ihr Mann noch mit dem Rest ihres Geldes erworben hatte, zu veräußern, um seine hohen Schulden zu tilgen. Sie trennt sich von Haus, Möbeln und Gemälden, zieht in eine kleine Wohnung in der Schloßgasse, lebt dort noch über ein Jahrzehnt bescheiden, indem sie ihre kleine Rente mit Flick- und Näharbeiten aufbessert. Sie ist achtundsiebzig Jahre alt, als sie am 2. Juli stirbt.

1796 übernimmt Charlottes ältester Sohn Karl nach einem Jahrzehnt als Junker am Hof in Mecklenburg das väterliche Gut auf Kochberg. Spannungen zwischen Mutter und Sohn über finanzielle Dinge, vor allem über Fritzens Anteil am Erbe. Zudem: unterschiedlich sind die Meinungen, der Sohn kann der Mutter nichts recht machen. Charlottes einst lange Aufenthalte in Kochberg werden seltener. Ihre Lebenswelt ist das Weimarer Haus am Park, ihre Wohnung im ersten Stock des Stiedenvorwerks. Nach dem Tod ihres langjährigen Dieners Schach nimmt sie Albertine Auguste von Staff als Untermieterin auf. Die *Stäffchen* genannte wird ihr eine Freundin. Auch die junge Herzogin Louise wünscht immer öfter ihre Gegenwart. Und zu ihrem Patenkind Charlotte von Lengefeld, Schillers Ehefrau, stellt sich eine enge Bindung her.

Die Revolution in Frankreich. Der Epochenumbruch. Die Erschütterung der adligen Welt, das Infragestellen der gewohnten Werte. Charlotte hält unbeirrt an den ihrigen fest.

Das Kriegsgeschehen, das auch Thüringen überzieht. 1806 die Schlacht bei Jena und Auerstedt. Nach Napoleons Sieg über das preußische Heer dringen Soldaten in das Haus an der Ackerwand ein, Charlottes Wohnung wird mehrfach geplündert; sie verliert fast all ihr Hab und Gut. Ihre lebenslange Verachtung Napoleons steht wohl damit in Zusammenhang. Das führt, wie auch ihre Ablehnung der Französischen Revolution, zu Spannungen und beinahe zu Zerwürfnissen mit ihrem Freund Knebel, der von beiden begeistert ist. *Knebel* sei *ganz toll,* empört sie sich, *wir haben uns über die Franzosen so entzweit, daß er in acht Tagen nicht wieder zu mir kommen will.*

Die Befreiungskriege 1813. Die zurückflutende französische Armee und die sie verfolgenden Sieger im Thüringer Land. Am 13. November gesteht Charlotte Knebel: *Ich geh nicht mehr an Hof, ich bin's müde, und die Pracht tut mir weh bei jetziger grenzenloser Not.* Und sie fügt hinzu: *Stäffchen und ich zupfen abends Scharpie* (Leinwand für Wundverbände), *das ist doch etwas für die Leidenden.* Auch *Socken für die Soldaten* strickt sie.

Die Zeit der Restauration. Charlotte feiert am 25. Dezember 1813 ihren einundsiebzigsten Geburtstag. Trotz nachlassender körperlicher Kräfte ist sie nie untätig.

Sie liest viel. Nicht nur die Neuerscheinungen von

Wieland, Herder, Goethe und Schiller, sondern alles, was ihr interessant vorkommt. Sie beschäftigt sich wie einst mit dem Freund weiterhin mit Spinoza und Shakespeare. Vertieft sich in die Werke von Sophokles und Äschylos. *Ich freue mich über die Wahrheit und Einfachheit der griechischen Stücke immer mehr.*

Sie versucht sich auch als Literatin. Frohlockt: *Was wollte ich mich an meinen Büchern freuen, wenn ich schreiben könnte, und an dem Geld, das ich dafür kriegte! Es ist eine zaubrische Sache um's schön Schreiben!* Die Möglichkeitsform: *wenn ich schreiben könnte.* Ihr Drama »Dido« kann man als mißlungen ansehen.

Eine glücklichere Hand hat sie beim Übersetzen. Sie tut das zum einen, um ihre französischen Sprachkenntnisse wachzuhalten, zum anderen, weil sie meint: *Das Übersetzen macht überaus deutliche Begriffe, und in den Verwirrungen des Lebens sind sie immer gut.* So überträgt sie Anfang 1804 Jean Pauls »Neujahrswunsch an mich selbst« ins Französische. Auch an die Übersetzung von Rousseau wagt sie sich. *Ich habe einen Brief von Rousseau an Voltaire über das Erdbeben übersetzt und vortreffliche Sachen darin gefunden.*

In Knebel findet sie immer einen Gesprächspartner. Am 30. März 1811 schreibt sie an ihn: *Ich sehne mich, Sie einmal zu besuchen. Ich habe Ihnen so Vieles von der griechischen Vorwelt zu fragen, weil ich zeither die »Reisen des Antenor« lese, eine Nachahmung des »Anacharis«, und nicht herausfinden kann, was der Franzose hinzugesetzt hat.* Knebel, der Lukrez-Übersetzer, wird ihr gewiß Auskunft gegeben haben.

Die Fähigkeit beider, Meinungsverschiedenheiten zu überwinden. Nicht nur die Haltung zu den Franzosen ist ein Streitthema zwischen ihnen. Auch, daß Knebel, ein erklärter Gegner Carl Augusts, mit fast fünfzig Jahren eine junge Schauspielerin heiratet und deren vom Herzog gezeugten Sohn als den seinen anerkennt, will sie moralisch nicht akzeptieren. Aber über alle Spannungen hinweg hält diese Altersfreundschaft dennoch.

Gegenüber Knebel, vor dessen Fenstern im Jenaer Paradies sie nach ihrem Tod – wir erinnern uns – als *Irrwisch ... herumhüpfen* will, ist sie noch als über Siebzigjährige kokett und nicht um Komplimente verlegen. *In jungen Jahren hätte ich Sie gern als Liebhaber gehabt,* gesteht sie ihm, fährt fort: *da sie im Alter noch so liebenswürdig sind.*

Ist dieses Preisen der Liebenswürdigkeit des Freundes im Alter nicht auch eine versteckte Kritik an ihrem einstigen Geliebten, an Goethe? Er läßt die Liebenswürdigkeit im Alter vermissen. Die vierundsiebzigjährige Charlotte beklagt sich bitter: *Auf das Geringste, was man nicht ganz in seiner Vorstellung sagt, hat man einen Hieb weg. Liebes Kind* habe er sie genannt, empört sie sich: *Als wenn ich ein Mädchen von zehn Jahren wäre.*

Frau von Stein und Goethe. Nach dem Bruch herrscht eine Zeitlang eisiges Schweigen zwischen Stiedenvorwerk und Frauenplan. Aber bereits Anfang der neunziger Jahre kommt es wieder zu einer vorsichtigen Annäherung. Ein Kind vermittelt; Christianes und Goethes kleiner Sohn August, den Charlotte gern bei sich sieht.

Frau von Stein hat sich eine Philosophie zurechtgelegt, die ihr den Schmerz über den Verlust des Freundes erleichtert. Sie redet sich ein: *Doch hat er auch zwei Naturen.* Eine hohe und eine niedere; in seiner Beziehung zu ihr wurde die hohe, in der zu Christiane wird die niedere Natur angesprochen. Sie bedauert ihn: *Der arme Goethe, der lauter edle Umgebung hätte haben sollen!* Alles Negative, was sie an ihm wahrzunehmen glaubt, geht auf das Konto seiner *Analogie zur Mägdenatur.*

Dennoch verschont sie den einst Geliebten meist, hält sich mit bösen Urteilen über ihn zurück. Um so härter trifft es Christiane Vulpius. Frau von Steins gehässige Äußerungen Dritten gegenüber sind zahlreich. Ein Beispiel: *Seine Demoiselle, sagt man, betrinkt sich alle Tage, wird aber dick und fett.* Übertroffen wird sie allenfalls in solchen Urteilen von ihrer Freundin Charlotte Schiller. *Welch Dämon hat ihm diese Hälfte angeschmiedet!* äußert diese.

Als Goethe 1806 seine *kleine Freundin* heiratet, gibt es ein erstes versöhnliches Zeichen Frau von Steins Christiane gegenüber. Goethe ringt es ihr förmlich ab. Er drängt, daß die adligen Damen der Weimarer Gesellschaft seine Ehefrau akzeptieren sollen. Bittet die offene und vorurteilslose Karoline von Wolzogen um Vermittlung. *Werden Sie wohl,* schreibt er ihr, *gleiche Gesinnungen in den Gemüthern Ihrer Schwester und Frau von Stein wecken?*

Am 20. Dezember 1808 sitzen dann Charlotte und Christiane erstmals im Haus am Frauenplan zusammen an einem Tisch. Achim von Arnim berichtet: *zum erstenmal Gesellschaft der ersten Frauen der Stadt, unter andern der Frau von Stein bei seiner Frau.* Dieser Einladung zu folgen muß sie Überwindung gekostet haben. *Angenehm ist mirs freilich nicht, in der Gesellschaft zu sein,* berichtet sie ihrem Sohn. Fügt dann hinzu: *Indessen, da er das Kreatürchen sehr liebt, kann ich's ihm wohl einmal zu gefallen tun.*

Nach dem Tod Christiane von Goethes am 6. Juli 1816 ist Frau von Stein immer öfter unter den Gästen im Haus am Frauenplan. Geburtstagsgratulationen werden wieder ausgetauscht, gelegentlich auch Geschenke. Sie sendet ihm *Caffe.* Er schickt ihr einen Kanarienvogel, da *Stäffchen* ihren Liebling beim Schließen der Tür zerquetscht hat.

Zuweilen läßt sich Goethe auch im Sommer bei einem Spaziergang für kurze Zeit an Charlottes Haus unter den in großen Kübeln stehenden Orangenbäumen an der Parkseite nieder. Und Briefe gehen wieder hin und her. Die Anreden sind förmlich, *verehrte Freundin* nennt er sie, sie ihn *verehrter Geheimderath.* (Aus den Jahren 1794 bis 1826 sind vierundneunzig Briefe Frau von Steins an Goethe überliefert.)

Je mehr Zeit vergeht, je älter die beiden werden, desto inniger werden die Töne. *Wie immer Ihre alte Verehrerin,* schreibt Charlotte am 27. Februar 1821. Goethe am 7. September 1825: *der theuren, verehrten Freundinn ... dancke ...* er *zum allerschönsten.* Als die dreiundachtzigjährige Charlotte Goethe am 28. August 1826 zu seinem siebenundsiebzigsten Geburtstag gratuliert, nennt sie ihn *Geliebter Freund* und erbittet sein *freywilliges Wohlwollen auf meiner noch kurzen Lebensbahn.*

Einen Tag später bedankt sich Goethe, schickt ihr, wie vielen anderen Gratulanten, ein gedrucktes Blatt mit einem Gedicht. Von eigener Hand fügt er eine Widmung hinzu: *Frau O. St. M.* (Oberstallmeister) *von Stein.* Auch die Begleitzeilen sind eigenhändig geschrieben. Sie lauten: *Beyliegendes Gedicht, meine Theuerste, sollte eigentlich schließen:* ›*Neigung aber und Liebe unmittelbar nachbarlich angeschlossen lebender, durch so viele Zeiten sich erhalten zu sehen, ist das allerhöchste was dem Menschen gewährt seyn kann.*‹ *Und so für und für! W.d. 29. Aug. 1826. Goethe.*

Ob er den Trauerzug wahrgenommen hat, der sich ein halbes Jahr später, in den Januartagen 1827, zum Neuen Friedhof am Poseckschen Garten bewegt? Wir wissen es nicht. Kein Wort zu einem Dritten über Charlotte von Steins Tod, keine Notiz im Tagebuch. Keine Würdigung. Kein Rückblick.

Ein auffälliges Schweigen über jenes Jahrzehnt mit der Geliebten. Als Goethe Jahre zuvor am Frauenplan aus seinen autobiographischen Aufzeichnungen »Dichtung und Wahrheit« vorliest, die mit der Ankunft in Weimar enden, ist Charlotte von Stein unter den Zuhörerinnen.

Sie muß gewärtig sein, später auch sich und Chri-

stiane dargestellt zu finden. Seine Art zu erzählen gefällt ihr, und spitz äußert sie, er werde sein Christel-
chen wohl reizvoll darzustellen wissen, selbst wenn
sie dies nicht sei. Was sie selbst von seiner Erinnerung
an ihre intime Zeit mit ihm erhofft, wünscht, fürchtet,
wissen wir nicht.

Aber sie wird vergeblich warten. Heißt es in einem
Brief Goethes an Knebel vom 11. Dezember 1782
noch: *Ich will diese zehn Jahre vor mir liegen sehen
wie ein langes durchwandertes Thal vom Hügel gesehn wird*, also auch die sieben ersten Jahre mit Charlotte einschließend, so schwindet dieses Verlangen mit
der Zeit.

Goethe drängt es *immer stärker*, sich *in* sich *selbst
historisch zu bespiegeln*, es interessiert ihn *weniger*
sein *Leben als* seine *Tätigkeit*. Letztere, seine *Tätigkeit*, müsse *zur Erscheinung kommen*. Selbstgewiß
schreibt er seinem Freund Schiller am 22. Mai 1803:
*Ich stehe hoch genug um mein vergangenes Wesen
und Treiben, historisch, als das Schicksal eines Dritten anzusehen.* Er berichtet ihm, daß er in alten *Papieren und Acten* wühle, das *alles macht* ihm *eine recht
interessante Ansicht;* aber, summiert er, *unbarmherzig excerpiere ich nur und ordne das auf meinen jetzigen Standpunct Brauchbare, das übrige wird auf der
Stelle verbrannt. Man darf die Schlacken nicht schonen, wenn man endlich das Metall heraus haben will.*

Goethes Verbrennungsaktionen, die in Abständen veranstalteten Autodafés. 1779 das erste, am 7. August

notiert er im Tagebuch: *meine Papiere durchgesehen und alle alten Schaalen verbrannt.* Die zweite große Verbrennungsaktion fällt in das Jahr 1797. Am 9. Juli der Eintrag: *Briefe verbrannt. Schöne grüne Farbe wenn das Papier nahe am Drathgitter brennt.*

Möglich ist, falls Frau von Stein ihre Briefe nicht zurückerhalten und nicht selbst verbrannt hat, daß Goethe sie 1797 vernichtet. Kaum vorstellbar, lebt die Schreiberin doch in seiner unmittelbaren Nähe. Aber Goethe ist radikal. Diesen Aktionen fallen neben vielen anderen die Briefe der Schwester Cornelia zum Opfer. Auch die Liebesbriefe Christianes aus den ersten Jahren. Ebenfalls die frühen persönlichen Schreiben von Herzog Carl August.

Nur *das* von seinem *jetzigen Standpunckt Brauchbare ...* hat die Chance, aufbewahrt zu werden. In den »Tag- und Jahresheften« notiert Goethe zu 1797: *Vor meiner Abreise verbrenn ich alle an mich gesendeten Briefe seit 1772, aus entschiedener Abneigung gegen Publication des stillen Gangs freundschaftlicher Mitteilung.* Später wird er diese Vernichtung bereuen. 1819 heißt es an Rochlitz: *Leider verbrannte ich 1797 eine zwanzigjährige geheftete Sammlung aller eingegangener Briefe, die ich meinen biographischen Arbeiten sehnlich zurückwünschte.*

Als Goethe 1818 sein autobiographisches Schreiben – das erste Weimarer Jahrzehnt ausklammernd – mit der Arbeit an der »Italienischen Reise« fortsetzt, bedient er sich alter Papiere, das heißt, nicht alle hat er verbrannt, so nicht sein Tagebuch und seine Briefe

aus Italien an Frau von Stein. 1788, kaum ein Vierteljahr nach seiner Rückkehr aus dem Süden – Wieland
erbat von dem Rückkehrer einen Reisebericht für seine Zeitschrift »Merkur« –, schrieb Goethe am 31. August an Charlotte: *Sey doch so gut mir die Briefe die
ich auf der Reise an dich geschrieben zu schicken.*
Sie tat es.

Nun, dreißig Jahre später, sind sie ihm bei seiner Arbeit an seinem autobiographischen Werk über Italien
von unschätzbarem Wert. Einige Briefe enthalten Erle-
digungsstriche mit Bleistift und Rötel, es sind Spuren
seiner Bearbeitung für die »Italienische Reise«. So
der vom 20. bis 23. Dezember 1786 in Rom geschriebene. Andere Briefe vernichtet er rigoros, nachdem
er das *Brauchbare* für seine Reiseerzählung exzerpiert
hat.

Mit Ausnahme seines Briefes vom 18. April 1787
aus Palermo an Charlotte von Stein. Darin schildert
er, wie er seine *Existenz ganzer* macht, wie er zur Freude der in Weimar Zurückgebliebenen im Süden *wie-
dergeboren* wird: *ich habe schon Freudenthränen ver-
goßen daß ich Euch Freude machen werde,* schreibt er.
Und: *Leb wohl Geliebteste mein Herz ist bey dir und
jetzt da die Weite Ferne, die Abwesenheit alles gleichsam weg geläutert hat was die letzte Zeit über zwischen uns stockte, so brennt und leuchtet die schöne
Flamme der Liebe der treue, des Andenckens wieder
fröhlich in meinem Herzen.*

Diesen Brief zu vernichten, bringt er nicht über sich.
Aber behalten möchte er ihn auch nicht. Er schenkt
ihn seinem Altersfreund Carl Friedrich Zelter: *so sen-*

de ich dir ein uralt Blättchen, kann dieser unter dem Datum 16. Februar 1818 lesen, *das ich nicht verbrennen konnte, als ich alle Papiere, auf Neapel und Sicilien bezüglich, dem Feuer widmete. Es ist ein so hübsches Wort auf dem Wendepunct des ganzen Abentheuers, und giebt einen Dämmerschein rückwärts und vorwärts. Ich gönne es dir! Bewahre es fromm.* Dann fügt er, wie über sich selbst erstaunt, ungläubig distanzierend von sich als *wir* sprechend, noch hinzu: *Was man doch artig ist wenn wir jung sind!*

Unverkennbar, die Erinnerung berührt ihn. Man stelle sich vor, Goethe hätte die über tausendsiebenhundert *Zettelgen* und Briefe, die er als junger Mann der Geliebten schrieb, wieder gelesen. Diese dem Augenblick entsprungenen Zeugnisse mit ihrem jugendlich wilden Gestus von Beglückung und Verzweiflung, mit den überbordenden, sich wiederholenden Alltagsdetails, den immer erneuten Versicherungen der Dankbarkeit für die Lebenshilfe der Geliebten: *Konntest mich mit einem Blicke lesen*, den Schilderungen seiner zunehmenden Verzweiflung über seine *Weltrolle* am Weimarer Fürstenhof.

Er, der nach Schillers Tod seine eigenen Briefe von den Erben zurückfordert, der Zelter um die Rückgabe seiner Schreiben an ihn bittet, um in aufwendiger Arbeit diese Briefwechsel der Öffentlichkeit zugänglich zu machen, er, der immer wieder Bilanz zieht, zu diesem Zweck alte Korrespondenzen durchsieht, bündelt und heftet, der lange aufbewahrte Briefe zurückgibt, so die von Marianne von Willemer erhaltenen, er äußert offenbar nie den Wunsch, Einsicht in diese frühen

Zeugnisse zu nehmen. Möglich wäre es gewesen, Frau von Stein hätte es ihm gewiß nicht verweigert, vielleicht hätte es sie sogar beglückt. Nach ihrem Tod verwahrt ihr Sohn Fritz die Briefe. Goethe hat nie danach verlangt.

Und das ist gewiß ein großes Glück. Denn was hätte er beim Wiederlesen als *Metall,* was als *Schlacke* empfunden? Hätte er unter dem Aspekt des *Brauchbaren* vielleicht einen Großteil vor allem dieser *Zettelgen,* aber auch der Briefe *auf der Stelle verbrannt?*

Jenes erste Weimarer Jahrzehnt, die jugendliche Lebenszeit zwischen sechsundzwanzig und sechsunddreißig mit dem leidenschaftlichen Ringen um die Welt des Wirklichen, ist eine Goethe entscheidend prägende Zeit. Aber es ist auch das Jahrzehnt eines Irrwegs – in der Liebe wie im gesellschaftspolitischen Engagement. Nach seinem grandiosen dichterischen Erfolg mit dem »Werther« sucht er nun im winzigen thüringischen Fürstentum den Erfolg in praktischer Tätigkeit als Minister, verliert dabei zunehmend seine poetischen Fähigkeiten, empfindet sich als einen *in Zwirn verwickelten Vogel,* der *Flügel hat und sie sind nicht zu brauchen,* um sich am Ende seine Niederlage mit dem bitteren Satz einzugestehen: *Wer sich mit der Administration abgiebt, ohne regierender Herr zu seyn, der muß entweder ein Philister oder ein Schelm oder ein Narr seyn.*

Ist es diese Niederlage, die ihn den Lebensabschnitt verdrängen, ihn als eine versunkene Zeit erscheinen läßt? Eine Strecke, die zurückzugehen er sich scheut.

In seinem autobiographischen Schreiben klafft zwischen »Dichtung und Wahrheit«, das mit dem Aufbruch nach Thüringen im Winter 1775 endet, und der »Italienischen Reise«, die mit der Flucht aus Weimar im Jahr 1786 beginnt, eine Leerstelle; mit einem fast mystischen Schweigen wird das erste Weimarer Jahrzehnt übergangen.

Auch in den »Tag- und Jahresheften«, als *Ergänzung* seiner *sonstigen Bekenntnisse* gedacht, diese Stummheit. In den Paralipomena, die stichwortartig Exzerpte aus Briefen wiedergeben, wird allenfalls Charlottes Name erwähnt. In den »Gesprächen mit Eckermann« findet sich nicht ein einziges Wort der Erinnerung an das Liebesjahrzehnt mit ihr.

Schweigen. Goethe selbst liefert an einer Stelle eine Begründung dafür. *Die wahre Geschichte der ersten zehn Jahre meines weimarischen Lebens,* erklärt er, *könnte ich nur im Gewande der Fabel oder eines Märchens darstellen; die wirkliche Tatsache würde die Welt nimmermehr glauben … Ich würde vielen weh, vielleicht nur wenigen wohl, mir selbst nie Genüge tun.*

Eine seltsame Äußerung; Absicherung nach allen Seiten. Wem würde er weh tun? Der einst Geliebten? Nur sie kommt in Frage. Allenfalls Herzog Carl August ist noch in Betracht zu ziehen. Goethes Hauptargument aber scheint er selbst zu sein; apodiktisch steht da: *nie* könne er sich *selbst Genüge tun.*

Scheut er vor der *Wahrheit* oder vor der *Dichtung*? Ist ihm seine große Liebe nunmehr selbst rätselhaft,

unerklärlich? Auch sein wunderbares, seine Liebesphi-
losophie umfassendes Gedicht »Warum gabst du uns
die Tiefen Blicke« hält er zu Lebzeiten verschlossen,
gibt es nicht zur Veröffentlichung frei, obgleich er
Charlotte um eine Abschrift gebeten hat, die in seinem
Besitz ist. Speist sich Goethes Schweigen möglicherweise aus der gleichen Quelle, die Charlotte zu ihrem
sarkastisch ratlosen Grabspruch *sie konnte nichts begreifen* veranlaßt hat?

Offensichtlich wird, daß er, der sich *historisch* sieht,
wie er bereits 1803 Schiller bekennt, seine Erinnerung
auf die *Tätigkeit,* das heißt auf sein dichterisches Schaffen, sein Werk richtet. Sein Leben, der Alltag, das Private dagegen treten zurück, und damit der starke weib-
liche Anteil am Gelingen seines Lebenswerkes. Wer
ihn liebt, ihm Gesprächspartner ist, ihm zuhört, seine
Sorgen teilt, ihn versorgt, pflegt, wenn er krank ist,
ihm Ratschläge gibt, seine Launen erträgt, ist für ihn
nicht der Erinnerung wert, nicht von Belang. Infolge
dessen erscheint seine Persönlichkeit vorwiegend als
Ergebnis von ideengeschichtlichen und kulturellen Ein-
flüssen, von Zusammentreffen mit wichtigen Persön-
lichkeiten und geschichtlichen Ereignissen.

Christiane, die ihm achtundzwanzig Jahre den Rük-
ken freihält für sein Schaffen, mit der er zunächst in
freier Liebe, dann in der Ehe lebt, spart er in seinen autobiographischen Schriften fast vollständig aus und
trägt damit nicht unwesentlich dazu bei, der Nachwelt
Raum zu geben, über sie negativ zu urteilen.

Auch welch großen Anteil Charlotte von Stein an

der Formung seiner jugendlichen Persönlichkeit in jenen wilden ersten Weimarer Jahren als Erzieherin, *Beichtigerinn, Besänftigerinn*, als eine, die seine Gefährdungen kennt und ihn immer wieder von den Rändern des Lebens in die Mitte zurückholt, die für zehn Jahre sein ihm vertrautester Mensch, die *süse Unterhaltung* seines *innersten Herzens* ist, bekommt keinen Raum in seinem autobiographischen Schreiben. Die Erinnerung scheint gelöscht.

Hängt seine große Zurückhaltung im Hinblick auf scheinbar Privates möglicherweise auch damit zusammen, daß er wohl sein *Werk* als *gelungen* betrachtet, sein Leben dagegen eher skeptisch beurteilt; im Gegensatz zum *Werk* seien ihm *die Lebenswerke nie recht gelungen.*

Erst über ein Jahrzehnt nach Goethes Tod erblicken seine Briefe an Charlotte von Stein das Licht der Öffentlichkeit. Aus dem Nachlaß ihres verstorbenen Sohnes Fritz von Stein werden sie erstmals in den Jahren 1848 bis 1851 publiziert. Inzwischen haben sie Eingang in die Gesamtausgaben gefunden, sind immer wieder in Einzelausgaben ediert worden.

Ich lese diese Briefe; erstmals in meinem Leben lese ich sie komplett, in chronologischer Reihenfolge, Brief für Brief, Nachricht für Nachricht. Oft, vor allem in Weimar, sind es nur wenige Zeilen; *Zettelgen* nennt er sie. Von seinen Reisen dagegen schreibt er lange Episteln, verfaßt über mehrere Tage.

Jugendliche Unmittelbarkeit und Leichtigkeit kennzeichnen Sprachgestus und Stil des jungen Goethe. Im Gegensatz zum »Werther« oder den Briefen an Auguste Stolberg sind seine Mitteilungen an Charlotte von Stein weder exaltiert noch sprachlich überhitzt, sie sind von einer schönen Einfachheit. Und zugleich von einer großen stilistischen Präzision, reich an ungewöhnlichen Wortbildungen und Metaphern, voller literarischer Bezüge, Anklänge an die Bibel und Anspielungen auf antike Mythologien. Diese Briefe sind aus dem Augenblick geboren und an ihn gebunden. Nicht zuletzt das macht ihren verführerischen Reiz aus. Es ist das Authentische, das fasziniert.

Während Goethe in »Dichtung und Wahrheit« und in der »Italienischen Reise« – zwischen Erleben und Niederschrift liegen zuweilen Jahrzehnte – auswählt, literarisch formt, erzählerisch zuspitzt, der *Wahrheit* die *Dichtung* zugesellt, Rücksicht auf noch Lebende nimmt, auch unverkennbar kalkuliert, wie er von der Nachwelt gesehen zu werden wünscht, ist all dies bei seinen Briefen an Frau von Stein aus dem ersten Weimarer Jahrzehnt nicht der Fall. Keinerlei Kalkül, nichts ist stilisiert, bearbeitet, nichts inszeniert.

Als einen Lebens- und Liebesroman, als Tagebuch einer zehnjährigen Beziehung lese ich diese Briefe.

Sehe den Schreiber vor mir, stehend an seinem Pult, sitzend am Tisch, in Weimar im Gartenhaus, am Frauenplan, auf Reisen, in Ilmenau, auf dem Gothaer Schloß, in Rom. Ein leeres Blatt vor sich: *weiß Papier*, das *wie leere Zeit zu Mittheilung anregt*, *Zuflucht* zum Papier. Zu seiner Rechten ein Fäßchen mit Tinte.

Das Federmesser ist bereit. Ebenso die Streusandbüchse zum Ablöschen der Schriftzüge. In seiner Hand der aus der Flugfeder einer Gans geschnitzte Federkiel, er taucht ihn in das Tintenfaß.

Das Gespräch mit der Geliebten beginnt. *Heut Abend schwäzt meine Feder wie ein Sprecht,* frohlockt er. Ist sich bewußt, die Briefe sind nur ein Ersatz. *Besser wird's seyn wenn wir zusammen sind und des Schreibens nicht bedürfen.* Dennoch erzeugen sie eine körperliche Nähe: *Ich kann nicht vom Blatte wegkommen worauf du deine Augen heften wirst ..., Auch mag ich das Blat nicht verlassen das du in Händen halten sollst.*

Zuweilen werden die Buchstaben mit kalligraphischer Sorgfalt gesetzt, meist aber schreibt er in seelischer Erregung oder auf Reisen spätabends, in der Nacht, übermüdet, er schleudert die Schriftzüge hastig aufs Papier. Das immer erneute Eintauchen der Feder, sie kratzt auf dem weißen Untergrund, der Druck ist groß, schon nach wenigen Zeilen muß sie nachgeschnitten oder neu geschnitten werden; das *Scharren und Spritzen der Feder,* zuweilen Kleckse auf dem Blatt. Die Gedanken eilen der Hand voraus: *weil die Feder nicht so geschwind läuft als ich denke, so schreibe ich oft den Schlußbuchstaben des folgenden Worts ehe das erste noch zu Ende ist, und mitten in einem Comma, fange ich den folgenden Perioden an; Ein Wort schreibe ich mit dreyerley Orthographie, und was die Unarten alle seyn mögen, ... nicht zu gedenken, daß äußere Störungen mich gleich verwirren und meine Hand wohl dreymal in Einem Briefe abwechseln kann.*

Was Goethe 1812 über seine Handschrift äußert, gilt auch für seine Briefe an Charlotte im Jahrzehnt ihrer Liebe. Alle sind ausnahmslos mit der eigenen Hand geschrieben. Niemals bemüht er wie später wechselnde Sekretäre, denen er diktiert, das Abgeschriebene nochmals korrigiert, bestätigt oder verwirft, die Reinschrift, das sogenannte *Mundum*, dann unterzeichnet.

Die Stimmung, Erregung, Glück oder Verzweiflung des *Briefstellers* (ein damals gebräuchliches Wort) teilt sich uns nicht zuletzt über das wechselnde Schriftbild mit. Die Handschriften werden im Weimarer Goethe- und Schiller-Archiv aufbewahrt.

Als ich zu Beginn der achtziger Jahre des vorigen Jahrhunderts an meinem Buch »Vögel, die verkünden Land« arbeitete und eine Brief- und Werkausgabe von Jakob Michael Reinhold Lenz vorbereitete, legte man im Weimarer Archiv die Originale der Lenz-Handschriften vor mich hin. Unfaßbar! Diese vor über zweihundert Jahren geschriebenen Briefe; vergilbtes, zum Teil angerissenes, aber noch festes Papier, die Tinte nicht verblaßt. Die Seiten zwischen meinen Fingern, der Geruch, der den alten Blättchen entstieg. Die Reste des Siegellacks auf den Rückseiten, die Spuren der Faltung. Das Entziffern der Handschrift. Es war ein erregendes, unvergeßliches Erlebnis.

Heute ist schwer denkbar, das Original eines Goethe-Briefes in Händen zu halten. Über das Internet aber sind seine Briefe an Charlotte von Stein zu finden. Die Klassik Stiftung Weimar hat innerhalb ihres Goethe-Brief-Repertoriums dankenswerterweise die Handschriften der Briefe Goethes an Frau von Stein als Digitalisate zugänglich gemacht. Auf dem Bildschirm kann man sie betrachten, kann sich einzelne Zeilen vergrößert heranholen. Voraussetzung ist, daß man die alte deutsche Kurrentschrift noch lesen kann. (Ich mußte sie mir damals für die Lenz-Ausgabe beibringen.)

Das in Goethes Handschrift wechselnde Schriftbild. Der Brief als Gespräch. Die vielen Ausrufezeichen. Sprechpausen markierende Gedankenstriche. Zuweilen macht der *Briefsteller* den Vorgang des Schreibens selbst zum Gegenstand. So berichtet er Charlotte einmal, daß er, für seine Liebe nach Worten ringend, im Gefühlsüberschwang seine *Feder* statt in die *Dinte* in den ihm Licht gebenden *brennenden Wachsstock getaucht* habe.

Die Feder ist unbrauchbar, eine neue ist zu schneiden. Auch bei der Handhabung der Streusandbüchse zuweilen Ungeduld. Die damals gebräuchliche schwer trocknende Eisengallus-Tinte, die mit Sand abgelöscht wird. Das Zusammenfalten der Briefbögen. Nicht aller Sand wird vom Papier geblasen oder geschüttelt. Auch bei Frau von Stein wird es so sein. Und vielleicht bittet Goethe sie wie Werther seine Lotte: *Keinen Sand mehr auf die Zettelchen die Sie mir schreiben. Heute führte ich es schnell nach der Lippe und die Zähne knisterten mir.*

Nach den Schreibregeln der Zeit sind Goethes Briefe zumeist ohne Anrede, des öfteren wird sie in den ersten Sätzen nachgeholt. Da heißt es: *Liebe Frau, lieber Engel.* Zuweilen beginnt er mit einer Frage: *Sage mir Liebste wie du geschlafen hast* oder mit einem Dank: *Ich danke für den süsen guten Morgen.* Sein Erfindungsreichtum in Zärtlichkeitsformen kennt keine Grenzen: *Geliebte, Geliebtestes, meine nahe, du alles, du süse, du einziges Wesen, du unversiegbare Quelle meines Glücks,* heißt es. Erst in den achtziger Jahren findet sich die Anrede mit ihrem Vornamen: *Liebe Lotte* oder abgekürzt *L. L.* und *l. L.*

Auch seine Verabschiedungen variieren. *Leb wohl, Addio, Adieu,* steht unter seinen Schreiben, begleitet von der sich wiederholenden Aufforderung, daß sie ihn lieben solle: *Lieben Sie mich denn ich bedarfs ..., Lassen Sie mich hören, daß Sie mich lieben ..., Sage mir daß du mich liebst ..., liebe mich und zeige mirs ..., sey mir hold ..., liebe den liebenden.*

Und des öfteren die Mahnung: *Schreibe mir ein Wort ..., versäume nicht mir zu schreiben ..., schreibe mir doch bald schreibe mir immer ..., und schreibe mir viel ...*

Er selbst unterzeichnet mit: *ganz der deine ..., Der Deine auf ewig ..., ich bin dein ..., Im Leben und Todt der deine ...* Einmal schließt er mit der Formel: *leibeigner als sich dencken lässt,* ein andermal mit: your lover for ever.

Während Datum und Ortsangabe vor allem in den in Weimar hin- und hergehenden *Zettelgen* oft fehlen, ist die Unterschrift stets vorhanden. Immer steht ein G. darunter. Niemals, selbst in der intimsten Liebeszeit mit Charlotte, unterzeichnet er mit seinem Vornamen. Das hält er lebenslang in seinem umfangreichen Briefverkehr so, unterschreibt mit *Goethe* oder mit der Abkürzung *G.,* zuweilen auch mit *J. W.* oder später mit *J. W. v. Goethe.* Dies ist wohl ein Programm. Bereits der Zwanzigjährige bekennt in einem Brief vom 23. Januar 1770: *Wenn ich meinen Nahmen nenne, nenne ich mich ganz.* (Eine Anspielung auf das Alte Testament. Moses, nach seinem Namen gefragt, entgegnet: *Ich werde sein, der ich sein werde.*)

Wie mag Frau von Stein den sieben Jahre jüngeren Freund im Brief angeredet haben? Mit Herr Goethe, später mit seinem Adelstitel und mit Geheimrat? Wir wissen es nicht. Daß sie als Hofdame streng auf Abstand und Etikette bedacht war, zeigt sich im jahrelangen Ringen der beiden um die Anredeform des *Du*.

Selbstbewußt gebraucht der Sechsundzwanzigjährige unmittelbar nach seiner Ankunft in Weimar neben dem *Sie* auch das vertrauliche *Du*. So heißt es am 23. Februar 1776: *Ich muß dir's sagen, du einzige unter den Weibern ...* Im selben Brief heißt es: *Ich liege zu deinen Füssen ...* Frau von Stein muß gegen diesen Formverstoß protestiert haben, vielleicht, weil der junge Mann diese intime Briefanrede versehentlich auch mündlich im Beisein anderer gebraucht und sie damit kompromittiert?

Zunächst aber ist er nicht zu belehren. Erst nach siebenmonatiger Korrespondenz verschwindet das *Du* für fünf Jahre. Bis Anfang 1781 schreibt Goethe der Geliebten nahezu 500 Briefe, in denen er ausschließlich das förmliche *Sie* gebraucht.

Am 12. März 1781 heißt es dann: *Ich kann nicht mehr Sie schreiben wie ich eine ganze Zeit nicht Du sagen konnte.* Nicht *durfte* muß es gewiß heißen. Was hinter dem Sinneswandel steht, können wir nur

vermuten. Es ist der Beginn der wohl für beide glücklichsten Zeit. Aber Frau von Stein wahrt die Form,
schreibt weiterhin *Sie*.

Am 12. Dezember 1781 protestiert der Liebende: ...
um Gotteswillen kein S i e mehr; er fährt fort: *ich
muß d i c h erst aus diesen I h n e n wieder übersetzen ... Indess die andre Seite trocknete hab ich deinen
Brief durchkorrigirt, und alle I h n e n gestrichen. Nun
wird es erst ein Brief. Verzeih dass ich die Kleinigkeit
zu Etwas mache.*

Daß es keine *Kleinigkeit* ist, geht aus dem langen
Hin und Her hervor. In den nächsten siebeneinhalb
Jahren gebraucht Goethe – mit einigen wenigen Aus-
nahmen – in den nahezu 900 Briefen an die Geliebte
kein *S i e* mehr. Auch Frau von Stein scheint von da
an dem Verlangen des Freundes nach dem vertrau-
lichen Gebrauch des *D u* nachgegeben zu haben.

Ist ein Brief geschrieben, die Tinte getrocknet, werden
die Blätter gefaltet, auf die Außenseite kommen Name
und Adresse des Empfängers, und der Brief wird gesie-
gelt. Ein Tropfen des an der Flamme des Wachsstocks
erhitzten Siegellacks wird auf die gefalteten Bögen
gebracht, mit einem Petschaft die Sendung verschlossen. Zuweilen siegelt man auch mit *Oblaten*, dün-
nen Weizenmehlscheiben, die man anfeuchtet und auf-
klebt, um dann das Siegel hineinzudrücken. Goethe
gebraucht *verschiedene Siegeln*; von einem Schreiben,
das er Charlotte als *Einschluß* in eine Sendung für die
Weimarer Herzogin schickt, teilt er der Geliebten mit:
ich siegle ihn mit Oblaten und dem Köpfgen. Ein an-

dermal mahnt er sie: *Nimm dich beym Zusiegeln in Acht wenn du mir den Brief wiederschickst. Der gestrige an die Fürstinn war an das Siegel angeklebt.*

Briefkästen kennt man nicht. Ebenfalls keine Briefmarken. Die Abrechnung erfolgt über andere Kanäle. Post zu versenden ist eine kostspielige Sache. Im Weimarer Herzogtum gibt es die allgemeine, die *ordinäre* Post und daneben die im herzoglichen Dienst eingesetzte Extrapost, reitende Kuriere, Eilstaffetten und einen *Cammerwagen*, der zweimal pro Woche auf der Strecke Jena–Weimar–Erfurt–Gotha–Eisenach Briefe befördert. Die Posttage sind öffentlich ausgeschrieben, jeder kennt sie. Auch Goethe benutzt diesen Postweg zuweilen; *mit dem Cammerwagen hörst du von mir*, kündigt er Frau von Stein einmal an.

Aber da er oft mit dem Herzog unterwegs ist, stehen ihm dessen reitende Kuriere zur Verfügung. Zuweilen strapazieren die Liebenden diese wohl über Gebühr. 1781, als Goethe mit Carl August in Neunheilingen weilt, verfaßt der Herzog ein Spottgedicht auf die Schreibenden, schickt es Charlotte von Stein. *Dein Briefelein* macht den *Housaren sehr viel zu klagen*, heißt es da.

Ist Goethe mit Carl August an fremden Fürstenhöfen zu Gast, am preußischen in Potsdam und Berlin oder in Braunschweig, läßt er besondere Vorsicht walten. Es ist die Angst, die Siegel könnten erbrochen, seine Briefe gelesen, er bespitzelt werden. *Von einem Fürsten, welcher so politisch traktiert wie der Braunschweigische, ist alles zu erwarten.* Er hofft auf eine günstige Gelegenheit, erst als Charlottes Ehemann nach Weimar geht, findet sie sich. Josias von Stein wird zum Liebesboten. Aber auch Goethes Freund Knebel und Charlottes Sohn Fritz haben als solche zu fungieren.

Die *Zettelgen* mit den kurzen Mitteilungen, die – zuweilen dreimal am Tag – innerhalb Weimars die kurze Strecke zwischen dem Haus der Frau von Stein in der Scherfgasse, später dem Stiedenvorwerk am Park und Goethes Gartenhaus oder das am Frauenplan und umgekehrt hin- und hergehen, werden von Boten befördert (*Botengänger* ist ein überwiegend von Frauen ausgeübter Beruf; mehrfach wird eine *Botenfrau* erwähnt).

Nur wenige Zeilen sind es oft, Verabredungen zum Essen, zu Ausfahrten, Konzertbesuchen oder Auftritten bei Hofe, Wünsche für einen »Guten Morgen« oder eine »Gute Nacht«. Goethe faltet diese von Papierbögen abgetrennten kleinformatigen Blättchen zu einer Art Fidibus, rollt sie, drückt sie – als Zeichen der Diskretion – mit den Fingern mehrfach zusammen, verzichtet zumeist auf das Siegeln.

In der Kürze der Nachrichtenvermittlung sind diese *Zettelgen* den heutigen SMS vergleichbar. Aber es ist kein virtueller Austausch, abhängig von Stromzufuhr, kein verblassender, nach einiger Zeit gelöschter Text auf dem Bildschirm eines Handys. Die Nachrichten der Liebenden sind auch nach fast 250 Jahren materiell noch vorhanden. (Selbst das Muster der Fidibus-Faltung ist noch erkennbar.) Zudem, ein gewichtiger Unterschied: Diese *Zettelgen* wurden dinghaft begleitet;

ihnen beigegeben sind fast immer Geschenke. Von Goethes Seite Blumen und Früchte aus seinem Garten, Fische und frisches *Wildbret* oder *Handschuh⟨e⟩*, eine selbstbemalte *Tasse*, ein *Band* für Charlottes Haar. Von Frau von Steins Seite ein *Halstuch* oder ein *Westgen*, sehr oft werden Sachen befördert, die Goethe bei ihr liegen ließ. Auch ein *Wurst-Andencken* und Schüsseln, gefüllt mit Speisen, schickt sie dem Freund. Und einander geborgte Bücher gehen auf diesem Wege hin und her oder Zeichnungen, die man sich gegenseitig schenkt.

Die *Zettelgen* sind heitere Spiegelungen eines miteinander gelebten Alltags, sie sind wie auch alle seine Briefe Wortliebkosungen, Huldigungen.

Rückblickend schreibt Goethe über den Briefkult des ausgehenden 18. Jahrhunderts: *Man spähte sein eigen Herz aus und das Herz der andern.* Über Charlottes *Herz*, die Vorgänge in ihrem Inneren, erfahren wir wenig. Kaum geben seine Briefe Einblick in ihr Seelenleben. Selbst wenn von Krankheiten die Rede ist, von *Kopf-* oder *Zahnweh*, von einem *schlimmen Fuß*, lenkt der Schreiber sogleich auf sich: *Hüte dich ja um meintwillen vor allem Übel ..., pflege dein auch um meintwillen ...*, ruft er ihr zu.

Er ist der Mittelpunkt, um ihn kreist alles. Es ist vor allem *sein eigen Herz*, das er ausspäht. Die *süse Unterhaltung* seines *innersten Herzens* ist ihm die Geliebte. Sie vermittelt ihm Sicherheit, wird ihm zur Mentorin. Ihr gegenüber kann er die soziale Kontrolle außer acht lassen, der er in seinen Briefen etwa an seine Mutter und selbst an Carl August Rechnung tragen muß. Einzig zu Charlotte ist er rückhaltlos offen – mit Ausnahme der Zeit unmittelbar vor seiner Flucht nach Italien –; sie allein besitzt sein *Vertrauen*, seine *Vertraulichkeit*.

Wenn man Goethes Selbstdiagnose des ersten Weimarer Jahrzehnts bedenkt: *Unstet* schwanke er *zwischen Behagen und Mißbehagen* ..., seine *Seele* sei *ein ewiges Feuerwerck ohne Rast* ..., wird deutlich, welche inneren Kämpfe des Freundes Charlotte zu teilen und zu besänftigen hat.

Seine Briefe handeln nicht nur von den Ängsten und Beglückungen seiner Liebe, sondern zeitgleich von seinem komplizierten Leben im Zentrum der politischen Macht, bis ins kleinste teilt er ihr alle Erfolge und Niederlagen seiner Amtstätigkeit im Weimarer Fürstentum mit, einschließlich der in deren Folge auftretenden Ambivalenzen, den zunehmenden Krisensituationen durch den Verlust seiner schöpferischen Kräfte, seiner poetischen Fähigkeiten.

Während »Die Leiden des jungen Werthers« die Destruktion, letztlich die Auslöschung der Persönlichkeit, das Leiden an der Welt zeigen, geht es im »Roman in Briefen« an Frau von Stein um Aufbau und Formung der Persönlichkeit in unmittelbarer Konfrontation mit dem Wirklichen. In diesem Jahrzehnt werden wichtige Voraussetzungen für Werk und Leben des reifen Goethe geschaffen.

Seine Briefe an Frau von Stein sind für fast ein Jahrzehnt der Raum seiner Weltaneignung, in sie strömt alles ungefiltert hinein, was ihn beschäftigt, es sind

Selbstgespräche, zuweilen auch Selbstheilungsversuche. Im Niederschreiben aller inneren und äußeren ihn bewegenden Vorgänge findet er Ruhe, vergegenwärtigt sich die Konflikte. Er *durchbeizt*, wie er einmal formuliert, auf dem Papier *die mannigfaltigen Fasern* seiner *Existenz*. Insofern sind diese Liebesbriefe auch weltgesättigte Dokumente, sind ein umfassendes, einzigartiges Psychogramm des jungen Goethe zwischen seinem sechsundzwanzigsten und sechsunddreißigsten Lebensjahr.

Aus den etwa tausendsiebenhundert vorhandenen Briefen Goethes habe ich zweihunderteinunddreißig für dieses Buch ausgewählt. Die intime Landschaft der Empfindungen des Schreibers liegt vor uns ausgebreitet.

Daran schließt sich mein Versuch an – entlang den überlieferten Wortwegen –, die Geschichte dieser Liebe in ihren Umrissen zu erzählen: von den Anfängen über die Jahre der Harmonie, in denen alle Wünsche erfüllt zu sein scheinen, bis zum bitteren Ende, zur Trennung.

Es sind vor allem die Spannungen und unlösbaren Widersprüche, die diese Liebe so heutig und modern erscheinen lassen; der Abstand der Jahrhunderte, die Zeitgrenze schwindet.

Briefe Goethes an Charlotte von Stein

Ich muß Ihnen noch einen Danck für das Wurst Andencken und eine Gute Nacht sagen. Mein Peitschen
Hieb übers Aug ist nur **allegorisch** wies der Brand
an meinem Billet von heut früh auch ist. Wenn man
künftig die Fidibus hier zu Lande so galant kneipen
wird wie ein süss Zettelgen, wirds ein trefflich leben werden.
Ich bin geplagt und so gute Nacht. Ich hab' l i e b e Briefe kriegt, die mich aber peinigen weil sie **lieb** sind. Und
alles l i e b e peinigt mich auch hier ausser Sie liebe Frau,
so **lieb** Sie auch sind. Drum das einaugige Gekrizzel zu
Nacht.

G.

Mit Ihnen unter Einem Dache[1]! Ich fange wieder an zu
schreiben, es wird eine Billets Kranckheit unter uns
geben, wenn's so von morgen zu Nacht fortgeht. Der
Herzog[2] läßt mich und Wedeln[3] hier oben[4] sizzen, und
steht hinter Ihrem Stuhle[5] schwör ich – – Er kommt –
Wir haben heute viel guts gehandelt über der Vergangenheit und Zukunft – Geht mir auch wie Margreten[6]
v. Parma: ich sehe viel voraus das ich nicht ändern
kann. Gute Nacht, goldne Frau.

Lieber Engel, ich komme nicht ins Concert. Denn ich bin so wohl, dass ich nicht sehen kann das Volck[7]! Lieber Engel, ich liess meine Briefe holen und es verdross mich, dass kein Wort drinn war von dir, kein Wort mit Bleystifft, kein guter Abend. Liebe Frau, leide, dass ich dich so lieb habe. Wenn ich jemand lieber haben kann, will ich dir's sagen. Will dich ungeplagt lassen. Adieu Gold. du begreiffst nicht **wie** ich dich lieb hab

G.   d. 28. Jan. 76.

Wandrers Nachtlied.

Der du von dem Himmel bist
Alle Freud und Schmerzen stillest,
Den der doppelt elend ist
Doppelt mit Erquickung füllest.
Ach ich bin des Treibens müde!
Was soll all die Quaal und Lust.
Süsser Friede,
Komm ach komm in meine Brust.

Am Hang des Ettersberg
d. 12. Febr. 76.   G.

Wie ruhig und leicht ich geschlafen habe, wie glücklich ich aufgestanden bin und die schöne Sonne gegrüst habe das erstemal seit vierzehn Tagen mit freyem Herzen, und wie voll Dancks gegen dich Engel des Himmels, dem ich das schuldig bin. Ich muß dir's sagen, du einzige unter den Weibern, die mir eine Liebe in's Herz gab die mich glücklich macht. Nicht eher als auf der Redoute seh ich dich wieder! Wenn ich meinem Herzen gefolgt hätte – Nein will brav seyn – Ich liege zu deinen Füssen ich küsse deine Hände.

    d. 23. Febr. 1776.   G.

Ich mußte fort aber du sollst doch noch eine gute Nacht haben. Du Einzige die ich so lieben kann ohne dass mich's plagt – und doch leb ich immer halb in Furcht – Nun mag's. All mein Vertrauen hast du, und sollst so Gott will auch nach und nach all meine Vertraulichkeit haben. O hätte meine Schwester[8] einen Bruder irgend wie ich an dir eine Schwester habe. Denck an mich und drück deine Hand an die Lippen, denn du wirst Gusteln seine Ungezogenheiten nicht abgewöhnen, die werden nur mit seiner Unruhe und Liebe im Grab enden. Gute Nacht. Ich habe nun wieder auf der ganzen Redoute nur deine Augen gesehn – und da ist mir die Mücke um's Licht eingefallen. Ade! Wunderbaar gehts in mir seit dem gestrigen lesen. Morgen zu Pferd.

    Febr. d. 23. Nachts halb 1 Uhr.

Ich muß Ihnen noch ein Wort sagen liebe Frau. Ich bin heute Nacht krank worden und zwar toll, habe mich wieder zusammen genommen. Muß aber noch hier bleiben. Bin zu Wielanden geflüchtet weil ich ganz allein zu Hause wär. Wollte heut zu Ihnen. Hufeland[9] verbietet mir auszugehn. Ade. Nur eine Zeile von Ihrer Hand. Gute Nacht Engel. Friz[10] war bey uns den hab ich viel geküßt. Ade.

d. 19. Merz 1776   G.

Naumburg früh 5. mit Tags Anbruch komm ich an. Ein wunderbaares liebes Dämmerlicht schwebt über allem. Ich habe viel gefroren und was das beste ist auch viel geschlafen. Jezt schläffst du auch! vielleicht wachst du einen Augenblick auf und denckst an mich. Ich bin ruhig, dencke an dich, und von dir aus an alles was ich lieb habe. – Wie anders! Lieber Gott wie anders! als da ich vor zehen Jahren als ein kleiner, eingewickelter, seltsamer Knabe in eben das Posthaus trat – Wie viel hat nicht die Zeit durch den Kopf und das Herz müssen, und wieviel wohler, freyer, besser ist mir's nicht. –[11]

Liebe Frau hier ein Zettelgen, da ich selbst nicht komme. Wie haben Sie geschlafen auf das gestrige Schwärmen[12]? Mir ists wohl, und im Herzen, dass ichs nicht sagen kann, voll Ahndung und Hoffnung im gegenwärtigen. Doch wollt ich, dass mich einmal wieder was zu lachen machte, und dass mir ein Affisches Wesen wieder ins Blut käm. Addio. Zeichnen Sie brav ich will auch heut an Sie dencken. Nur hierauf ein Wort, bitte bitte.

d. 13. Apr. 76   G.

Warum gabst du uns die Tiefen Blicke
Unsre Zukunft ahndungsvoll zu schaun.
Unsrer Liebe, unserm Erdenglücke
Wähnend seelig nimmer hinzutraun?
Warum gabst uns Schicksaal die Gefühle
Uns einander in das Herz zu sehn,
Um durch all die seltenen Gewühle
Unser wahr Verhältniß auszuspähn.

Ach so viele tausend Menschen kennen
Dumpf sich treibend kaum ihr eigen Herz,
Schweben zwecklos hin und her und rennen
Hoffnungslos in unversehnem Schmerz,
Jauchzen wieder wenn der schnellen Freuden
Unerwarte Morgenröthe tagt.
Nur uns Armen liebevollen beyden
Ist das wechselseitge Glück versagt
Uns zu lieben ohn uns zu verstehen,
In dem Andern sehn was er nie war
Immer frisch auf Traumglück auszugehen
Und zu schwanken auch in Traumgefahr.

Glücklich den ein leerer Traum beschäfftigt,
Glücklich dem die Ahndung eitel wär!
Jede Gegenwart und jeder Blick bekräfftigt
Traum und Ahndung leider uns noch mehr.
Sag was will das Schicksaal uns bereiten?
Sag wie band es uns so rein genau?
Ach du warst in abgelebten Zeiten
Meine Schwester oder meine Frau.

Kanntest jeden Zug in meinem Wesen,
Spähtest, wie die reinste Nerve klingt,
Konntest mich mit Einem Blicke lesen
Den so schweer ein sterblich Aug durchdringt.
Tropftest Mäßigung dem heißen Blute,
Richtetest den wilden irren Lauf,
Und in deinen Engelsarmen ruhte
Die zerstörte Brust sich wieder auf,
Hieltest zauberleicht ihn angebunden
Und vergaukeltest ihm manchen Tag.
Welche Seeligkeit glich jenen Wonnestunden,
Da er danckbar dir zu Füßen lag.
Fühlt sein Herz an deinem Herzen schwellen,
Fühlte sich in deinem Auge gut,
Alle seine Sinnen sich erhellen
Und beruhigen sein brausend Blut.

Und von Allem dem schwebt ein Erinnern
Nur noch um das ungewisse Herz
Fühlt die alte Wahrheit ewig gleich im Innern,
Und der neue Zustand wird ihm Schmerz.
Und wir scheinen uns nur halb beseelet,

Dämmernd ist um uns der hellste Tag.
Glücklich daß das Schicksaal das uns quälet
Uns doch nicht verändern mag.
     d. 14. Apr. 76.   G.[13]

Biß iezzo hofft ich noch immer Sie zu sehen, und weis
noch nicht wie Sie sich befinden. Hier ein Zeichen dass
ich lebe, dass ich Sie liebe. Und immer Ihr voriger, gegenwärtiger, und zukünftiger bin.
     d. 22. Apr. 76.   G.

Heut will ich Sie nicht sehn. Ihre Gegenwart gestern
hat so einen wunderbaaren Eindruck auf mich gemacht, daß ich nicht weis ob mir's wohl oder weh
bey der Sache ist. Leben Sie wohl. Liebste Frau.
     G.   d. 1. May.

D. 1. May abends. Du hast recht mich zum heilgen zu
machen, das heißt mich von deinem Herzen zu entfernen. Dich so heilig du bist kann ich nicht zur heiligen
machen, und hab nichts als mich immer zu quälen daß
ich mich nicht quälen will. Siehst du die treffliche
Wortspiele. Also auch Morgen. Gut, ich will dich nicht
sehen! – Gute Nacht.
Hier auch eine Urne, wenn allenfalls einmal vom Heiligen nur Reliquien überbleiben sollten.

Dancke beste für den guten Morgen. Ich komme mit Ihnen zu essen und bring allerley mit. Ich hab unter dem Druck neuen Muth zu Leben und eine neue Art von Hoffnung gekriegt, Obgleich das arme Herz viel drunter leidet. Addio beste.

    d. 17. May 76.   G.

Zum erstenmal im Garten[14] geschlafen, und nun Erd-tulin[15] für ewig. Da sind Spargel, erst iezt gestochen, lassen Sie sie nicht unter die Andern kommen, essen Sie sie allein, da Sie doch einmal das glückliche Vorur-theil dafür haben; wie mir's eben am besten schmeckt, wenn ich sie mit Ihnen esse. Sagen Sie mir wie's Ihnen heut Mittag ist. Ob ich kommen darf? Die Ruhe hier haussen ist unendlich. Und wenn Sie erst einmal wer-den abgeschieden seyn – ich mag dadran nicht den-cken. Ade.

    d. 19. May Sonntag.   G.

Also auch das Verhältniß, das reinste, schönste, wahr-ste, das ich außer meiner Schwester je zu einem Weibe gehabt, auch das gestört! – Ich war drauf vorbereitet, ich litt nur unendlich für das Vergangne und das Zu-künftige, und für das arme Kind das hinausgieng das ich zu solchen Leiden in dem Augenblick geweiht hat-te. Ich will Sie nicht sehn, Ihre Gegenwart würde mich traurig machen. Wenn ich mit Ihnen nicht leben soll, so

hilft mir Ihre Liebe so wenig als die Liebe meiner Abwesenden, an der ich so reich bin. Die Gegenwart
im Augenblicke des Bedürfnisses entscheidet alles, lin-
dert alles, kräfftiget alles. Der Abwesende kommt mit
seiner Sprüzze wenn das Feuer nieder ist – – und das
alles um der Welt willen! Die Welt die mir nichts seyn
kann will auch nicht daß du mir was seyn sollst – Sie
wissen nicht was sie thun. Die Hand des Einsam verschlossenen, der die Stimme der Liebe nicht hört,
drückt hart wo sie aufliegt.

Adieu beste. d. 24. May 76.

Ich habe gestoppelt, da ist noch ein Büschelgen. Man
will mir glauben machen ich dürfe heut mit Ihnen essen. Ist's wahr?

G. d. 27. May 76.

Sie sind lieb dass Sie mir alles gesagt haben! – man soll
sich alles sagen wenn man sich liebt. – Liebster Engel
und ich habe wieder drey Worte in der Hand Sie über
alles zu beruhigen, aber auch nur Worte von mir zu
Ihnen! – – Ich komme heut noch! – Adieu.

d. 7. Jun. G.

Du hast gestern Steinen lahm[16] nach Hause kriegt, sonst wär ich noch einen Augenblick kommen, denn ich bedarf auch einiger Pflege. Da ging ich zu Wieland und ward mir wieder freyer. Liebste Frau ich darf nicht dran dencken daß Sie Dienstag weggehn, daß Sie auf ein halb Jahr hinaus von mir ab sind. Denn was hilft alles! Die Gegenwart ists allein die würckt, tröstet und erbaut! – Wenn sie auch wohl manchmal plagt – und das plagen ist der Sommerregen der Liebe. Ich hab Sie viel lieber seit neulich, viel theurer und viel werther ist mir deine Gutheit zu mir. Aber freylich auch klarer und tiefer ein Verhältniß, über das man so gerne wegschlüpft, über das man sich so gerne verblendet. Der Herzogin Mutter[17] entging nicht daß ich mich auf einmal veränderte. Adieu! Hier eine Rose aus meinem Garten, hier ein Paar halbwelcke, die ich an einer Hecke, gestern zurückreitend dir abbrach. Leb wohl bestes. Der Schwester einen guten Morgen.
Addio.

    d. 22. Jun. 76.   G.

Nur Ein Wort beste Frau. ich hab den Kopf die Queere sizzen und kann nichts sagen. Wir gehn übermorgen nach Ilmenau, und wollt Sie wären in Kochberg[18]. Sie fehlen mir an allen Ecken und Enden und wenn Sie nicht bald wiederkommen, mach ich dumme Streiche. Gestern auf dem Vogelschiesen zu Apolda hab' ich mich in die Kristel von Artern verliebt pp. Ich habe gar nichts was mich in linde Stimmung sezt. Wieland

thut mir noch am wohlsten. Der Herzog und ich theilen unsere Dumpfheit wenigstens, alles andre hezzt
mich und ich kann mich nicht zu Ihnen flüchten. Sonst
ist nicht leicht ein glücklicher Geschöpf als ich, wenn
ich dich nur wieder hätte. O Schick mir was! grüs Zimmermann[19].

    d. 16. Juli. 76.   G.

Ich habe mit Zittern deinen Zettel aufgemacht, in Freude, daß du mir wieder nah bist. Ich dachte du wärst in
Weimar. Liebste Frau wir sind wohl noch in Ilmenau[20]
komm nur. Hundert tausendmal bist du um mich gewesen ich hab nur für dich gezeichnet. Zwar wenig,
aber mein Herz drinne. Adieu Engel. Ich geh nach Stü-
zerbach um für dich eine Zeichnung zu endigen. Liebe
du giebst mir ein neues leben daß du wieder kommst.
Ich kann dir nichts sagen. den Herzog freuts.   Addio.

    d. 2. Aug. 1776.   G.

Deine Gegenwart hat auf mein Herz eine wunderbaare
Würckung gehabt, ich kann nicht sagen wie mir ist!
mir ist wohl und doch so träumig. Zeichnen konnt ich
gestern nicht. Ich saß auf Wizlebens Felsen, die herrlich sind und konnt nichts hervorbringen da schrieb
ich dir:

Ach wie bist du mir,
Wie bin ich dir geblieben!
Nein an der Wahrheit
Verzweifl ich nicht mehr.
Ach wenn du da bist,
Fühl' ich, ich soll dich nicht lieben,
Ach wenn du fern bist
Fühl' ich, ich lieb' dich so sehr.

Heut' will ich auf den Hermanstein, und womöglich die Höhle zeichnen hab auch Meisel und Hammer die Inschrifft zu machen, die sehr mystisch werden wird. Ihr Zettelgen hab ich kriegt, hab mich viel gefreut – Ich schwör dir ich weis nicht wie mir ist. Wenn ich so dencke, daß Sie mit in meiner Höhle war, daß ich ihre Hand hielt indeß sie sich bückte und ein Zeichen in den Staub schrieb!!! Es ist wie in der Geisterwelt, ist mir auch wie in der Geisterwelt. Ein Gefühl ohne Gefühl. Lieber Engel! Ich hab an meinem Falcken[21] geschrieben, meine Giovanna wird viel von Lili[22] haben, du erlaubst mir aber doch, daß ich einige Tropfen deines Wesen's drein gieße, nur so viel es braucht um zu tingiren. Dein Verhältniß zu mir ist so heilig sonderbaar, daß ich erst recht bey dieser Gelegenheit fühlte: es kann nicht mit Worten ausgedrückt werden, Menschen könnens nicht sehen. Vielleicht macht mir's einige Augenblicke wohl, meine verklungenen Leiden wieder als D r a m a z u v e r k e h r e n. Adieu liebe.

d. 8. Aug. 76.
Ilmenau.

Auf dem Gabelbach. Es ist bald 3. der Herzog ist noch nicht von der Jagd er wird hier essen. Von meinem Morgen auf dem Hermannstein sollst du was sehen, vielleicht auch was lesen. Addio. Du bist immer bey mir.

Stüzzerbach Nachts bey Tisch. Ich hab heute den ganzen Tag für dich gezeichnet, nicht immer glücklich, aber immer warm. Heut aber saß ich wieder hier auf dem Schloßberg und hatte einen guten Augenblick. Wie erwünscht lag eben der Sonnenblick den Moment da ich aufstieg im Thal wie ich ihn auf's Papier fesseln mögt. – Ich muß nur für dich zeichnen, du thust das dazu was ich nicht machen kann. –
Von heute früh, von heut dem ganzen Tag! kann ich nichts sagen! Engel – Geh nur in die Schweiz[23] – Gute Nacht. gute Nacht. –

G.

Ich hoffte ihr Herz sollte ihnen sagen über die Oberweimarer Wiesen zu gehn. Es hats nicht und ich bin umsonst bey schönem Sonnen Untergang in meinen Garten gangen. Hier die Silhouette. Viel Grüse Ihrer Hohenlohe[24]. Morgen bin ich bey Ihnen.
   d. 23. Aug. 76.   G.
   Beym Monde dencken Sie mein.

Warum soll ich dich plagen! Liebstes Geschöpf! – Warum mich betrügen und dich plagen und so fort. – Wir können einander nichts seyn und sind einander zu viel – Glaub mir wenn ich so klar wie Faden mit dir redte, du bist mit mir in allem einig. – Aber eben weil ich die Sachen nur seh wie sie sind, das macht mich rasend, Gute Nacht Engel und guten Morgen. Ich will dich nicht wiedersehen – Nur – du weißt alles – Ich hab mein Herz – Es ist alles dumm was ich sagen könnte. – Ich seh dich eben künftig wie man S t e r n e sieht! – denck das durch.

Ich war gestern sehr traurig und wußte nicht warum. Es war mir als wenn ich Sie heut nicht sehen sollte, ich lies mir die Clarinettisten kommen, ging in meinem Garten herum, sie bliesen bis acht. Es war alles so herrlich aber mein Herz thaute nicht auf. Eben da ich im reinen Morgen umgehe kommt ihr Zettelgen. Ich habe vor einer Stunde Wielanden sagen lassen er möchte kommen, es war auch Ahndung daß ich jemand brauchen würde. Adieu, ich bin dem Schicksaal zu viel schuldig als daß ich klagen sollte, und doch für meine Gefühle kann ich nichts. Adieu, ich werde nicht nach Kochberg kommen, denn ich verstund Wort und Blick. Adieu.

    d. 8. Sept. 76.   G.[25]

Leben Sie wohl Beste! Sie gehen und weis Gott was werden wird! ich hätte dem Schicksaal danckbaar seyn sollen, das mich in den ersten Augenblicken da ich Sie wiedersah so ganz rein fühlen lies wie lieb ich Sie habe, ich hätte mich damit begnügen und Sie nicht weiter sehen sollen. Verzeihen Sie! Ich seh nun wie meine Gegenwart Sie plagt, wie lieb ist mir's dass Sie gehen, in einer Stadt hielt ich's so nicht aus. Gestern bracht ich Ihnen Blumen mit und Pfirschen, konnts Ihnen aber nicht geben wie Sie waren, ich gab sie der Schwester. Leben Sie wohl. Bringen Sie das Lenzen. Sie kommen mir eine Zeit her vor wie Madonna die gen Himmel fährt, vergebens daß ein rückbleibender seine Arme nach ihr ausstreckt, vergebens daß sein scheidender trähnenvoller Blick den ihrigen noch einmal niederwünscht, sie ist nur in den Glanz versuncken der sie umgiebt, nur voll Sehnsucht nach der Krone, die ihr überm Haupt schwebt. Adieu doch Liebe!

    d. 7. Okbr. 76.   G.

Ich bitte Sie um das Mittel gegen die Wunde Lippe, nur etwa daß ich's finde heut Abend wenn ich zurückkomme. Muß ich Sie schon wieder um etwas bitten um etwas heilendes. Gestern Nacht haben mich Stadt und Gegend und alles so wunderlich angesehen. Es war mir als wenn ich nicht bleiben sollte. Da bin ich noch in's Wasser gestiegen und habe den Alten Adam der Phantaseyen ersäuft. Adieu beste Frau.

    d. 3. Nov. 76.   G.
    Ich reite nach Erfurt.

Wie ich Ihnen dancke fühlen Sie, sonst hätten Sie das nicht geben. Hier einen Wanderstab wenn Sie wieder einmal fern von mir in Ihren Thälern wallen. Vielleicht komm ich zu Tische.   Addio.

                                        G.   d. 22. Dez. 76.

Indeß Sie lustig waren, war ich fleisig, hier haben Sie ein Stück[26]. Ich bin wieder ganz leidlich komme wohl heut zu Ihnen. Leben Sie froh bis dahin.

    d. 4. Jan. 77.   Goethe.

Aus Schnee und dichtem Nebel schicke ich Ihnen ein Paar freundliche Blumen. Ich gehe in's Conseil[27] sizzen, werde mit unter einen Augenblick bey Ihnen seyn, und vielleicht gar zu Ihnen kommen und um einen Bissen Nachtisch bitten.

    d. 11. Febr. 76.[28]   G.

Guten Morgen liebste Frau. Hier ist alles wieder was ich von Ihnen seit einigen Tagen geborgt habe. Das trübe Wetter drückt mir heut' allen Rauch in die Stube, daß ich gar übel dran bin. Leben Sie wohl.

    d. 19. Febr. 77.   G.

Weil ich Sie schweerlich heute sehn werde, schick ich Ihnen einen freundlichen Blick auf die Ankunfft des Frühlings. Es wird eine Zeit seyn, wo dieser Dinge viel um mich herum blühen werden, heut ist's wieder so ein kalter Tag, daß es fast unmöglich scheint. Addio bestes.

d. 12. Merz 77.   G.

Danck daß Sie mir am frühen morgen was in die Einsamkeit schicken, gestern wär ich bald wieder zu Ihnen gelaufen. Es war mir gar närrisch. Guten Tag und alles! Heut Abend seh ich Sie, wo die Schellen klingen[29].

d. Ostertag 77.   G.

So gern wär ich diesen Abend noch zu Ihnen. Der Zweifel ob Sie zurück sind, und das herrliche Gewitter das den ganzen Süd überleuchtet hält mich ab. Die Frösche schrillen mir den Kopf wüste. Dancke für Ihr Zettelgen. Ich erhielts als der Herzog und noch Jemand und ein Paar Vertrautinnen, zu denen Seckendorf gestosen war [bey] mir im Garten saßen[30], viel Lärmten und Unordnung machten. Es muß Sie wunderlich düncken, das vergangne von mir zu lesen. Bleiben Sie mir im Gegenwärtigen und Zukünftigen eine liebe Nachbaarinn[31].

d. 2. May 77.   G.
Leider muß ich heute Abend hungrig zu Bette gehn.

Dancke für das Frühstück. Hier schick ich etwas dagegen. Heut Nacht hab ich auf meinem Altan unterm
blauen Mantel geschlafen, bin dreymal aufgewacht
um 12, 2 und 4 und jedesmal neue Herrlichkeit des
Himmels um mich. Zu Tische komm ich wenn mich
nichts auffängt.

d. 19. May 77.   G.

Im Garten unter freyem Himmel! Seit Sie weg sind fühl
ich erst daß ich etwas besizze, und daß mir was obliegt.
Meine übrigen kleinen Leidenschafften Zeitvertreibe
und Miseleyen[32], hingen sich nur so an dem Faden
der Liebe zu Ihnen an, der mich durch mein iezzig Leben durchziehen hilft. Da Sie weg sind fällt alles in
Brunnen.
Heut früh war ich in Belvedere, und hab gefischt und
auf der Stelle gebacken, ich und der Waldnern Charlott,[33] ein trefflich Essen bereitet.
Harnische werd ich puzzen und neue Einrichtungen
und Ausrichtungen werd ich machen. Meine Bäume
versorgen! – und werde sehr von den Mücken gestochen.
Mit beschmierten Baumwachsfingern fahr ich fort.
Ich habe meine Bäume versorgt, und die Räuber ab-
gedrückt! – Diese Heilung heischten sie schon Monate her und ich ging immer vorbey. – Ein Poet und
Liebhaber sind schlechte Wirthe! – Ists wohl weil
der Poet ein Liebhaber, oder weil der Liebhaber ein
Poet ist??! – –

Adieu beste! – Bleiben Sie mir! Wie ich Ihnen. Adieu Gold.

d. 12. Juni 77.   G.
Fr. v. Stein
    nach
        Kochberg.

                              d. 29. Abends August 77.
Manebach beym Cantor. Zwischen Gebürg und Fich-
tenwald hab ich heut Abend gesessen und zeichnen
wollen, aber es ging nicht. Meinen Weeg von Ihnen
herüber hab ich gestern glücklich gefunden. Wie wohl
ist mirs daß ich erst bey Ihnen war. Wie lieb ich Sie habe fühlt ich erst wieder in den Augenblicken da Sie vergnügt und munter waren, die Zeit her hab ich Sie nur
leiden sehn und das drückt mich so daß ich auch meine
Liebe nicht fühle. Bester Engel Sie haben mir Reisezehrung mit gegeben! Gott weis wie ich in Eisenach[34]
werde geschunden seyn, ich gehe dunckel meinem
Schicksaal entgegen und mags durch Einbildung nicht
vorschmecken noch verschlimmern.
Sonntag d. 31. Ilmenau. Ich schicke Ihnen was ich
d. 30. früh in des Cantors Gärtgen gezeichnet habe.
Wunder dacht ich was ich alles fertigen wollte, und
nun ist das alles. Durch diesen Boten können Sie mir
was schreiben auch von Petern[35] was, und recht viel
bitt ich Sie. Ich bin hier immer allein die andern laufen
auf den Gebürgen herum. Mittwoch d. 3ten kommt
Prinz Joseph[36] hierher wir bleiben also einige Tage län-

ger. Heut Abend gehn wir nach Stüzzerbach vielleicht schick ich noch was gezeichnetes von da. Meinen Boten erwart ich balde zurück, grüsen Sie alles, und die Waldnern gelegentlich auch.

Auf Morgen hab ich eine grose Freude dass mir der Bote etwas von Ihnen nach Stüzzerbach bringen wird.

G.

Ich habe immer noch von Ihrem Biskuitkuchen und hoffe daß Sie keinen Kaffee mehr trincken.

In meinem Garten, d. 10. Oktbr. Wieder hier! und nur zwey Worte da ich höre daß eben ein Bote geht. Mit Weh hab ich meine Wartburg verlassen, und Weimar mit kindischer Freude wiedergesehn. Heut früh fünfe ritt ich mit Lichtenberg[37] aus um halb 12 waren wir hier, und haben eine Stunde beim Stadth[38] gefrühstückt. Morgen kommt der Herzog nach. Adieu beste. Ich bin entfremdeter von viel Welt nur nicht von Ihnen.

G.

Die Bäume sind angekommen 30 an der Zahl, gute Kirschbäume auch wenige Obst Bäume guter Sorten. wie und wann sollen sie nach Kochberg? sie müssen wohl gepflanzt und sonderlich gegen die Haasen mit starcken Dornen verwahrt werden.

Gestern von Ihnen gehend hab ich noch wunderliche Gedancken gehabt, unter andern: ob ich Sie auch wircklich liebe oder ob mich Ihre Nähe nur wie die Gegenwart eines so reinen Glases freut, darin sichs so gut sich bespiegeln läßt.

Hernach fand ich daß das Schicksaal da es mich hieher pflanzte vollkommen gemacht hat wie mans den Linden thut man schneidet ihnen den Gipfel weg und alle schöne Aeste daß sie neuen Trieb kriegen sonst sterben sie von oben herein. Freylich stehn sie die ersten Jahre wie Stangen da. Adieu. Ich kam von ohngefehr über den Kalender von vorm Jahr da stund beym 7. Novemb.: Was ist der Mensch, daß du sein gedenckest pp.

 d. 8. Nov. 77.   G.

Adieu liebe Frau, ich streiche gleich ab. Die Feder hab ich vergessen das ärgert mich. Sie hätten mir sie gestern wohl geben können. Indeß sollen Sie doch einen Brief haben. Adieu sagen Sie auch Steinen[39]. Ich bin in wunderbaar dunckler Verwirrung meiner Gedancken. Hören Sie den Sturm der wird schön um mich pfeifen.

 d. 29 Nov. 77.   G.[40]

Eine Blume schick ich Ihnen die ich im Ausritt vom Harze, unter dem Schnee aus einem Felsen für Sie gebrochen habe, es war Beylage zum Brief der verlohren ist. Auch einige angefangne Zeichnungen, auch eine Ente, und bitte Sie um meine Gedichte daß ich was einschreiben kann. Ich bin still in meiner Hütte. Heut

Abend sehn Sie mich in dem Leichtsin der Representation[41]. Addio beste.

    d. 30. Dez.77.   G.

Ich habe gestern Abend viel an Sie gedacht indem ich
Briefe und das ganze Vergangne Jahr zusammen packte. Ich mögt Ihnen so gern was zum neuen Jahre schik-
ken und finde nichts, ich bin in Versuchung kommen
Ihnen von meinen Haaren zu schicken und hatte sie
schon aufgebunden, als mirs war als wenn diese Bande
keinen Zauber für Sie hätten. Heut werd ich Sie doch
einmal finden.

    d. 1. Jan. 78.   G.

Ihren Friz[42] mit Blumen und Früchten schick ich Ihnen
wieder das ist das schönste was mir iezt die Welt hat.
Er mag ihnen unsere Possen und leben erzählen. Adieu.

    d. 7. März 78.   G.

Hier haben Sie die Lieder und ein Blümlein Vergiß
mein nicht. Der Himmel ist nicht wie gestern und ehe-
gestern. Und ich weis nicht was für Ahndungen wie
Spinnen mir übers Herz krabeln. Ich wollt es wären
Blähungen die vom Reiten vergehn. Adieu lieber Engel.

    d. 13. Apr. 78.   G.

Nehmen Sie die Knospen mit auf die Reise[43] zu der der Himmel kein freundlicher Gesicht macht als ich. Es ziemt sich nicht zu fürchten, doch ist mirs fatal daß Sie in dem Wetter durch Wasser und Moor müssen. Adieu. Ich bin leider an Ihre Liebe zu fest geknüpft wenn ich manchmal versuche mich los zu machen thut mirs zu weh da laß ich's lieber seyn. Adieu.

d. 17. Jun. 78.   G.

In der Leerheit da Sie weg sind helf ich mir so gut ich kann. Tracktire Misels, reite und lauffe herum. Ich hoffe Sie bald wieder zu sehn. Adieu liebes Gold.

d. 16. Jul. 78.   G.

Sie waren ungläubig als ich Ihnen sagte dass die Herzoginn Ihnen was mitbringen würde, und doch hatte sie nichts angelegners als mir den Auftrag zu geben Ihnen beykommendes zuzustellen. Da es durch meine Hand geht werden Sie sich auch mit dabey meiner erinnern. Liebste ich habe gestern Abend bemerckt dass ich nichts lieber sehe in der Welt als Ihre Augen, und dass ich nicht lieber seyn mag als bey Ihnen. Es ist schon was altes und doch fällt mirs immer einmal wieder auf.

d. 3. Aug. 78.   G.

Vorm Jahr um diese Stunde war ich auf dem Brocken und verlangte von dem Geist des Himmel viel, das nun erfüllt ist. Dies schreib ich Ihnen dass Sie auch in der Stille an diesem Jahresfest Theil nehmen. Behalten Sie mich lieb auch durch die Eiskruste, villeicht wirds mit mir wie mit gefrornem Wein.

d. 10. Dezemb. 78. Nachm. 2 Uhr.   G.

Heut Mittag bin ich zur Herzoginn[44] geladen, und heut Abend nach der Comödie will ich das zugedachte Stück Braten bey Ihnen verzehren. Dancke liebste daß Sie nach meinen Verworrenheiten fragen. Gott hat den Menschen einfach gemacht, aber wie er gewickelt wird und sich verwickelt ist schweer zu sagen.

d. 11. Dz. 78.   G.

Einen guten Morgen von Ihrem stummen Nachbaar. Das Schweigen ist so schön daß ich wünschte es Jahrelang halten zu dürfen. Etwas von meiner Jagd kommt mit, und ich heute Mittag wenn Sie mich wollen.

d. 9. Jan. 79.   G.

Mit einer guten Nacht, schick ich noch zwey aufkeimende Blumen. Von unserm Morgen werden Ihnen die Gras und Wasser Affen[45] erzählt haben. Den ganzen Tag brüt ich über Iphigenien dass mir der Kopf ganz wüst ist, ob ich gleich zur schönen Vorbereitung lezte Nacht 10 Stunden geschlafen habe. So ganz ohne Sammlung, nur den einen Fus im Steigriemen des Dichter Hippogryphs, wills sehr schweer seyn etwas zu bringen das nicht ganz mit Glanzleinwand Lumpen gekleidet sey. Gute Nacht Liebste. Musick hab ich mir kommen lassen die Seele zu lindern und die Geister zu entbinden.

d. 14. Febr. G.

d. 6. März.

Den ganzen Tag war ich in Versuchung nach Weimar zu kommen, es wäre recht schön gewesen wenn Sie gekommen wären. Aber so ein lebhafft Unternehmen ist nicht im Blute der Menschen die um den Hof wohnen. Grüsen Sie den Herzog und sagen ihm dass ich ihn vorläufig bitte mit den Rekrouten säuberlich zu verfahren wenn sie zur Schule kommen. Kein sonderlich Vergnügen ist bey der Ausnehmung, da die Krüpels gerne dienten und die schönen Leute meist Ehehafften[46] haben wollen. Doch ist ein Trost, mein Flügelmann von allen (11 Zoll 1 Strich) kommt mit Vergnügen und sein Vater giebt den Seegen dazu.

Hier will das Drama[47] gar nicht fort, es ist verflucht, der König von Tauris soll reden als wenn kein Strumpfwürcker in Apolda hungerte.

Gute Nacht liebes Wesen. Es geht noch eben ein Husar.

An Fr. v. St. G.[48]

Da mir Worte immer fehlen Ihnen zu sagen wie lieb ich
sie habe, schick ich Ihnen die schönen Worte und Hie-
roglyphen der Natur mit denen sie uns andeutet wie
lieb sie uns hat.

    d. 24. Marz 1779.   G.

Soll mans gut oder bös deuten wenn man die kindisch-
ten Empfindungen nicht los werden kan. Ich gönne
und wünsche Ihnen immer Freude, und dass Sie eine
kleine Lust ohne mich[49] genießen macht mir einen Tag
üblen Humor. Dass so viel selbstisches in der Liebe
ist und doch was wär sie ohne das. Ich habe mich in
die Büsche an der Straße versteckt um Sie herein fahren zu sehen, um wenige Minuten hätt ich ganz nah
bey ihnen verborgen stehen können, ich kam zu spät
und mußte in der Ferne bleiben. Wenn sie mit mir wäre
dacht' ich genöße sie des schönen Abends der über alles schön ist, nun fährt sie im Staub hinein. Doch weis
ich dass Sie Sich mein Andencken nicht aus der Seele
rasseln noch musiciren lassen. Dass ich so viel schreibe
ist wohl ein Zeichen dass mir nicht wohl ist. Adieu liebstes Herz. Ich schicke Ihnen das verlangte. Kommen
Sie morgen ja in Garten.

    d. 20. Apr. 1779.   G.

Wenn ich nur was anders hätte Ihnen zu schicken als Blumen, und immer dieselbigen Blumen. Es ist wie mit der Liebe die ist auch monoton.

    d. 23. May 1779.   G.

Ich habe wieder die Medizin zu Hülfe gerufen, so lang sie als Schlotfeger zu würcken hat hab ich immer Vertrauen auf sie.
Aus Ihrer Tasse trincke ich Bouillon und schicke Ihnen in dem erwünschten Regen aufgeblühte Blumen.

    d. 13. Jun. 1779.   G.

Noch einmal Adieu, und Danck für den Talisman. Nach Franckfurt gehen wir, ich weis Sie freuen sich mit in der Freude meiner Alten[50]. Schreiben Sie mir grad dorthin unter meiner Adresse. Adieu Liebst. Die Schule der Liebhaber[51] ist beym Buchbinder.

    W. d. 10. Sept. 1779.   G.[52]

Guten Morgen meine beste. Haben Sie Sich wohl erlustigt, haben Sie ein angenehmes Tarock[53] gespielt und bey irgend einem Thiere mein gedacht.

                 G.   d. 9ten Febr. 80.

Diese aufblühende Blume wird die schönste Amarillis genant. stellen Sie sie an das Fenster es wird nicht lange so zeigt sie sich. Sagen Sie mir wie Sie Sich befinden.

d. 2. Marz 80. G.

Nach meinem schönen Spaziergang heut früh, mögt ich auch einen guten Mittag bey Ihnen haben, wenn Sie zu Hause essen so komm ich und bringe Ihnen Schneeglöckgen.

d. 21. März 1780. G.

Es ward mir gestern zulezt ganz unleidlich dass ich Sie nicht sehen konnte, und hätt ich nicht enge Schue angehabt, ich wäre gegen 8 zu Fuse hereingekommen. Übrigens waren wir artig lustig und gesprächig[54]. Heut ess ich bey der Herzoginn Mutter. Hier schick ich drey Veilgen, es blüht alles so langsam auf.

d. 14. Apr. 80. G.

Ich schicke Ihnen das höchste und das tiefste eine Hymne[55] und einen Schweinstall[56]. Liebe verbindet alles.

d. 1. May 80. G.

Lassen Sie mir doch sagen wie Sie sich befinden. Wenn Sie wohl sind; so ist der Morgen zu schön als dass Sie mich nicht besuchen sollten.

d. 29. May 1780. G.

Guten Morgen Liebste. Die ganze Nacht hab ich von Ihnen geträumt, nur haben wir nie einig werden können. Adieu In meiner Seele wills noch nicht recht helle werden. Dass es Ihnen recht wohl sey!

G.

Das Conseil wird heute hoffentlich nicht zu lange werden. Ich will zu Tische kommen und ein fröhlich Mittagmahl halten. Dancke für alles was Sie gutes an mir thun durch Liebe und Freundlichkeit.

d. 16. Aug. 80. G.

d. 6. Sept. 80. Auf dem Gickelhahn dem höchsten Berg des Reviers den man in einer klingernden Sprache Alecktrüogallonax nennen könnte hab ich mich gebettet, um dem Wuste des Städtgens, den Klagen, den Verlangen, der Unverbesserlichen Verworrenheit der Menschen auszuweichen. Wenn nur meine Gedancken zusammt von heut aufgeschrieben wären es sind gute Sachen drunter.

Meine beste ich bin in die Hermannsteiner Höhle gestiegen, an den Plaz wo Sie mit mir waren und habe das S, das so frisch noch wie von gestern angezeichnet steht geküsst und wieder geküsst, dass der Porphyr, seinen ganzen Erdgeruch ausathmete um mir auf seine Art wenigstens zu antworten. Ich bat den hundertköpfigen Gott, der mich so viel vorgerückt und verändert und mir doch Ihre Liebe, und diese Felsen erhalten hat; noch weiter fortzufahren und mich werther zu machen seiner Liebe und der Ihrigen.

Es ist ein ganz reiner Himmel und ich gehe des Sonnen Untergangs mich zu freuen. Die Aussicht ist gros aber einfach.

Die Sonne ist unter. Es ist eben die Gegend von der ich Ihnen die aufsteigenden Nebels zeichnete iezt ist sie so rein und ruhig, und so uninteressant als eine grose schöne Seele wenn sie sich am wohlsten befindet.

Wenn nicht noch hie und da einige Vapeurs von den Meulern[57] aufstiegen wäre die ganze Scene unbeweglich.

Nach 8. – Schlafend hab ich Provision von Ilmenau erwartet, sie ist angekommen auch der Wein von Weimar, und kein Brief von Ihnen. Aber ein Brief von der schönen Frau[58] ist gekommen mich hier oben aus dem Schlafe zu wecken. Sie ist lieblich wie man seyn kan. Ich wollte Sie wären eifersüchtig drauf, und schrieben mir desto fleisiger.[59]

d. 9. Sept. Heut hab ich mich leidend verhalten das macht nichts ganzes, also meine liebste ist mir's auch nicht wohl. Des Herzogs Gedärme richten sich noch nicht ein, er schont sich, und betrügt sich, und schont sich nicht, und so vertrödelt man das Leben und die schönen Tage.

Heute früh haben wir alle Mörder, Diebe und Hehler vorführen lassen und sie alle gefragt und konfrontirt. Ich wollte anfangs nicht mit, denn ich fliehe das Unreine – es ist ein gros Studium der Menschheit und der Phisiognomick, wo man gern die Hand auf den Mund legt und Gott die Ehre giebt, dem allein ist die Krafft und der Verstand pp. in Ewigkeit Amen.

Ein Sohn der sich selbst und seinen Vater des Mords mit allen Umständen beschuldigt. Ein Vater der dem Sohn ins Gesicht alles wegläugnet. Ein Mann der im Elende der Hungersnoth seine Frau neben sich in der Scheune sterben sieht, und weil sie niemand begraben will sie selbst einscharren muss, dem dieser Jammer iezt noch aufgerechnet wird, als wenn er sie wohl könnte ermordet haben, weil andrer Anzeigen wegen er verdächtig ist. pp.

Hernach bin ich wieder auf die Berge gegangen, wir haben gegessen, mit Raubvögeln gespielt und hab immer schreiben wollen, bald an Sie, bald an meinem Roman[60] und bin immer nicht dazu gekommen. Doch wollt ich dass ein lang Gespräch mit dem Herzog für Sie aufgeschrieben wäre, bey Veranlassung der Delinquenten, über den Werth und Unwerth menschlicher Thaten. Abends sezte Stein sich zu mir und unterhielt mich hübsch von alten Geschichten, von der Hof*mise-*

ria, von Kindern und Frauen pp. Gute Nacht liebste. Dieser Tag dauert mich. Er hätte können besser angewendet werden, doch haben wir auch die Trümmer genüzt.

Stüzzerbach d. 10ten Abends. Es will mir hier nicht wohl werden, in vorigen Zeiten hat man so manch leidiges hier ausgestanden.

Heut wars in den Sternen geschrieben dass ich mich sollte in Ilmenau rasiren lassen, darüber ging das Pferd erst mit mir durch, und hernach versanck ich in ein Sumpffleck auf der Wiese. Früh hab ich einige Briefe des grosen Romans geschrieben. Es wäre doch gar hübsch wenn ich nur vier Wochen Ruh hätte um wenigstens Einen Theil zur Probe zu liefern.

Schmalkalden d. 11ten Nachts. Heut war ein schöner und fröhliger Tag, wir sind von Stüzzerbach herüber geritten, unserm Fuhrwerck nur ist es in den Steinweegen elend gegangen. An allen Felsen ist geklopft worden, Stein entzückt sich über alle Ochsen, wie wir über die Granite. Der Herzog ist ziemlich passiv in beyden Liebhabereyen, dagegen hat ihm der Anblick sovieler Gewehre in der Fabrick wieder Lust gemacht. Ich habe jeden Augenblick des Tags genuzt, und mir noch zulezt eine neue Scene aus einem Trauerspiel vorgesagt, die ich wohl wieder finden mögte. Gute Nacht Gold! Ich vermuthe Sie in Kochberg und da wird dieser Brief einen bösen Umweeg machen müssen.

Zilbach d. 12. Nachts. Wieder einen Tag ohne eine au-
genblickliche unangenehme Empfindung. Theils hab
ich gesehen, theils in mir gelebt, und nichts geredt,
wenn ich nicht fragte. Wir sind im Stahlberge bey
Schmalkalden gewesen und reichliche Betrachtungen
haben wir gemacht. Sie müssen noch eine Erdfreundinn werden es ist gar zu schön, Sie haben Sich ia
schon mir zu gefallen über mehreres gefreut.

Wir sind hier spät angekommen, weil Prinzen und Prin-
zessinnen niemals von einem Ort zur rechten Zeit wegkommen können, wie Stein bemerckte, als ihm die
Zeit lang werden wollte, inzwischen dass Serenissimus
Flinten und Pistolen probierte. Ich hingegen kriegte
meinen Euripides hervor und würzte diese unschmack-
haffte Viertelstunde.

Dann ist die grösste Gabe für die ich den Göttern
dancke dass ich durch die Schnelligkeit und Mannig-
faltigkeit der Gedancken einen solchen heiteren Tag
in Millionen Theile spalten, und eine kleine Ewigkeit
draus bilden kan.

Gleich ienem angenehmen Mirza[61] reis ich auf die be-
rühmte Messe von Kabul, nichts ist zu gros oder zu
klein, wornach ich mich nicht umsehe, drum buhle,
oder handle und wenn ich mein Geld ausgegeben habe
mich in die Prinzess von Caschemire verliebe, und erst
noch die Hauptreisen bevorstehn, durch Wüsten, Wälder, Bergzinnen und von dannen in den Mond. Liebes
Gold wenn ich zulezt aus meinem Traum erwache,
find ich noch immer, dass ich Sie lieb habe und mich
nach Ihnen sehne. Heute wie wir in der Nacht gegen
die erleuchteten Fenster ritten, dacht ich: Wenn sie

doch nur unsre Wirthinn wäre. Hier ist ein böses Nest, und doch wenn ich ruhig mit Ihnen den Winter hier zu bringen könnte dächt ich, ich mögts. Gute Nacht liebstes. Briefe von Ihnen krieg ich wohl so bald nicht zu sehen. Meine Blätter sind numerirt, und gleich beschnitten, und so solls fortgehn. Addio. Dieses geht über Eisenach.

den 10. Okbr. Abends. dass sich doch Zustände des Lebens wie Wachen und Traum gegen einander verhalten können!
Was Sie mir heut früh zulezt sagten, hat mich sehr geschmerzt, und wäre der Herzog nicht den Berg mit hinauf gegangen, ich hätte mich recht satt geweint. Auf ein Übel häuft sich alles zusammen! Ja es ist eine Wuth gegen sein eigen Fleisch wenn der Unglückliche sich Lufft zu machen sucht dadurch dass er sein Liebstes beleidigt, und wenns nur noch in Anfällen von Laune wäre und ich mirs bewusst seyn könnte; aber so bin ich bey meinen tausend Gedancken wieder zum Kinde herabgesezt, unbekannt mit dem Augenblick, dunckel über mich selbst, indem ich die Zustände der andern wie mit einem hellfressenden Feuer verzehre.
Ich werde mich nicht zufrieden geben biss Sie mir eine wörtliche Rechnung des Vergangnen mir vorgelegt haben, und für die Zukunft in Sich einen so schwesterlichen Sinn zu überreden bemühen, der auch von so etwas gar nicht getroffen werden kan. Ich müsste Sie sonst in den Momenten meiden wo ich Sie am nötig-

sten habe. Mir kommts entsezlich vor die besten Stunden des Lebens, die Augenblicke des Zusammenseyns
verderben zu müssen, mit Ihnen, da ich mir gern jedes
Haar einzeln vom Kopf zöge wenn ich's in eine Gefälligkeit verwandlen könnte, und dann so blind, so verstockt zu seyn. Haben Sie Mitleiden mit mir. Das alles
kam zu dem Zustand meiner Seele darinn es aussah
wie in einem Pandämonium von unsichtbaaren Geistern angefüllt, das dem Zuschauer, so bang es ihm
drinn würde, doch nur ein unendlich leeres Gewölbe
darstellte.

Nachdem ich Alles durchkrochen (das Thal hatte mich
sehr freundlich empfangen), nachdem ich die neuen
Weege fertig und sehr schön, und mancherley zu thun
gefunden, durch die Bewegung selbst, ward mirs viel
besser.

Hier ist das Lexikon[62] wieder, es soll Ihre. Mein Seidel[63] hat übereilt meinen Nahmen hineingeschrieben,
ich dencke dass es drum nicht weniger Ihre gehören
kan.

Schicken Sie mir Wasers Ende[64], und den Schreibtisch
Schlüssel.

In Belveder ist man artig und das Prinzessgen gar allerliebst.

d. 11. Nachts.

Knebel[65], hofft ich, sollte mir etwas von Ihnen mitbringen, sonst hätt' ich meinen Boten schon heute fortgeschickt. Nun nicht eine Zeile, nicht ein welckes Blat,
nichts was Ihnen nichts gekostet hätte.

Er hat mit mir gegessen, die Schrötern[66] auch, wir haben in Steinen gelebt und zulezt war der Mondschein sehr schön. Das Thal ist liebreich die Blätter fallen einzeln, und iedes wechselt noch erst zum Abschied die Farbe.

Gute Nacht, meine beste. Ach man weis nicht was man hat, wenn man gute Nacht mit Hand und Mund sagen kan.

d. 12ten früh 6.

Guten Morgen!

Mein Bote geht. Vielleicht hör ich heute noch etwas von Ihnen. Grüsen Sie Lingen[67] und geben ihr innliegendes. Adieu. Adieu. Auch Steinen in seinem Laboratorio[68] und Frizzen.

Heut sinds fünf Jahre dass ich nach Weimar kommen bin. Es thut mir recht leid dass ich mein Lustrum nicht mit Ihnen feyern kan.

Gestern hatten wir recht schön und wunderbaar Wetter, kamen sehr vergnügt hierher. Ihrer Liebe wieder ganz gewiss, ist mir ganz anders, es muss mit uns wie mit dem Rheinweine alle Jahr besser werden. Ich rekapitulire in der Stille mein Leben seit diesen 5 Jahren, und finde wunderbaare Geschichten. Der Mensch ist doch wie ein Nachtgänger er steigt die gefährlichsten Kanten im Schlafe. Behalten Sie mich lieb. Das muss einen befestigen, dass man mit allem guten bleibender und näher wird, das andre wie Schaalen und Schuppen täglich von einem herunter fällt.

Der Prinz hat auch wie ich mercke eine politisch senti-
mentalische Visite gemacht.

Der Graf v. d. Lippe[69] ist angekommen. Vielleicht ist
schon Donnerstags Comödie. Wenn Sie wieder kommen müssen wir doch einmal einige Politika trackti-
ren. Die Erde bebt immer fort. Auf Candia[70] sind viel
Orte versuncken. Wir aber auf dem uralten Meeres-
grund wollen unbeweglich bleiben wie der Meeres-
grund.

Adieu Grüsen Sie Lingen. Es warten ihrer eingemachte
Früchte. Auch Steinen und Frizzen.

Kommen Sie glücklich.

    W. d. 7. Nov. 80.   G.

Ihr gütigs Zureden und mein Versprechen haben mich
heute früh glücklich den II[ten] Ackt[71] anfangen machen.
Hier ist der 1ste mög er in der Nähe und bey wieder-
hohltem Lesen seinen Reiz behalten. Lassen Sie ihn
niemand sehen. Ich will heute spazieren laufen und
zu hause essen. Adieu.

    d. 15. Nov. 80.   G.

    Der Zeichentisch ist wieder angekommen und ein-
geräumt.

Soll ich auf heut Abend noch den Rehbraten zurecht machen lassen. Nachmittage will ich spazieren lauf- fen. Wie befinden Sie Sich. Ich bin fleisig in allem Sinn.

d. 27. Nov. 80.   G.

Ich schicke zartes Papier zum Einpacken des Porte- feuille. Heut will ich recht fleisig seyn um einen guten Abend bey Ihnen zu verdienen.

d. 18. Dez. 80.   G.

Schon war ich erwacht, und lag und dachte was ich Ihnen zum neuen Jahr sagen und schicken wollte, als mir Ihr Packetgen[72] zuvorkam. Ich dancke tausendmal meine beste. Keine Reime kan ich Ihnen schicken denn mein prosaisch Leben verschlingt diese Bächlein wie ein weiter Sand, aber die Poesie meine Beste zu lieben, kan mir nicht genommen werden. Ihr artig Büchsgen werde ich immer bey mir führen, und schicke etwas sü- ses dagegen, das freylich seiner Natur nach angenehm und vergänglich ist. Adieu.

d. 1. Jan. 81.   G.

Wenn Sie mich mögen, so sollen nach 1 Uhr zwey ge- bratne Feldhühner ankommen, die wir zusammen ver- zehren wollen in Friede und Eintracht. Ich hoffe das

Conseil soll nicht lang dauern, denn es ist nicht viel da. Nur ein Wörtgen Antwort. Adieu beste.

    d. 19. Jan. 81.   G.

Kaum bin ich aufgestanden so mach' ich schon Plane wie ich zu Ihnen kommen und den Tag bey Ihnen zubringen will. Ich bin recht leidlich ausser dem Hals und mag gerne allerley thun. So lang das geht werd ich in meinem Schneegestöber aushalten, und schreiben und zeichnen, hernach komm ich und fahre mit Ihnen in's Conzert. Adieu meine liebe Cometenbewohnerinn.

    d. 4. Febr. 81.   G.

Bey diesem Sturm kommen mir die doppelten Fenster wohl zu statten.

Diesen Morgen bleib ich zu Hause, Nachmittag hab ich zu thun und wenn Sie diesen Abend nicht in Gesellschafft gehn, so komm ich und vielleicht schreiben wir. Ich werde erst meine Sachen lieb kriegen wenn ich sie von Ihrer Hand sehe. Der Brief an Lavatern macht mir grose Freude. Ich bin recht wohl, und schreibe es dem Queckensaft zu, den mir der Hofrath[73] eingeschüttet hat. Was macht ihr Hals?

    d. 19. Febr. 81.   G.

Wie hat mein lieber Müdling geschlafen? Ich bin um halb dreye nach Hause gekomen und die Ausschweifung[74] scheint mir wohl zu bekomen. Ich bin heute Mittag bey Hof. Sie wohl den Abend. Haben Sie noch etwas von den Blumen mit nach Hause gebracht? Wie Sie weg waren hab ich der Frau v. Oertel[75] die Cour gemacht, und noch gewalzt. Adieu liebste.

    d. 28. Febr. 81.   G.

Guten Morgen meine liebste, ich habe viel zu krabeln um noch alles in Ordnung zu bringen eh ich gehe. Daß ich Sie verlasse mag ich gar nicht dencken, und kanns nicht dencken, denn ich bleibe immer bey Ihnen.

    d. 5. Merz 81.   G.[76]

Sie haben mir durch den Boten eine grose Freude geschickt, schon furcht ich, heut und Morgen nichts von Ihnen zu hören, und so kam mir das Gute unvermuthet. Es ist mir zuwider daß mein Brief versteckt geblieben, und daß die andern Sie so spät auffinden; gerne wollt ich daß Sie so bald als möglich meine Andencken erhielten. Ihr Bote ist recht frisch gegangen, er war schon vor sechs heut Abend hier.

Unsre arme schöne Wirthin[77] ist kranck, und trägts wie Frauen zu tragen gewohnt sind. Heute früh hatten wir einen langen politischen Diskurs; auch diese Dinge sieht sie gar schön, natürlich und wie ihres gleichen.

Sie liebt den Herzog schöner als er sie. und in diesem
Spiegel hab' ich mich beschaut und erkannt daß auch
Sie mich schöner lieben als wir gewöhnlich können.
Doch ich geb es nicht auf ich fühle mich zum Streit aufgefordert, und ich bitte die Grazien daß sie meiner Leidenschafft die innre Güte geben und erhalten mögen
aus der allein die Schönheit entspringt.
Behalten Sie ia was Sie mir gutes zu sagen haben, auch
mir haben die Geister der Welt viel nüzliches in's Ohr
geraunt, haben mir über mich und andre schöne Eröff-
nungen gethan.
Donnerstags Abends hoff ich Sie allein zu finden, hoffe die ersten Stunden ganz bey Ihnen zu seyn. Freytags
wollen wir zusammen essen und fröhlig seyn.
Heut ist wenig gezeichnet worden gestern gar nichts,
kaum werd ich eine Landschafft fertig bringen die ich
hier lasse. Was gehen mir über den Ewerdingen[78] für
neue Lichter auf, warum muß man so lang im Dun-
ckeln tappen und in der Dämmrung schleichen.
Meine Seele ist fest an die deine angewachsen, ich mag
keine Worte machen, du weist, daß ich von dir unzertrennlich bin und daß weder hohes noch tiefes mich zu
scheiden vermag. Ich wollte daß es irgend ein Gelübde
oder Sakrament gäbe, das mich dir auch sichtlich und
gesezlich zu eigen machte, wie werth sollte es mir seyn.
Und mein Noviziat war doch lang genug um sich zu bedencken. Adieu. Ich kan nicht mehr Sie schreiben wie
ich eine ganze Zeit nicht Du sagen konnte.
Der Bote verspricht bey zeiten in Weimar zu seyn. In
zwey Tagen folg ich ihm. Wo möglich kriegst du noch
einen Brief eh ich komme.

Noch etwas von meiner Reiseandacht. – Die Juden haben Schnüre mit denen sie die Arme beym Gebet umwickeln, so wickle ich dein holdes Band um den Arm wenn ich an dich mein Gebet richte, und deiner Güte Weisheit, Mäsigkeit und Geduld theilhafft zu werden wünsche. Ich bitte dich fusfällig vollende dein Werck, mache mich recht gut! du kannsts, nicht nur wenn du mich liebst, sondern deine Gewalt wird unendlich vermehrt wenn du glaubst daß ich dich liebe. Lebe wohl. Ich hoffe immer daß du wohl seyst. Leb wohl. Mir fällt eins aufs andere ein, Leb wohl, ich kan nicht von dir kommen, wenn nicht des Blättgens Ende wie zu Hause die Thüre mich von dir schiede.

d. 12. März Montags um halb 11 Nachts. 81. G.

Gewünscht hab ich, nicht ganz gehofft daß Sie heut mir seyn mögten. Ich bin fleisig um mein Mittag essen bey Ihnen zu verdienen. Ihre Liebe macht ein immer schönes Clima um mich, und ich bin auf dem Weege mich durch sie von manchem Überreste der Sünden und Mängel zu kuriren. Adieu Beste! Hier die Politik.

d. 19. März 81.   G.

Deine Liebe ist mir wie der Morgen und Abendstern, er geht nach der Sonne unter und vor der Sonne wieder auf. Ja wie ein Gestirn des Pols das nie untergehend über unserm Haupt einen ewig lebendigen Kranz flicht. Ich bete daß es mir auf der Bahn des Lebens die Götter nie verduncklen mögen. Der erste Frühlings-regen wird unsrer Spazierfahrt schaden. Die Pflanzen wird er aufquellen, daß wir bald des ersten Grüns uns erfreuen. Wir haben noch so keinen schönen Früh-ling zusammen erlebt, mögte er keinen Herbst haben. Adieu. Ich frage gegen 12 Uhr nach wie es wird. Adieu beste liebste.

    d. 22. März 81.   G.

Das schöne Wetter und deine Liebe thun zusammen die gewohnte Würckung, es ist mir recht artig. Wenig-stens spür ich gar keinen Husten.
Sage mir was der Fus auf den gestrigen Tanz macht. Heut ist Conseil. Sag mir etwas von heute Nachmittag und Abend.

    d. 30. Marz 81.   G.

Guten Morgen meine liebste. Der Regen hat alle Knos-pen beschleunigt. Wie hast du geschlafen, und wie hast du deinen Tag eingerichtet. Es ist Conseil und ich will zu Hause essen, du gehst zu den Menschen und ich heut Abend zu dir.

    d. 3. Apr. 81.   G.

Sie gehn wohl in die Kirche und sagen Ihrem Haiden wohl noch vorher ein Wort. Er hat Ihnen das immer neue alte zu sagen, und kommt noch Sie zu sehn ehe er bey Hof geht.

Es träumte mir, wir reisten zusammen und hätten besondre Schicksaale.

Ostertag 81. G.

Da mich gute Geister in meinem Hause besucht haben bin ich nicht auswärts gegangen sie aufzufinden. Am Tasso ist geschrieben, und wenn Sie mich bewirthen mögen, so komm ich zu Tische. Da Sie sich alles zueignen wollen was Tasso sagt, so hab ich heut schon soviel an Sie geschrieben daß ich nicht weiter und nicht drüber kann.

d. 19. Apr. 81. G.

Ich hab ein groses Verlangen zu wissen wie du geschlafen hast und ob du wohl bist. Von mir sag ich dir nichts noch vom Morgen. Ich habe gleich am Tasso schreibend dich angebetet. Meine ganze Seele ist bey dir. Diesen Abend hoff ich mit dir zu spazieren. Heut will ich fleisig seyn.

d. 20. Apr. 81 G.

Sie wird kommen! Sie wird kommen! war mein Ausruf
als ich die Augen aufmachte und die Sonne sah. Die
Stunden dieses Tags bringen mir ein schönes Glück.
Hierbey ist eine Epistel wenn Sie meynen So schicken
Sie das Blat dem Herzog, reden Sie mit ihm und schonen Sie ihn nicht. Ich will nichts als Ruhe, und daß er
auch weis woran er ist. Sie können ihm auch sagen,
daß ich Ihnen erklärt hätte, keine Reise mehr mit
ihm zu thun. Mach es nach deiner Klugheit und Sanftheit. Und theile meine Ruhe und mein Glück, da du so
viel mit mir ausgestanden hast. und wisse wie glücklich ich in deiner Liebe bin.

    d. 27. Apr. 81.   G.

Ich bin geschäfftig und traurig. Diese Tage machen
wieder in mir Epoche. Es häufft sich alles um gewisse
Begriffe bey mir festzusezzen, und mich zu gewissen
Entschlüssen zu treiben. Zu Mittag komm ich. empfange mich mit deiner Liebe und hilf mir auch über
den dürren Boden der Klarheit, da du mich durch
das Land der Nebel begleitet hast.

    d. 3. May 81.   G.

Deiner Liebe und der guten Stunden die du mir gönnst
werth zu sein will ich mich heute durch Fleis und Ordnung bemühen. Ich sehe einen arbeitsamen Tag vor
mir und einen glücklichen Abend wenn du mir er-

laubst, dir bey Sonnenuntergang zu sagen daß ich dich immer gleich liebe und verehre.

d. 7. May 81. G.

Aus allerley beschweerlicher Arbeit ruf ich dir zu daß ich dich liebe. Beste so wie du nie aufhören wirst, so schaffe und bilde mich auch so daß ich deiner werth bleibe und laß es uns so halten daß dein liebes Herz dir nicht widerspricht.

d. 14. May 81. G.

Die Erdbeeren sind in meinem Garten schneller als die Rosen. Hier meine beste schick ich die ersten. Ich glaube nicht daß Conseil seyn wird, die Entfernung des Hofs macht die Nachrichten langsamer. Ich wünsche diesen Mittag bey dir zu essen. Gestern Abend begleitete ich die Gesellschafft bis unter deine Fenster, und sagte dir in einem feinen Herzen gute Nacht. Herder war gar gut, wenn er öffter so wäre man mögte sich nichts bessers wünschen. Mit dem Herzog hab ich eine sehr sinnige Unterredung gehabt. In dieser Welt meine beste, hat niemand eine reichere Erndte als der dramatische Schriftsteller. und die Weisen sagen: Beurtheile niemand bis du an seiner Stelle gestanden hast.

d. 1. Jun. 81. G.

Laß dir diese Früchte, die für dich gepflanzt worden sind und die jährlich für dich wachsen, zum Frühstück schmecken. Sag mir daß du mich liebst und daß du mich heute sehn willst. Zu Mittag bleib ich zu Hause. Wo bist du den Abend.

    d. 5. Jun. 81.   G.

Nun muß ich meiner besten fremd erwachsene Erdbeeren schicken denn meine sind alle gepflückt.
Ich fahre nach Belvedere den Stadthalter[79] bewirthen
zu helfen, und komme wahrscheinlich erst späte wieder. Heut früh hab ich Briefe geschrieben die du lesen
sollst, eh ich sie wegschicke. Adieu Beste ich seh dich
noch.

    d. 21. Jun. 81.   G.

                    d. 1. Jul. 81. Illmenau.
Dein Andencken hat mich stille bey Tag und Nacht begleitet, ich wollte dir nicht eher schreiben als bis ich
ganz ruhig wäre. Heute ist der Valetschmaus, Morgen
gehn unsre Freunde weg, und ich auch mit Knebeln
nach Rudolstadt. In Schwarze[80] will ich dir zeichnen
wenn ich nur das rechte Fleckgen treffe. Diese Tage
her hab ich auch etwas für dich gearbeitet das ich dir
mitbringe du sollst ihm hoff ich ansehn daß ich dich
liebe. Was es ist sag ich noch nicht. Daß deine Empfindung durch den lezten Abend gestört ward, nimmt mir

von meinem freudigen Andencken an dich die schöne Beleuchtung, doch hoff ich du sollst mich mit lebendiger Liebe empfangen. Leb wohl. grüse Steinen und was gut ist. Ich befinde mich wohl. Mehr kan ich nicht schreiben, ich bin in mich gekehrt und liebe dich.

G.

Gieb dem Boten etwas für mich mit, man weis mich zu finden.

Noch leg ich eine Sudeley von gestern Abend hierbey.[81]

Schon seit dem frühsten Tag verlangt mich nach einem Worte von dir. Ich kan's nicht erwarten, vor dir zu knien, dir tausend tausendmal zu sagen daß ich ewig dein bin.

d. 20. Jul. 81.   G.

Sag mir liebste wie du dich befindest und ob du mit mir einig bist. Es thut mir nichts weher als wenn wir uns einen Augenblick misverstehen, als wenn mein Wesen an deines falsch anschlägt, mit oder ohne meine Schuld. Adieu. Schicke mir meine Schrifften.

d. 4. Aug. 81.   G.

Wie hat meine beste und liebste geschlafen? Gar zu gerne hätt ich dir etwas geschickt. O warum wohn ich in keinem Weinberge. Hier sind indes einige Zeichnungen aufzuheben.

d. 10. Sept. 81. G.

Es wird mir doch mitten in der Abreise Zerstreuung unheimlich von Ihnen zu gehn. Adieu beste. Sobald es möglich bin ich bey dir und nehme mit groser Freude dein liebes Unterpfand mit.

d. 22. Sept. 81. G.[82]

Da es scheint als ob unsre mündliche Unterhaltung sich nicht wieder bilden wolle, so nehme ich schriftlich Abschied um dir nicht völlig fremd zu werden. Lebe wohl. Ich hoffe diese Reise soll Fritzen wohlthun.

G.

Wie freundlich mich Thal und Garten empfangen hat, kan ich mit Worten nicht ausdrücken. Der Gedancke an deine Liebe zu diesem Sonnenschein machte mich ganz glücklich, und zeigte mir die besten Hoffnungen. Wenn ich die ersten Wellen ausgehalten habe die nach dieser Abwesenheit auf mich zuströmen schreib ich dir mehr.

Leb tausendmal wohl. Grüse Lingen[83] und die Schleusingen[84].

    Adieu Beste.   d. 15. Oktr. 81.   G.

Wenn nur die Schmerzen weg sind die guten Kräffte
werden bald wiederkommen. Schone dich nur heute
um deint und meintwillen, denn wie kan ich leben
und am Leben mich freuen wenn du kranck bist. Um
deinem Vorwurf zu entgehn als wenn man Jahrhunderte leben müsse, um in meinen Gärten des Schattens
zu geniessen hab ich die Sache recht durchgedacht,
und will dir einen Plan vorlegen den du gewiss billi-
gen wirst. Der Herzog hat doch im Grunde eine enge
Vorstellungs Art und was er kühnes unternimmt ist
nur im Taumel, einen langen Plan durchzusetzen der
in seiner Länge und Breite verwegen wäre, fehlt es
ihm an Folge der Ideen und an wahrer Standhafftigkeit.

    d. 12ten Nov. 81.   G.

Zuförderst also mein lieber Schutzgeist dir die Nachricht daß ich mit Helmershausen[85] richtig gemacht
habe. Auf Ostern zieht Hendrich[86] aus und ich trete
in seine Miethe habe den ganzen Sommer Zeit mich
einzurichten, und künftigen Winter sehn wir unsern
Planen entgegen. Adieu, beste du siehst das Glück
sorgt für uns. Der Ausgang durch den Garten ist nicht

das geringste von den Annehmlichkeiten dieser Wohnung.
    d. 14. Nov. 81.   G.

Nur in der Eile einen guten Morgen. zum Mittag erscheint der Phasan und der Freund. Adieu.
    d. 16. Nov. 81.   G.

Wenn m. L. nach Hause kommt soll sie ein Wort von
mir finden. Heute früh habe ich mir viel Vorwürfe gemacht, daß ich nicht zu dir gekommen bin. Nun sag
ich dir noch einmal lebe wohl[87].
Auf diesem beweglichen Erdball ist doch nur in der
wahren Liebe, der Wohlthätigkeit und den Wissenschafften die einzige Freude und Ruhe. Lebe wohl.
Ich dencke es wird mir wohl gehn, am besten wenn
ich dich wieder sehe.
                              G.

               Gotha d. 8. Dez. 81.
Von freundlichen Gesichtern empfangen, lustig unter-
halten und beschenckt, hab ich gestern einen angeneh-
men Tag zugebracht. Es ist hier gewöhnlich daß der
Nikolas bescheert, dieser hat mir auch allerley verehrt.
Wäre etwas dabey das dir Freude machen könnte so

schickte ich dir es gleich mit. Von der Herzoginn hab ich ein Paar schöne Manschetten und von der Ober-hofmeisterinn eine Dose mit Rousseaus bild. Wir waren sehr lustig bis Nachts um zwölfe, es wurden Austern gegessen und Punsch getruncken.

Durch alles das begleitet mich der vielgeliebte Talisman, und Abends und Morgens, und Nachts wenn ich aufwache nenn ich deinen Nahmen und hoffe auf dich. Schon freu ich mich bey meiner Rückkehr deinen Brief zu finden. Leb wohl beste, deine Gestalt und deine Liebe glänzt immer um mich und wie in eine glückliche Heimat trag ich alles in Gedancken zu dir. Leb wohl. Und schreibe mir viel.

G.

Ich schliese mit Coocks[88] Todt das Buch[89] und schick es dir. Es ist eine grose Catastrophe eines grosen Lebens, und schön daß er so umkam. Ein Mensch der vergöttert wird, kann nicht länger leben, und soll nicht, um seint und andrer willen.

Adieu. Ich bin dir ganz nah, deine Güte und Liebe ist die Lufft in der ich lebe. Gute Nacht. Wäre ich nicht ausgezogen ich brächte dir sie selber.

d. 19. Dez. 81.   G.

Mit dem ersten langsamen Scheine des Tages sag ich dir einen Willkomm in's neue Jahr, du weisst mit welcher Zufriedenheit ich es anfange, und daß ich nur Einen Wunsch habe dir recht danckbar seyn zu können, da ich dir alles schuldig bin. Es ist mir als wenn mich nun kein Übel berühren könnte, die schönsten Aussichten liegen vor mir. Mein Vorsatz zu Hause zu mahlen ist schwanckend, und doch mögt ich gleich zu Anfange etwas über mich gewinnen. Sage mir liebste wie du geschlafen hast. Ich schicke ein kleines Gerichte. Leb wohl! Leb wohl!

    d. 1. Jan. 82.   G.

Schicke mir die Everdingens und Dietrichs[90]. Beykommendes bitte als ein Geheimniß zu verwahren, es ist ein lächerliches Werck, und besser ausgeführt als gedacht.

Wie du die Augen aufthust mögt ich dir einen guten Morgen sagen, und hören wie du geschlafen hast. Ich schreibe dies Zettelgen, schon ganz frühe und muss es liegen lassen bis es Tag wird. Indessen antworte ich mir selber und sage mir in deinem Nahmen das beste. Ich freue mich auf ein süses Wort von dir im Masken Getümmel, freue mich aber nicht auf das Getümmel, was heute unser schönes ruhiges Zusammenseyn unterbrechen wird.

    d. 4. Jan. 82.   G.

Wie befindet sich meine beste? Wie hat sie geschlafen? Was wird sie vornehmen?

Ich habe den Kopf voll Ideen und Sorgen. Keine für mich denn mir bläst das Glück in den Nacken, desto mehr für andre, für viele. Für sich kan man wohl noch den rechten Weg finden, für andre und mit andren scheint es fast unmöglich. Solang mich deine Liebe und mein guter Muth nicht verlässt mag es gehn wie's will. d. 20. Jan. 82.

G.

Liebe Lotte schick mir den Schirm[91], wenn's möglich ist so mach ich ihn fertig.

Heute früh eh es Tag wurde wachte ich auf und rekapitulirte mein ganzes Leben, es ist sonderbar genug und sehr glücklich da es mich zu dir geführt hat. Lebe wohl! Ich dencke heute nicht auszugehen.

Schick mir auch Hausblase mit.

d. 27. Jan. 82.

G.

Wie meine beste sich befindet, mögt ich gerne wissen, es war recht schade daß du gestern nicht beym Thee und Abendessen warst, es ging alles recht gut. Herder sagte Wielanden einmal etwas unartiges und dieser erwiederte was grobes. Ich will nur erleben wenn Wieland älter wird, wie es mit seinem Radotage werden kann, denn er schwätzt alle Tage ärger in den Tag hinein. Der Herzog schmiss die schöne Vestale um und es sprang ein Finger ab, die Herzoginn betrug sich gar himmlisch schön dabey. Übrigens war man vergnügt und gut, mir raunte Mephistopheles[92] einige Anmerkungen Leise zu, und ich lies mir den Punsch schmekken. Adieu Beste sag mir wo du heut bist, ich bleibe bis gegen Abend zu Hause meiner zu warten und aufzuräumen.

d. 10. Febr. 82.   G.

Sag mir Lotte ein Wort. Es ist mir in deiner Liebe als wenn ich nicht mehr in Zelten und Hütten wohnte als wenn ich ein wohlgegründetes Haus zum Geschenk erhalten hätte, drinne zu leben und zu sterben, und alle meine Besitzthümer drinne zu bewahren. Vor zehen Uhr seh ich dich einen Augenblick. Ich kann dir nicht Lebe wohl sagen denn ich verlasse dich nicht.

d. 11. Febr. 82.   G.

Seit meinem Erwachen bin ich mit dir beschäfftigt und muß dir einige Zeilen schreiben damit ich zu etwas andrem geschickt werde. Ich will heute einnehmen[93]. Sag mir ob du in die Gesellschafft gehst.
Und dann Lotte ich habe eine Sorge auf dem Herzen eine Grille die mich plagt, und schon lange ängstigt du must mir erlauben daß ich dir sie sage, du must mich aufrichten. Mit Schmerzen erwart' ich die Stunde da ich dich wiedersehe. Du must mir verzeihen.

Es sind Vorstellungen, die aus meiner Liebe aufsteigen, Gespenster die mir furchtbar sind, und die nur du zerstreuen kannst.

d. 18. Febr. 82. G.

Guten Morgen liebe Lotte! Nur daß ich erfahre was du vor hast, daß ich die Züge deiner Hand sehe. Ich habe viel zu thun und sehe immer queer durch nach dir. Adieu Beste.

d. 25. Febr. 82. G.

Mein erstes Verlangen beym Aufwachen geht wieder zu dir, und es will gar nicht mit der Nothwendigkeit übereinstimmen mich bald zu entfernen[94]. Lebe wohl. Mein ganzes Wesen wird dir immer fester verbunden. Du weisst es, aber fühl es auch und sey glücklich wie du mich glücklich machst. Leb wohl! ich kan so wenig von diesem Papier als von deiner Gegenwart mit Willen scheiden.

d. 14. März 1782. G.

Sag mir l. Lotte wie es mit deiner Gesundheit ist. Das Wetter scheint nicht den May zu verkündigen. Heute bleib ich zu Hause, gegen Abend werd ich dich sehn. Sage mir daß du mich liebst, damit meine Seele festge-

halten werde. Ich habe von deinem Geschenck gekostet, es schmeckt trefflich.

Viele tausend Gedancken treiben sich in mir um. Lebe
wohl, keine Zerstreuung entfernt mich von dir.

d. 29. Apr. 82.   G.

Ich habe Carolingen[95] geschrieben, der Brief ist fort.
Das Wetter ist nicht liebreich, wenn du es mir nur
bleibst. Diesen Morgen wird gekramt. Mittags bin ich
bey Hofe und dann bey dir.

Hier schick ich dir das Diplom[96] damit du nur auch
weissest wie es aussieht. Ich bin so wunderbar gebaut
daß ich mir gar nichts dabey dencken kan.

Wieviel wohler wäre mir's wenn ich von dem Streit
der politischen Elemente abgesondert in deiner Nähe meine Liebste, den Wissenschafften und Künsten
wozu ich gebohren bin, meinen Geist zuwenden
könnte.

Adieu. Liebe mich denn ich bin dein.

d. 4. Juni 82.   G.

Ich mögte nur eine Zeile von deiner Hand sehen, wissen wie du geschlafen hast, und mit einer Versicherung
deiner Liebe eine schöne Aussicht auf den Tag eröffnet
sehen.

Um 10 geh ich ins Conseil, vorher einen Augenblick
zu dir. Lebe wohl. Es ist mir immer wenn ich an dich

dencke als wenn ich dich halben Weegs zu mir an-
träfe.

    d. 14. Jun. 82.   G.

Du machst mir allein meinen Tag gut durch die Nachricht daß es dir wohl ist. Ich stecke in Zahlen und Ackten. Liebe mich so hab ich eine Aussicht auf jeden Morgen und jeden Abend.

    d. 6. Jul. 82.   G.

Ich werde bald sein wo mein Herz Tag und Nacht ist.

    d. 12. Jul. 82.   G.

Du hast schon einen Morgengrus von mir und nun
den zweyten mit einem Dancke. Es ist eine unaussprechliche Glückseeligkeit wenn Gesinnungen und
Empfindungen zwischen zwey Wesens wechseln ohne
irgend anzustosen, zurückgehalten oder geschröckt
zu werden. Lebe wohl und fühle daß ich weis was du
bist.

    d. 14. Jul. 82.   G.

Sage mir L. L. wie bist du aufgestanden? Sag mir ist es phisisch oder hast du etwas in der Seele was dich kränckt.[97] Du glaubst nicht was mich dein Zustand gestern geängstigt hat. Das einzige Interesse meines Lebens ist daß du offen gegen mich seyn magst. Das Eingeschlossene halt ich nicht aus. Lebe wohl. Der deine.

d. 19. Jul. 82.   G.

Ich will nicht überlästig seyn, aber nur so viel sagen, daß ichs nicht verdient habe. Daß ichs fühle. Und schweige.

d. 22. Jul. 82.   G.

So war es denn Gott sey Danck ein Mißverständniß das dich dein Billet schreiben lies. Ich bin noch betäubt davon. Es war wie der Todt man hat ein Wort und keinen Begriff für so etwas. Von meinem gestrigen Stück[98], das sehr glücklich ablief, bleibt mir leider nichts als der Verdruß daß du es nicht gesehn hast. Lebe wohl. Öffne mir dein Herz wieder l. L.

d. 23. Jul. 82.   G.

Meine liebste meine einzigste, wie danck ich dir für alles was du mir thust. Ich wäre auch ohngefordert gekommen wie kannst du es anders dencken. Aber ich bedarfs auch glaub es mir. Jeder Zweifel von dir erregt ein Erdbeben in den innersten Festen der Tiefe meines Herzens.

G.

Gegen deinen Kuchen kann ich dir nur Commißbrod schicken, aber Liebe gegen Liebe. Gern will ich zu Mittage kommen und von deinem Wesen Freude nehmen. Vielleicht schreiben wir diesen Nachmittag ein wenig. Cervantes hält mich iezo über den Ackten wie ein Korckwamms den Schwimmenden. Adieu beste einzige L.

d. 9. Aug. 82.   G.

Zum guten Morgen Eine Frucht. Ich stehe mit meinem täglichen Verlangen auf dich zu sehen und dir angenehm zu seyn.
Über unsern politischen Diskurs von gestern habe ich dir noch verschiednes nachzuholen. Adieu ich sage dir balde was heute mit mir wird.

d. 5. Sept. 82.   G.

Ja liebe Lotte du bists und wirsts bleiben. Vor Tische seh ich dich, und bedaure schon meinen einsamen Abend. Morgen soll es desto besser werden. An's Scheiden mag ich gar nicht dencken. Ich bin dir so fest angebunden daß ich mein Leben zerreisen würde, wenn ich an eine Trennung dächte. Leb wohl Liebste und froh am fröhligen Tage.

    d. 10. Sept. 82.   G.

Du solltest sehen wie ich dich überall suche Liebe Lotte! Meine Geschäffte gehn stille hin, Zerstreuung hab ich nicht, meine Erhohlungen selbst sind absichtlich und gebunden, zu dir allein kann meine Seele noch einen Flug nehmen, denn in irdischen Dingen gilt waten, nicht schwimmen. Sonst gehn meine Sachen gut. Du solltest sehn wie der Sonntag vor mir steht und wie ich wünsche daß der Himmel auch Amen dazu sage. Dem Lande wollt ich Regen gönnen, Morgen und übermorgen damit wir dann trocken und erquickt reisten.
Gestern früh that ich allerley ab, war mit dem Prinzen[99] in der Zeichenschule. Hatte die Schrötern[100], Probsten[101] und den Bruder der letzteren der auf Leipzig geht zu Tische. Spazierte, war zum Thee und Abendessen bei der Herzoginn, wo es artig zu ging. Der Herzog will von Dresden wieder auf Dessau, er vergisst über der Parforce Jagd daß der Prinz hier ist, und im stillen Glossen darüber macht. Wenn auch vielleicht nicht er, doch gewiß die Gothaner.

Gastfrey ist der Herzog, und er weis auf jede Art sich von seinen Gästen frey zu machen. Gut daß es die Menschen nicht so genau mit einander nehmen, und Fürsten sich immer wechselsweise viel zu verzeihen haben, wenn sie mit einander leben wollen. Zwar mit dem Prinzen ist dies der Fall nicht.

d. 12. Abends.

Dein Brief begrüst mich wie ich nach Hause komme. O Lottgen wie gut wie süs bist du. Gute Nacht. Jetzt lebe ich eigentlich nur dem Sonntag entgegen. Morgen führe ich die Mädgen an[102] und den Prinzen dazu. Wenn's gelingt giebts eine Geschichte auf Zeitlebens!

G.

d. 17. Sept. 82 Abends.

Ganz stille habe ich mich nach Hause begeben, um zu lesen, zu kramen und an dich zu dencken. Ich binn recht zu einem Privatmenschen erschaffen und begreife nicht wie mich das Schicksal in eine Staatsverwaltung und eine fürstliche Familie hat einflicken mögen. Dir lebe ich meine Lotte, dir sind alle meine Stunden zugezählt, und du bleibst mir das fühle ich.

So lang ich dich gestern[103] sehn konnte wehte ich mit dem Schnupftuche, auf dem Weege war ich bey dir, nur wie ich die Stadt erblickte fühlt ich erst den Raum der mich von dir trennte.

Ich versuchte mir den ersten Theil, vielmehr den Anfang meines Mährgens[104] ausführlicher zu dencken und stellenweise Verse zu versuchen, es ginge wohl wenn ich Zeit hätte, und häusliche Ruhe.

d. 18ten früh.

Die ersten Tage meiner Entfernung von dir sind immer sehr schmerzhafft ieden Augenblick mögte ich zu dir laufen, und kann meine Gedancken nirgendhin ableiten. Sehnsuchtsvoll erwarte ich ein Briefgen von dir, und wie dir es in Rudolstadt gegangen ist.
Wie schön wird es seyn wenn du wieder da bist und nur die Ackerwand uns trennt du einzige.

Nachts.

Die Fischerinn[105] ist gespielt. Wie bey allem und nach allem ich dein verlange!
Sie haben schlecht gespielt, und hundert Schweinereyen gemacht, am Ende war freylich das Stück vorüber, wie wenn einer nach einem Rehe schösse es fehlte und durch ein ohngefähr einen Hasen träfe. So ists mit dem Effeckt! pp
Der beste Effeckt ist den zwey gleiche Seelen auf einander machen. Der auch in der Entfernung nicht fehlen kann und der von keinen dritten, Ackteurs oder Instrumentalisten abhängt. Ich habe dir einen Vorschlag[106] zu thun doch den Morgen frühe. Heut gute Nacht.

d. 19ten früh.

Mein Vorschlag ist der du sollst mir Sonntags in Blanckenhahn begegnen. Ich ritte zu guter Zeit hinaus und fände dich, wir blieben den Tag zusammen und gingen Abends zurück. Ich kann nicht bis Michäl warten, und kann täglich weniger ohne dich seyn.

Auch kann ich nicht warten bis ein Bote kommt, ich schicke meinen Purschen zu Pferde der mag sich durch Wind und Wetter schlagen.

Hierbey empfängst du allerley.

Und die eifrigste Versicherung meiner Liebe.

G.

Wenn du willst kann Götze[107] uns gleich bey Schleusing[108] melden.

Hier auch ein Billet von den Kindern ein Tiefurter Journal pp.

Eben fällt mir ein, daß die Lengefelds[109] mit dir kommen vielleicht hindert dich das. Dein Bruder kommt erst den Montag.

Endlich ist der liebe Morgen da der sich von so vielen andern dadurch unterscheidet daß meine Geliebte nur 300 schritte weit von mir erwacht.

Ich binn und lebe mit und bey dir und werde diesen und alle Tage so einrichten daß mir von deinem köstlichen Umgange von dem glücklichen Seyn mit dir so wenig als möglich verlohren geht.

d. 8. Oktbr. 82.   G.

Es ist mit unserm Umgange, mit unserer Liebe, wie mit dem ewigen Mährgen der berühmten Dinarzade in der Tausend und einen Nacht, Abends bricht man sie ungern ab, und Morgends knüpft man sie mit Ungeduld wieder an.

Du hast gefühlt daß ich gestern mit Absicht zauderte du kannst mich heute nur schadlos halten.

Ich habe allerley zu thun.

Diesen Mittag musst du mich zu Tische haben und nur die Aussicht auf Nachmittag und Abend kann mich an meinem Schreibtische halten. Lebe wohl. du aller aller liebstes.

 d. 12. O. 82.   G.

Guten Morgen Geliebte. Ist dein Zahnweh ausgeblieben? Wie steht es sonst mit dir? Wollen wir heute wieder reisen und die Vulkanischen Gebürge besuchen. Wenn du mich recht lieb hast sind alle Weege eben.

 d. 21. O. 82.   G.

Heute sind es sieben Jahre daß ich herkam, mögte ich doch auch mit heute eine neue Epoche meines Lebens und Wesens anfangen wodurch ich dir immer gefälliger würde. Tausend Gedancken gehen zu und von dir. O meine Geliebte die Schicksale der Menschen sind wunderlich.

Hier schick ich dir die Weltkarte die du einige Zeit vermissest, es ist kein Pläzgen drauf gezeichnet oder drinn enthalten wo ich nicht dein mit Liebe und Treue gedencken würde. Lebe wohl und sey und bleibe mir was du bist alles und alles.

d. 7. Nov. 82.   G.

Heut Abend erwarte ich dich.
Soll ich etwa die Gräfinn[110] und Boden[111] einladen daß ich auch diese mit guter Art bewirthe.

Gar sehr wünsche ich ein Wort von dir zu sehn. Gestern Abend ward mir's auf einmal gar wehe daß ich weg mußte. Der Schlaf hat alles fortgenommen. Nur brauch ich deine Liebe täglich mehr um den bösen Geistern zu widerstehn die mich anfallen. Adieu beste.

d. 13. Nov. 82.   G.

Frühe hab ich zwar nicht vor Tag doch mit dem Tage meine erste Wallfahrt gemacht. Unter deinen Fenstern grüst ich dich und ging nach deinem Steine. Er ist ietzt der einzige lichte Punckt in meinem Garten. Die schönen Trähnen des Himmels rollten an ihm herunter, es soll hoff ich nichts zu bedeuten haben.
Ich strich um mein verlassen Häusgen[112], wie Melusine um das ihrige wohin sie nicht zurückkehren sollte, und dachte an die Vergangenheit, von der ich nichts verstehe, und an die Zukunft von der ich nichts weis. Wie

viel hab ich verlohren da ich ienen stillen Aufenthalt verlassen muste! Es war der zweyte Faden der mich hielt, ietzt hänge ich ganz allein an dir, und Gott sey danck ist dies der stärckste. Seit einigen Tagen seh ich die Briefe durch die an mich seit zehen Jahren geschrieben worden, und begreife immer weniger was ich bin und was ich soll.

Bleibe mir l. Lotte du bist mein Ancker zwischen diesen Klippen.

Was es auch sey, so fühl ich ein unendliches Bedürfniß einsam zu seyn. Unter einem Vorwande daß ich nicht wohl sey, will ich mich vom Hof und Conseil entschuldigen, zu Hause bleiben, alte Schulden abthun und mein Haus bestellen. Da Hufland selbst kranck ist kann ich es desto eher thun. Dazu muß ich aber auch deinen Urlaub haben, versage mir ihn nicht.

Schach[113] wird meinen Morgengruß gebracht haben. Wie freut ich mich iemand von dir zu sehn, und nun grüse ich dich mit der herzlichsten Zärtlichkeit. Adieu.

    d. 17. Nov. 82.   G.

So weit war ich als ich dein liebes Zettelgen erhielt. Tausend Danck. Was soll ich darauf sagen? Liebe Lotte, wenn du aus der Kirche kommst laß mich noch ein Paar Zeilen von dir sehen. Du einzige unaussprechlich Geliebte.

Dein Anblick, eine Zeile von dir ist mir so anziehend. Das einzige was mir noch recht anziehend ist. Ich mögte zu dir daß du mir's recht ansehn könntest wie ich dich liebe. Danck für dein Mitleiden. dein mit mir Leiden und verzeih mir und liebe mich.

d. 17. N. 82. G.

Schicke mir doch Fritzen nach Tische.

Wie befindet sich meine Lotte? Mir will heute nichts von statten gehen. Ich werde spazieren laufen müssen. Sag mir von dir und von deinem Tage, du liebes Glück, du Ende und Anfang meiner Zeit.

d. 19. Nov. 82. G.

Seit dem frühsten Morgen bin ich bey dir. Mich kann nun Leben und Todt, Dichtung und Acktenlesen nicht von dir trennen. Der Schnee kommt mir erwünscht er bringt mir die vorigen Winterzeiten ins Gedächtniß und manche Scene deiner Freundlichkeit. Lebe wohl du süser Traum meines Lebens, du Schlaftrunck meiner Leiden. Morgen ist Thee bey mir.

d. 21. Nov. 82. G.

Sag mir deinen Tag.

Obermarschalls[114] lassen auf heute Abend einladen. Wie machst du es? Gehn wir zum erstenmale hin und verlegen unsern stillen Thee? Ich will nur seyn wo du bist denn da ist mein Himmel. Frage Steinen ob er mir um 2 Uhr will den Schlitten schicken; so will ich ein Stündgen fahren. Sag es Fritzen. Und bleibe mir. Adieu Adieu.

    d. 28. Nov. 82.   G.

Wie erquickst du mich Beste durch iedes Wort was aus deinem Munde geht, das mir nothwendiger als Brod ist. Hier schick ich dir das verlangte. Nach Tische komm ich selbst. Der Herzog liegt mir an ich soll auf acht Tage mit ihm verreisen. Was sagst du dazu? Mich hält nur deine Liebe. Meine andern Sachen haben Raum. Fast mögt ich wünschen einmal durch fremde Lufft durchzugehen, und kann mich doch nicht von dir getrennt dencken. Lebe wohl. Diesen Nachmittag mehr.

    d. 8. Dez. 82.   G.

Aus dem Stücke Kreide können mit Vortheil viele geschnitten werden.

Liebste Lotte. Ich kann dir nicht helfen um acht uhr komme ich und klopfe an deiner Thüre, wenigstens noch deine Stimme zu hören. Wenn ich es noch zu thun hätte ich ginge nicht weg, wie leer und kalt ist es in der Welt draussen, wie voll und warm bey dir.

d. 11. Dez. 82.   G.[115]

Ich bitte meine Geliebte mir die Schlüssel zu schicken, und sage ihr den freundlichsten guten Morgen. Vor Tische will ich ein wenig spazieren lauffen und dich besuchen und von dir hören was heute werden wird. Lebe wohl du beste, du Innbegriff meines Glücks.

d. 5. Jan. 83.   G.

Ich bin meine liebste so von Arbeiten gesotten und gebraten daß ich dich heute früh nicht sehn werde auch wohl diesen Nachmittag zu Hause bleiben muß. Diesen Abend geh ich nicht auf die Redoute. Bleibst du auch zu Hause; so bin ich bey dir.

d. 31. Jan. 83.   G.

Guten Morgen Geliebte! Wenn du wüsstest wie artig du in deiner Gestrigen Gestalt im Traume und vor meiner wachenden Seele vorbeygleitest, du hättest selbst ein Vergnügen das Kleidgen angezogen zu haben. Lebe wohl. Diesen Abend bist du bey mir. Stein kommt doch auch.

d. 8. Febr. 83.   G.

Sey mir ja wohlthätig L. denn du kannst es alleine von Grund aus seyn. Ich dancke dir für dein freundlich Wort. Ich will in die Gesellschafft gehn und freue mich drinne deines Anblicks. Nach der Musick Probe seh ich dich. Lebe wohl, beste.

d. 27. Febr. 83.   G.

Will meine Lotte mir jetzt ein freundlich Wort sagen, und gegen Mittag mit mir spazieren gehen; so werde ich bis dahin mit Vergnügen Ackten lesen. Fühlt sie wie mein ganzes Wesen sie sucht und nach ihr ver- langt? Adieu Geliebte! Wie erfreulich war mir noch ge- stern Abends dein Anblick.

d. 17. März 1783.   G.

Schon lange wach ich und dencke an dich und bin bey dir. Mich dünckt dein versprochen Zettelgen bleibt zu lang aus. Sage mir daß du immer gleiche Neigung zu mir fühlst. sage mir daß du mir ewig bleiben willst. Ich komme bald und habe mir ausgedacht in meinem Garten zu arbeiten, um so bald es möglich bey dir vor- bey zu gehn.

d. 5. Apr. 83.   G.

Es sind schon wieder allerley Geister los die mich um-
sumsen, am schlimmsten plagt mich der Teufel des Un-
verstandes, des Unbegriffs, und der Unanstelligkeit
von manchen Menschen. Adieu. Liebe mich. ich freue
mich dich immer zu Hause zu wissen.

    d. 7. Apr. 83.   G.

Morgen früh soll es nach Illmenau[116]. Ich darf nicht
dran dencken daß ich mich von dir trenne. Ich meyne
ich müsste dich mit nehmen. Friz soll dein Bildniß seyn.
Er kann fahren muß aber früh heraus er mag bey mir
schlafen. Sutor[117] soll besorgen was er mit zu nehmen
hat. Adieu Beste. Ich sehe dich bald. Schicke mir das
aufgelöste Blau in dem Gläsgen. Adieu.

    d. 13. Apr. 83.   G.

Diese Blumen sollen dir einen guten Morgen sagen. Es
ist sehr schön, der Wind geht nur ein wenig. Wie lieblich wär' es wenn du heute bey mir essen und bleiben
könntest. Der Hof nimmt alle Freude weg und giebt
nie Freude.
Adieu beste ich will zu schreiben versuchen. Liebe
mich.

    Am Ostermorgen 1783.   G.

Wieviel bin und werde ich dir schuldig du liebe Wohl-
thäterinn, und womit kann ich dir dancken? Ich bin
wohl. Nur ist es ein sauer Stückgen Brodt wenn man
drauf angenommen ist, die Disharmonie der Welt in
Harmonie zu bringen. Das ganze Jahr sucht mich kein
angenehmes Geschäfft auf und man wird von Noth
und Ungeschick der Menschen immer hin und wieder
gezogen. Lebe wohl. Liebe mich. Laß mir die Hoffnung dich zu sehen. Klauer[118] ist erinnert.

 d. 24. Apr. 83.   G.

Schon frühe hätte ich angefragt, ich hatte aber so viel
zu kramen. Fritz ist gut. Ernst[119] ist auch da. Und mein
Geist beschäfftigt sich gern mit dem deinigen. Ich
freue mich deiner Gesundheit. Es war mein liebster
Wunsch auf diesen Tag. Wir wollen heute Abend zusammen seyn, vielleicht zeichnen. Lebe wohl. Und
sprich mit Steinen wegen Fritzen ich wollt es geschähe
bald.

 d. 18. May 83.   G.

Du hast gefühlt wie leid es mir that von dir zu gehn
ohne dir noch ein Herzlich Wort sagen zu können.
Wenn du wüsstest was für ein lieber Anblick du mir
warst, ich konnte mich nicht satt an dir sehen. Ich reise[120] und habe dich ganz in meinem Herzen.
Mit dem Stadthalter hab ich mich angenehm unterhal-

ten, er ist sehr gut und voll Verstand. Man trifft immer etwas neues bey ihm an.

Adieu. Ich gehe zu Bette, und kehrte lieber mit den Pferden zurück und brächte dir dies Blat selber. Adieu, ich komme nicht von deiner Seite. Lebe wohl und empfange mich wieder wie du mich verabschiedet hast.

Erf. d. 12ten Jun. 83.   G.

Hier liebe Lotte endlich den Werther, und die Lotte, die auf dich vorgespuckt hat. Das englische[121] gefällt mir gar wohl, was ich gelesen habe ist herzlich, verständig und geschmackvoll übertragen. Wenn es aus dem deutschen übersetzt wäre, könnte ich noch mehr daraus lernen. Mir war's gar anmuthig, meine Gedancken in der Sprache meiner Lehrer zu lesen. Adieu. Sey mir tausendmal gegrüst. Wenn du in dem Teutschen Manuscript Fehler findest mercke sie doch an. Lebe wohl. Wollen wir heute Abend eine kleine Gesellschafft bey mir im Garten haben oder allein seyn.

d. 24. Jun. 1783.   G.

Sage mir L. Lotte ob du heute recht wohl bist? Ich muß nothwendig nach Tiefurt und will zu Mittage hingehn, damit ich Abends wieder bey dir bin.

Ich kann dir nichts sagen. Mein ganzes Wesen ruht in dir.

d. 12ten Jul. 83.   G.

Ich habe recht auf dein Zettelgen gewartet, und es verlangt mich sehr dich zu sehen, denn heute Nacht hast
du mir im Traum manches schmerzliche erzeigt, das
du wachend verbessern mußt. lebe Wohl dem deinigen.

    d. 31. Jul. 83.   G.

Hier ist ein Theil des Versprochnen. Das Wetter macht
mich faul, ich mögte mich heute lieber hinsezen und
mir Mährgen erzählen lassen, als die HE. Stände[122] bewillkommen. Es wird ein heises Mittags Essen werden.
Laß mich nur ein Wörtgen von dir sehen. Heut Abend
hab ich die Herzoginn Mutter in meinen Garten geladen, um die vorige Woche wieder gut zu machen. Lebe
wohl, liebe mich und zeige mirs.

    d. 4. Aug. 83.   G.

Ich dancke für das schöne Angebinde durch den lieben
Boten. Behalte mir deines lieben Herzens Gefühle für
den Rest meines Lebens. Ich bleibe der deinige.

    d. 28. Aug. 83.   G.

Ich bin noch nicht weg und sehne mich schon wieder
zu dir. Wie wird es erst weiter gehn.
Lebe wohl du süse Freundin und Geliebte, deren Lie-

be und Umgang mich alleine glücklich macht. Wenn es möglich ist schreibe ich dem Herzog ein Gedicht auf seinen Geburtstag. Nochmals Adieu. Ewig der deinige.

d. 30. Aug. 83.   G.

Blanckenburg d. 11. Sept. 83.
Ohngeachtet meiner Müdigkeit muß ich dir heute Abend schreiben, denn gewiß heute waren alle deine Wünsche bey mir. Der erste schöne Tag seit der ganzen Reise![123] So lang ich bey der schönen Frau[124] war hast du immer Sturm und leidig Wetter gemacht, und dafür meine Wallfahrt nach dem Rostrapp geseegnet. Es war ein köstlicher Tag. Und nachdem ich mich oben umgesehen hatte, stiegen wir in's Thal herunter, wo ich dich hundertmal hingewünscht habe als ich mit Fritzen auf einem grosen in den Fluß gestürzten Granitstück zu Mittage as. Du glaubst nicht wie artig er ist, wieviel Delikatesse er gegen mich zeigt. Ich habe nur einigemal nötig gehabt mit ihm ernstlich über kleine Unarten zu sprechen, du solltest sehn welch eine reine Würkung es gethan. Ich bin auch einzig glücklich in dir und ihm, alles andre kann ich mir nicht zueignen. Man begegnet mir überall auf das artigste, ich habe, und zeige auch gute Laune, rede viel und habe doch noch kaum einen offnen ganz aufrichtigen Augenblick gehabt. Laß uns ia nie, auch nur vorübergehend verkennen was wir einander sind.

d. 13ten früh. Langenstein.

Wir haben gestern noch einen sehr schönen Tag gehabt um nach der Baumannshöle zu fahren, die Mar-
morbrüche und Mühle im Rübelande zu besehen. Heute Abend geh ich nach Halberstadt wo die Herzoginn[125] Morgen durchgeht, ich will dieses Blat deiner
Schwägerinn[126] mitgeben, meinen ersten Brief von hier
aus wirst du erhalten haben.

Wie sehnlich habe ich dich an manchen Stellen zu mir
gewünscht sie sind auserordentlich schön, und würden durch deine Theilnehmung himmlisch geworden
seyn, um mich hier am rechten Platze des Ausdrucks
der Fritzgen Voß[127] zu bedienen.

Friz ist sehr glücklich und bildet sich zusehends. Er
macht mir viel Freude und gewiß auch dir wenn er wie-
derkommt.

Ich bin sehr neugierig den Herzog[128] zu sehn, und lasse
mich es nicht mercken. Lebe wohl. Ich schreibe dir
Morgen noch ein Wort dazu.

d. 14. früh Halberstadt.

Heute kommt die Herzoginn hier an und die ganze
fürstliche Familie wird sie begleiten, ich werde sie alle
sehen, und sie werden mir eine sehr willkommne Erscheinung seyn. Vielleicht kann ich heute Abend noch
ein Wort dazu schreiben. Morgen wird sich's entschei-
den, ob ich gleich auf Zellerfeld gehe oder ob ich vorher den HE v. Veltheim in Harpke das bey Helmstedt
liegt besuche dann will ich auf Göttingen. Adressire
mir doch ia dahin einen langen Brief, und laß Götzen[129]
sagen daß er alles was mit der Reichspost Freytags

den 19ten abgehen kann nach Göttingen bey Magister Grellmann abzugeben unter meiner Adresse schickt. Es verstehn sich Briefe, Packete lässt er liegen, und schreibt nur dazu ob etwas vorgefallen. Sage es doch dem Herzog vielleicht hat er etwas mit zu schicken. Lebe tausendmal wohl meine Hoffnung und Freude.

Grüse Stein, die kl. Frau[130] und die Waldner. Empfiehl mich der Herzoginn.

Lebe wohl.

Abends.

Die Herrschafften sind alle, ausser der regierenden Herzoginn, vergnügt und wohl angekommen, ich habe den ganzen Tag in ihrer Nähe zugebracht. Davon mündlich. Lotte meine Lotte du bist mir alles.

Was Friz gut und verständig ist, kann ich dir nicht ausdrücken. Hier ein Brief von ihm er hat einen gar artigen an Carl geschrieben.

Ich sitze dergestalt in Akten, daß ich meiner lieben kein Wort habe sagen können und daß ich auch sobald nicht kommen kann.

Mein ganzes Herz verlangt zu dir.

Seidel[131] ist glücklich und gar verständig zurückgekommen und hat seine Sachen gut gemacht.

Lebe wohl, ich sehe dich wo möglich vor Tische.

    d. 10. Oktbr. 83.   G.

Deine freundliche Zusprache gestern Abend hat mich bewogen heute früh an Wilh.[132] zu schreiben und ich hoffe heute das vierte Buch zu endigen und gleich das fünfte anzufangen. Am vierten schreibe ich akkurat ein Jahr seit d. 12. Nov. 82 wie ich angemerckt habe. Ausserdem stehen noch Kasten und Ackten Päcke um mich her. Wenn ich dich nicht aufsuche habe ich nichts auszugehn. Gegen 8 Uhr komm ich auf alle Fälle. Unter der Cour Zeit werd ich wohl Herdern besuchen. Der Moostranck schmeckt so bitter daß ich endl. einen Begriff von dieser Geschmacks Eigenschafft habe. Adieu du geliebteste.

d. 9. Nov. 83.   G.

Fritze[133] will ein Zettelgen an dich mitnehmen er ist gar gut und artig.

Hier schick ich dir einen guten Morgen durch unser liebes Band. Ich bin und bleibe dein und bitte dich um mein Glück das ich ganz allein in dir hoffe, denn meine Gedanken sind von der übrigen Welt abgezogen. Heute Abend will ich in die Gesellschafft gehn.

d. 20. Nov. 83.   G.

Da heute Conseil ist und ich es nie ohne die höchste Noth versäumt habe, entschliese ich mich hinein zu gehn. Es ist mir so ziemlich. Wenn ich wieder herauskomme hörst du von mir. Ich binn dir mit Leib und Seele ergeben.

d. 2. Dez. 83. G.

Ich erwache wieder für dich, und bin glücklich daß dich mein Morgengrus so nahe besuchen kann. Die schöne Sonne hat mich hergestellt, denn heute früh war mir es nicht sonderlich. Diesen Abend komme ich zu dir, wir wollen zusammen in ferne Länder gehn; und zusammen überall glücklich seyn. Lebe wohl. Sage mir ein Wort meine Beste.

d. 14. Dez. 83. G.

Herzlichen Danck, l. Lotte. Ja ich werde wie du mir es geweissagt hast immer glücklicher werden. Am glücklichsten durch dich. Ich sehe dich nach Tische. Heute früh zeichne ich ein wenig zum freundlichen Anfang des Jahrs. Lebe wohl. Du hast was du dir wünschest. Adieu.

d. 1. Jan. 84. G.

Zum frühen Morgen schick ich dir etwas süses und bitte dich um ein freundlich Wort. Du glaubst nicht wie lieb mir heute Fritzens Anblick war wie ich dir ewig neue Treue in ihm zugesagt habe als ich ihn zum Morgengrus an mich drückte. Lebe wohl. Ich bin ganz dein. Und hoffe sehnlich auf den Augenblick der mich zu dir führen wird.

    d. 26. Jan. 84.   G.

Schone doch liebe Lotte dich um meintwillen, so sehr mich dein erster Anblick erfreute weil ich dich wohl sah, so innerlich hat mich dein Übel gestern Abend verstimmt daß ich keiner freudigen Empfindung mehr fähig war. Sag mir was deine Augen machen. Sag mir daß du mich liebst. Wenn du nicht wohl bist hab ich gar nichts auf der Welt.

    d. 29. Febr. 84.   G.

Statt meiner kommt wieder ein Brief, verzeihe daß ich dich aus der Gesellschafft hielt. Ich bin nicht ganz unnütze hier drum will ich bleiben. Du bist meine Begleiterinn auf Wassern und Eise. An einigen Orten der Vorstadt ist das Übel gros, und in einer allgemeinen Noth auch ein gemeiner Verstand nütze, wenn er Gewalt hat. Drum will ich bleiben und alles in deinem Nahmen thun. Alles rennt durcheinander, die Vorgesetzten sind auf keine auserordentlichen Fälle gefasst, die Unglück-

lichen ohne Rath und die Verschonten unthätig. Wenige einzelne brave Menschen zeichnen sich aus[134]. Lebe
wohl. Liebe mich du einziges du fühlst doch, wie ich
dein bin.

Jena. d. 1. März 1784.   G.

Was ich auch zu thun habe was mir auch durch den
Kopf geht bist du mir immer im Herzen mir immer gegenwärtig. Lebe wohl ich sehe dich heute Abend, vielleicht eher.

d. 4. März 1784.   G.

Zum guten Morgen meiner Lotte ein Paar Zeilen, da
ich ihr leider nicht einmal werde guten Abend sagen
können.
Es ist mir ein köstliches Vergnügen geworden, ich habe eine anatomische Entdeckung[135] gemacht die wichtig und schön ist. Du sollst auch dein Theil dran haben.
Sage aber niemand ein Wort. Herdern kündigets auch
ein Brief unter dem Siegel der Verschwiegenheit an.
Ich habe eine solche Freude, daß sich mir alle Eingewei-
de bewegen.
Lebe wohl. Wie sehr lieb ich dich! Wie sehr fühl ichs in
fröhlichen und traurigen Augenblicken. Antworte mir
nicht, Aber laß mich in meinem Hause ein Wort von
dir finden. Lebe wohl meine Lotte. Es geht mir nur
so wohl weil du mich liebst. Sonnabend.

G.

Von meiner Geliebten muß ich ein paar Zeilen haben
damit mein Verlangen nach ihr einigermassen befrie-
digt werde.

Wenn du um zwölf Uhr frisirt bist komme ich einen Augenblick denn bis den Abend wird mir's viel zu lange.
Lebe wohl du stündlich Geliebteres. Wenn ich nur
mein Wesen vermehren könnte daß dich immer etwas
mehr an mir liebte.

d. 2. Apr. 1784.   G.

Ich bitte dich um ein Wort und ein Zeichen ich kann
nie genug von dir haben. Sag mir daß du wohl bist,
daß du mich magst, daß ich dir willkommen seyn werde. Heute früh seh ich dich noch.

d. 4. May 84.   G.

Recht feyerlich liebe Lotte mögt ich dich bitten vermehre nicht durch dein süses Betragen täglich meine
Liebe zu dir. Ach meine Beste warum muß ich dir
das sagen! Du weist doch wohl wie voll Dancks mein
Herz für dich ist.

Seit Deianirens[136] Zeiten ist wohl kein gefährlicher Gewand einem Geliebten gegeben worden, ich habe es in
meine Brieftasche geschlossen, es hätte mich aufgezehrt.

Liebe Lotte wenn ich nach Eisenach gehe so laß mich

ruhiger scheiden. Wenn doch der May der Monat des Friedens für mich wäre.

Lebe wohl ich bin nah bey dir.

Lebe wohl und laß mich Sonntags nicht lange warten. Ich hoffe schönes Wetter. Adieu.

G.

Alles ist eingepackt und ich habe nur noch von dir Abschied[137] zu nehmen, wie sehr fühle ich daß du der Ancker bist an dem mein Schifflein an dieser Rhede festhält! Du innig Geliebte! Möge dir in deiner Ruhe recht wohl seyn, wo du recht zeit hast an den deinigen zu dencken.

Herdern verlaß ich ungern er ist gar gut lieb und herzlich.

Die Stolbergs[138] haben uns noch einen fröhligen verjüngten Tag gemacht, es ist gar hübsch daß ich vor der Abreise noch einmal in ienen Seen der Jugend durch die Erinnerung gebadet worden. Lebe wohl. Von Eisenach mehr. Ich lebe dir ganz.

d. 3. Jun. 84.   G.

Mittwoch d. 9ten Jun. 84.
Abends.

Werde es nur nicht müde zu hören daß mir deine Abwesenheit unerträglich ist und daß ich den Tag über tausend närrische Einfälle habe um dich zu sehen.

Heute habe ich bey den Felsen den ersten Besuch abgelegt und bin davon wohl zufrieden, es werden mir auf dieser Reise allerley Lichter aufgehen, man muß nur suchen und immer wiederkommen.

Unsre Geschäffte gehn einen leidlichen Gang, nur leider aus nichts wird nichts. Ich weis wohl was man statt all des Rennens und Laufens und statt der Propositionen und Resolutionen thun sollte.

Indessen begiest man einen Garten da man dem Lande keinen Regen verschaffen kann.

Wie eingeschränckt ist der Mensch bald an Verstand, bald an Krafft, bald an Gewalt, bald an Willen.

Die Stunden die dein gehören bring ich alleine zu; so freundlich mir die Menschen sind kann ich doch nichts mit ihnen verkehren. Ich binn nun eingewöhnt und verwöhnt dir anzugehören und bin auf diesen Punckt abgeschnitten, das heist nach Lavaters Terminologie so gut wie wahnsinnig.

Heute habe ich ganz köstliche Weege durchwandelt nicht ohne Beschweerde, und habe wie immer bey iedem schönen Gegenstande dich mir herbey gewünscht. Leider würdest du, wenn du auch hier wärest die meisten nicht sehen können.

Durch den italiänischen Improvisator[139] belebt hab ich im Spazieren versucht auch aus dem Stegreife Verse in deutscher Sprache hinzugiesen, es hat ungleich mehr Schwierigkeiten, doch müsste es auch, mehr oder weniger gehn, wenn man sich drauf legte.

Kannst du dir denn nichts ersinnen uns hier zu besuchen.

d. 10. Jun. 84.

Heute habe ich einen angenehmen Tag zugebracht. Die Herzoginn ist mit der Wedel[140] allein nach Wilhelmsthal[141] ich bin zu Mittage hinausgeritten und komme erst iezo halb eilfe zurück. Erst fand ich den Prinzen von Barchfeld und dann waren wir allein. Sie war anmutig und offen, und ich konnte mit ihr reden wie ich mit dir rede, einige Punckte ausgenommen die deine Regalien sind.

Unsre Geschäffte scheinen einen schnelleren Gang zu gehen als wir hofften, doch will ich mich nicht zu frühe erheben, ich habe es schon öffter erlebt daß sie sich wieder in's weite lenckten. Fritsch[142] will gerne auf sein Gut und befördert also was er kann. Ich mag mir gar nicht dencken wie glücklich ich wäre. Gute Nacht.

d. 11. Jun.

Ich habe dir noch nicht gesagt daß die Bechtolsheim[143] die so gesund aussah als sie uns das letztemal verlies, sehr kranck niedergelegen. Sie bessert sich. Es thut mir leid um sie daß sie die ganze schöne Hofepoque auf dem Bette verpassen muß.

Man sagt mir ich könne in 31 Stunden in Franckfurt seyn, und ich kann nicht den flüchtigsten Gedancken haben dorthin zu gehn. So hast du meine Natur an dich gezogen, daß mir für meine übrigen Herzenspflichten keine Nerve übrig bleibt.

Mit der fahrenden sende ich dir allerley Sachen. besonders einen Traum von Fritz Stolberg[144] in Hexametern[145]. Ein recht himmlisch Familienstück. Man muß sie kennen, sie zusammen gesehen haben um es recht zu geniesen.

Mein Himmel ist einsamer, du machst den ganzen Kreis desselben aus.

Du glaubst nicht wie schreibfaul ich bin, an dich allein mag ich schreiben wie ich allein mit dir reden mag. Wenn ich mit andern selbst vernünftigen Menschen spreche, wie viel Mittel Töne fehlen die bey dir alle anschlagen. Alles was die Menschen suchen habe ich in dir.

Major Niebecker[146] dessen du dich von Alters vielleicht erinnerst, er wohnte hier, hatte drey Töchter die sich durch Sonderbarkeiten auszeichneten, erbt einen Verwandten in Paris, der ihm im gewissen dreymalhunderttausend Thaler hinterlässt, andre sprechen gar von 2 Millionen Livres. Die Famielie hatte wenig Hoffnung zur Erbschafft dieses Mutterbruders, der ihnen im Leben wenig Guts erzeigte, und von dem man glaubte er habe von einer Maitresse Kinder die er zulezt für die seinigen erklären und ihnen das Vermögen zu wenden würde.

d. 12ten.

Heute haben wir eine mineralogische Spazierfahrt gemacht und uns auf gut bergmännisch wacker erlustigt. Der einfache Faden den ich mir gesponnen habe, führt mich durch alle diese unterirdische Labyrinthe gar schön durch, und giebt mir Übersicht selbst in der Verwirrung.

Ich möchte dich nur immer von meiner Liebe unterhalten. Wie einsam ich bin lässt sich nicht mit Worten ausdrucken. Ich sehe niemand und wenn ich iemand sehe ist nur eine Gestalt von mir in der Gesellschafft.

Ich ging in die Commödie[147] nur um Menschen zu sehen, und konnte zuletzt nicht mehr bleiben, das Stück war unendlich, und mein Vorrath Communikabilität alle aufgezehrt.

Stein sagt mir er habe Briefe von dir, ich habe noch keine heut, noch hoff ich immer darauf, es wäre mir gar zu betrübt wenn ich leer ausgehn sollte, und du über deiner Wirthschafft und Häuslichkeit mich vergäsest.

Fritzen geht es sehr wohl. Er ist mit soviel neuen Gegenständen umgeben mit denen er spielen kann, mag und darf.

Lebe wohl meine Lotte, ich darf nicht weiter schreiben, denn der Brief muß auf die Post. Lebe wohl, Liebe mich, Sage mir's und mache mich in dir glücklich. Wie befindest du dich? Es fällt mir manchmal ein du könntest nicht wohl seyn. Adieu.

G.

Freytags d. 18ten Jun. 84.

Ich bin stille und ruhig in Hoffnung daß ich Sonntags gewiß Nachricht von dir haben werde. Mein glücklicher Abgesandter ist in dem Augenblicke da ich dieses schreibe bey dir.

Unsre Angelegenheiten gehn noch leidlich und ich könnte bald Hoffnung fassen zu entwischen. Lieber will ich mich auf diesen Monat gar resigniren, denn gegen das Ende giebts doch allerley das man nicht mit Ungeduld und Übereilung thun muß.

Das Wetter das den Landwirthen angenehmer als uns Spaziergängern ist hält uns zu Hause und ich kan meinen Untersuchungen nicht folgen wie ich will.

Jedermann beruft mich über meine Einsamkeit, sie ist iedermann ein Rätzel und niemand weis mit welcher köstlichen Unsichtbaren ich mich unterhalte.

Von der Niebeckerischen Erbschaft schrieb ich dir neulich, es ist gewiß daß sie 1 Million Livres beträgt.

Das *Tableau de Paris*[148] hat mein Verlangen diese Stadt zu sehen vermehrt und vermindert.

Sonnabends d. 19ten.

Mein Bote ist nun schon wieder von dir weg, und wieder auf dem Weege zu mir. Mit welchem Verlangen ich ihn erwarte!

Merck hat einen Brief an die Herzoginn Mutter über Campern[149] geschrieben davon ich dir einen Theil durch Fritzen habe kopiren lassen.

Gestern Abend habe ich auf der Wartburg einer Luft und Wolckenscene beygewohnt, wovon ich noch keinen Begriff hatte daß so etwas möglich sey. Mit Worten ist auch nicht der kleinste Theil davon zu beschreiben. Mein sehnlichster Wunsch wenn mir so etwas guts begegnet ist nur daß du gegenwärtig seyn mögest. Für heute nimm hiermit vorlieb. Ich wollte diesen Posttag nicht vorüber gehen lassen.

Ich habe auch einen Brief von Merck früher als der Herzoginn hier schick ich ihn dir.

Lebe wohl du beste. Ich lebe für dich und mein beständiger fortdaurender Wunsch ist dir zu leben dir Freude zu machen, dir zu nützen, dein zu seyn.

G.

d. 28. Jun. 84.

Nun wird es balde Zeit liebe Lotte daß ich wieder in deine Nähe komme denn mein Wesen hält nicht mehr zusammen, ich fühle recht deutlich daß ich nicht ohne dich bestehen kann. Der Ausschußtags Abschied[150] ist signirt, nun kan es nicht lange mehr währen ich rechne noch eine Woche, dann werde ich loskommen können. Das Wetter ist höchst elend man kann nicht vor's Thor, und was innerhalb der Mauern von Schönheiten und Artigkeiten lebt, hat allenfalls nur einen augenblicklichen Reitz für mich und kann kaum das Regenwetter balanciren geschweige einen so wesentlichen Mangel als der ist den ich von Morgen bis zu Abend empfinde. Ja liebe Lotte ietzt wird es mir erst deutlich wie du meine eigne Hälfte bist und bleibst. Ich bin kein einzelnes kein selbstständiges Wesen. Alle meine Schwächen habe ich an dich angelehnt, meine weichen Seiten durch dich beschützt, meine Lücken durch dich ausgefüllt. Wenn ich nun entfernt von dir bin so wird mein Zustand höchst seltsam. Auf einer Seite bin ich gewaffnet und gestählt, auf der andern wie ein rohes Ey, weil ich da versäumt habe mich zu Harnischen wo du mir Schild und Schirm bist. Wie freue ich mich dir ganz anzugehören. Und dich nächstens wieder zu sehen.

Alles lieb ich an dir und alles macht mich dich mehr lieben.

Der Eifer wie du in Kochberg deine Haushaltung an-
greiffst von dem mir Stein mit Vergnügen erzählt, vermehrt meine Neigung zu dir, läßt mich deine innerlich
thätige und köstliche Seele sehn. Lotte bleibe mir
und was dich auch interessiren mag, liebe mich über
alles.

d. 1. Jul.

Der verlohrne Monat ist nun herum und der neue lässt
mir Hoffnung dich balde zu sehen.
Fritz sagt mir er habe eine solche Sehnsucht nach Weimar daß es ihn in den Knieen ziehe, ich habe mit ihm
drüber gescherzt, ihn ausgelacht und heimlich noch
grösere Sehnsucht empfunden.
Heute erhalten die Stände den Abschied und ich will
eilen was ich kann um was noch nötig ist zu besorgen,
damit ich bald fortkomme.
Der Schmäuse drängt einer den andern, und man kann
nicht alle ausweichen, ich finde es eine böse Art. Adieu
L. Lotte, ich habe viel zu thun, und bin ganz dein.

G.

d. 21. Jul. 84.

Zur guten Nacht eines sehr unruhigen Tages. Von allen Seiten seh ich mich von Papieren belagert, die erst
nach und nach zu überwinden sind. Ich musste Besuche machen und mich nur erst wieder finden. O wärst
du nur hier, daß mir irgend etwas erquickliches begeg-
nete. Knebel wird heut Nacht zum erstenmale bey mir

schlafen, sein Umgang ist gar angenehm, wenn ich dir ihn schicke vergiß nicht deines Freundes, deines Geliebten der sich dir auf ewig übergeben hat. Warum konnt ich dir beym Abschiede nicht ausdrucken mit welchem Herzen ich ging. Liebe Lotte behalte mich immer so gern als ich dein bin. Ich muß den Brief schliesen Schicke dir allerley und bitte dich mein zu gedencken.

Grüse die Kleine[151] und Fritzen.

G.

Die sehr unterhaltenden physikalischen Experimente haben mich gestern Abend recht geängstigt, weil ich mein Wort nicht halten und zur rechten Zeit bey meiner besten seyn konnte. Ich Zähle drauf daß du heute mit mir essen und diesen Nachmittag bey mir bleiben wirst. Gegen Abend lad ich Herders ein damit wir noch zusammen leben. Adieu beste. Nur deine Stimme zu hören war mir schon Freude. Lebe wohl.

d. 6. Aug. 1784. G.

Zellerfeld d. 11. Aug. 84.
Wäre ich weiter von dir, nur auf einer sicherern Postroute, entfernt, so hätte ich Hoffnung daß dieser Brief schneller als ietzo geschehen wird zu dir kommen könnte. Wir sind hier glücklich angelangt und haben das schönste Wetter, besteigen die Berge und sehen uns in der weiten Welt um, du hast ausser den Steinen

keine Nebenbuhlerinn und ich wünschte dich zu denen schönen Tagen hierher.

Du hast nun ich hoffe den Anfang des Gedichtes den ich dir durch Herders schickte, du wirst dir daraus nehmen was für dich ist, es war mir gar angenehm dir auf diese Weise zu sagen wie lieb ich dich habe.

d. 13ten früh.

Gestern sind wir von Morgens fünfe in Bewegung gewesen und haben noch Abend mit einem Soupee beym Berghauptmann von Reden geendigt ich schreibe dir dieses unterm Frisiren, denn heute giebts wieder Bewegung genug. Es wird in die Gruben eingefahren ein beschweerlicher Weg der mir sehr lehrreich seyn wird. Auf Höhen und in Tiefen schicke ich dir meine Gedancken zu und freue mich die Berge wieder zu sehen, die ich schon vor Jahren mit Sehnsucht zu dir im Herzen bestiegen habe. Meine Gedancken gehen immer darauf dir was ich gesehen zu erzählen oder dir etwas zu dichten das dich erfreuen könnte. Ich dencke fleisig an den Plan des Gedichtes[152] und habe ihn schon um vieles reiner, wenn uns Regenwetter oder sonst ein Unfall begegnet, so fahre ich gewiß weiter fort. Ich kann dir versichern daß ausser dir Herders und Knebeln ich ietzt gar kein Publikum habe. Krause zeichnet ganz fürtrefflich und ich bin recht glücklich daß ich dir die schönen Gegenstände so schön gezeichnet mitbringen kann, mit meinen Spekulationen gehts immer vorwärts und ich komme gewiß und balde auf den rechten Punckt. Das Wetter ist ganz köstlich, und es fehlt mir nichts als Briefe von dir. Mögtest du diesem Blatt recht anfühlen wie lieb du mir bist und wie meine einzige Aussicht, ich mag eine Höhe ersteigen welche ich will, dein süser Umgang bleibt.

d. 13. Nachts.

Heute Abend hoffte ich mich recht mit dir zu unterhalten ich hoffte um 3 Uhr zu Hause zu seyn, und verschiednes zu arbeiten. Jetzt ists eilfe und ich kann dir nur eine gute Nacht sagen. Gute Nacht Lotte erinnre dich wie offt ich dir eine herzliche gute Nacht geboten habe.

d. 14. früh.

Ich muß dir wieder unter dem Frisiren schreiben und es wird wohl ziemlich das lezte seyn. Heute geht es nach einem hohen Berge wo eine schöne Klippe zu sehn ist und morgen nach Goslar hinunter.

Es ist hier so viel interessantes daß ich wohl eine Zeit hier bleiben und mich unterrichten mögte, mein Lottgen müsste aber auch in Zellerfeld wohnen daß ich sie Abends fände wenn ich müde nach Hause käme.

In meinen Spekulationen bin ich auch glücklich, ich finde überall was ich suche und hoffe den Ariadneischen Faden balde zu besitzen mit dem man sich aus diesen anscheinenden Verworrenheiten herauswinden kann.

Abends.

Nur noch eine gute Nacht! Liebste Lotte. Morgen früh gehts zeitig von hier ab nach Goslar. Krause hat heute wieder sehr schön gezeichnet und wenn ich die Gegen-

stände die wir sehen auf seinem Papiere wachsen sehe,
freu ich mich nur immer daß ich dir sie werde zeigen
daß ich dir ein Theil an unsern schönen Stunden geben
kann.

Ich habe keine Sorge als dich zu verlieren, und wenn
ich dencke daß du mir bleibst, scheint mir alles in
der Welt auszuhalten, habe ich auch Muth zu allem.

An dem Gedichte habe ich hin und her gesonnen, geschrieben nichts wieder.

Die Operette[153] ist auch bald fertig, daran mache ich
eine Arie oder ein Stück Dialog wenn ich sonst gar
zu nichts tauge.

Adieu liebste Lotte, nun fangen mir an deine Briefe zu
fehlen, vielleicht finde ich etwas in Braunschweig.

Du erhälst von daher auch bald Briefe von mir. Lebe
wohl, liebe mich.

G.[154]

Elbingerode d. 6. Sept. 84.

Von den Fesseln des Hofs entbunden in der Freyheit
der Berge, bey dem schönsten Wetter noch ein Wort
zu dir.

Der Herzog hatte einen unüberwindlichen Trieb nach
Dessau, ging und lies mich mit Krausen von Goslar
aus allein auf den Harz zurückziehen. Wir beyde haben dann, uns selbst überlassen, der herrlichsten Tage
recht genossen, sind auf dem Brocken gewesen, haben
alle Felsen der Gegend angeklopft, immer begleitet
von dem hellsten Himmel.

Wie deine Liebe mir nah ist mag ich nicht sagen. Vor sieben Jahren schrieb ich dir auch von hier. Nach und nach komm ich immer wieder dahin wo ich schon deiner gedacht mich mit dir unterhalten hatte.

Ich hoffe den 15ten in Weimar zu seyn wäre es möglich dich da zu sehen.

Lebe wohl Lotte. Morgen geht es nach dem Rosstrapp. Krause hat ganz köstliche Dinge gezeichnet. Lebe tausendmal wohl.

G.

Ich kann meiner lieben Lotte nur mit wenig Worten sagen daß ich wieder da bin, daß mir ihre lieben Worte die mich in Alstädt empfangen haben, rechte Nahrung waren deren ich sehr bedurfte. In Langenstein[155] war ich zwey Tage, länger konnt ich nicht bleiben. Von meiner Reise habe ich dir viel zu erzählen, Viel zu zeigen. Ich will dich nicht bitten herein zu kommen, weil ich doch nach Jena muß und sonst Vielerley zu thun habe. Ehe der Herzog zurückkommt kann ich auch nicht zu dir. Ich möchte gar zu gerne die Reise nach Zweybrücken ablehnen und hoffe es soll gehn. Dann wollen wir glückliche Tage zusammen zubringen. Daß dir mein Gedicht so lieb ist wird mich anfeuern es fortzusetzen wie mir es möglich ist.

Dein Zahnweh betrübt mich und macht mich mit dir leiden, es ist gewiß die feuchte Lufft von Kochberg die es verursacht. Richte aus was du auszurichten hast und mache daß du wieder herein kommst. Es ist dir gewiß besser.

Lebe wohl ich habe eine recht herzliche Sehnsucht nach dir, und dancke dir tausendmal für deine Liebe. Lebe wohl.

Ich habe viel zu thun gefunden und bin schon zerstreut. Vielleicht kommt Fritz Jakobi noch[156]. Lebe tausendmal wohl.

    d. 16. Sept. 84.   G.

Lebe noch tausendmal wohl liebe Lotte. Wie glücklich wäre ich gestern gewesen, wenn du dich ganz wohl befunden hättest. Sage mir ob das Übel vorbey ist. Alle meine Freuden verreisen mit dir. Lebe wohl und komme ia bald zurück.

    d. 20. Oktbr. 1784.   G.

Es geht ein Bote und ich kann dir einen Morgengrus schicken. Es ist nicht gut, daß du so lange aussenbleibst, ich habe Mutter und Vaterland um deinetwillen zurückgesetzt und nun muß ich diese Tage allein zu bringen. Daraus kann nichts guts entstehen. Ohne dich ist mir das Leben nur eine Träumerey, und wenn ich dich missen sollte müsste ich eine völlige Umkehrung meines Haushaltes machen.

Komm ia bald Geliebteste. Und Lebe recht wohl.[157]

    d. 28. Oktbr. 1784.   G.

Sehr willkommen ist mir der Strahl des Lichtes den du mir sendest. Der Tag ist nichts weniger als elecktrisch und meine Beschäfftigungen dazu, die alle Säffte stokken machen, und alle natürliche Wärme einsperren. Liebe mich, so wird mirs wohl werden und bleiben. Gegen Abend seh ich dich.

d. 6. Nov. 84.   G.

Heute hab ich dir zum trüben Tage nichts anmutiges zu schicken, du must auch die Mittelgattungen annehmen. Sag mir ein Wort. Diesen Abend sind wir wohl zusammen. Wenn ich mich nicht schämte brächt ich meine Ackten zu dir und brächte den ganzen Tag bey dir zu.

d. 25. Nov. 1784.   G.

Ich habe groses Verlangen mit meiner Geliebten zu essen ich werde deswegen den Überrest des Ferckels schicken damit er auf dem Roste auch gebraten werden kann. Hier der Brief. Adieu.

Eben wollte ich dir noch Glück auf den Weeg wünschen und dich um ein Abschieds Wort bitten. Lebe
wohl du liebste und behalte mich im Herzen. Du bist
mir unentbehrlich und iede leichte Wolcke macht
schon Finsterniß auf meinem Erdboden.

    d. 22. Dez. 1784.   G.

Du bist eine liebe Verführerinn. Ich will mit dir fahren[158]
und das erstemal seit acht Tagen eine frische Lufft in
deiner Gesellschafft geniesen. Liebe mich Adieu.

    d. 13. Febr. 1785.   G.

Ich bin so fleisig und dabey so vergnügt, es geht mir so
gut von statten daß ich meine ich sey gegen sonst im
Himmel. In diesem Paradiese fehlt mir nichts als daß
mein kleines Cabinet dich nicht beherbergt, und mein
Windöfgen dich nicht wärmt. Hier sind Knebels Briefe.
Lebe wohl. Was treibst Du heute.

    d. 19. Febr. 1785.   G.

Ich habe nur zwey Götter dich und den Schlaf. Ihr heilet alles an mir was zu heilen ist und seyd die wechselsweisen Mittel gegen die böse Geister.
Ich gehe gern in die Commödie, und finde dich drinne.
Diesen Nachmittag geh ich zu Seckendorf. Vielleicht

zu deinem Bruder[159]. Lebe wohl du einzige. Mich verlangt recht mit dir zu reden, ich habe vieles.

    d. 15. März 1785.   G.

Ich dancke dir meine Geliebte für den Beystand den mir deine liebe Seele leistet. Es ist nicht gut daß der Mensch allein sey.

Hier ist das erste Cahier[160] von Herder. Lebe wohl ich sehe dich.

    d. 16. März 1785.   G.

Ich bin dir noch Danck für dein Billet von gestern Abend schuldig es hat mich recht sehr gefreut.

Schicke mir doch das Mikroscop ich muß verschiednes ansehn. Ich bin fleisig und habe nun ein Tischgen mit Erde worinn allerley Saamens liegen. Ich habe recht schöne Offenbaarungen über dies Geschlecht. Lebe wohl. Liebe mich und schreibe wie du heute Abend bist und bleibst.

    d. 1. Apr. 1785.   G.

Hier m. gute einen Blumenstock zur Frühe. Wie ist heute dein Tag eingetheilt? Lebe wohl. Sage mir daß du mich liebst.

    d. 4. Apr. 1785.   G.

Ja meine beste, ich habe dich recht lieb und war sehr froh daß es dir gestern Abend bey mir wohl war. Daß ich dich heute sehe ist gewiß. Ob im Conzert, ob nachher weis ich nicht. Es wird auf allerley Zufälligkeiten des Tags ankommen. Eins aber muß ich thun damit ich nicht zu weit von der wahren Gestalt eines Lieb Habers zurückbleibe. Ich schicke dir noch etwas vor Tische. Adieu du gute.

W. d. 6. Apr. 1785.   G.

Ich befinde mich wohl mein lieber Schuzgeist und freue mich deines Wohlseyns. Wir wollen immer zusammen bleiben meine Liebe. Darüber sey ohne Sorge. Gegen Abend komm ich zu dir und wir schwäzen uns recht aus.

d. 20. Apr. 85.   G.

Ich war heut mit Briefschreiben beschäfftigt seit Anfang dieses Monats hatt ich alle Auswärtige vernachlässigt. Morgen will ich nach Jena gehen, wegen der Wasserbaue und andrer Dinge willen. Ich komm vor fünfen, vielleicht balde zu dir. Liebe mich auch abgesondert du einzige.

                         G.

Du schreibst mir gar nicht mehr wenn ich dich nicht auffordere. Wie befindest du dich. Sage mir ein freundlich Wort. Liebe!

　　d. 10. May 85.　　　　　　　　　　　　　　　G.

　　Zwischen 4 und 5. steigt der Ballon[161].

So nahe bey dir Geliebte und die lezten Tage nicht einmal mit dir. Gar groses Verlangen habe ich darnach. Warum kannst du nicht bey mir sitzen indem ich arbeite.

　　　　　　　　　　　　　　　　　　　　　　G.

Meiner Geliebten muß ich durch den zurückkehrenden Postillon einen guten Abend sagen, den sie zum guten Morgen erhalten wird. Wir sind im Regen angekommen und es trieft gewaltig. Fritz mit Voigts ist noch nicht da; sie haben in Stadt Ilm gefüttert. Wir werden mancherley zu thun finden und wollen erst die Stubengeschäffte abthun, bis dahin giebts gut Wetter. Knebel freut sich auf die Berge und in den Bergen, er ist ein gar guter Gesellschaffter. Lebe wohl. Gedencke an mich. Ich liebe dich mit lebhaffter, innig bleibender Liebe und freue mich immer auf die Tage, da ich am Fuse der alten Granit Berge[162] mit dir wohnen werde, wie auf eine himmlische Aussicht. Lebe wohl.[163]

　　Ilm[enau] d. 2. Jun. 85.　　　　　　　　　　G.

Dieses Blat soll dich in Carlsbad bewillkommen, wo du wohl keinen Brief von mir erwartest. Wenn du ihn erbrichst rücke ich dir schon näher und habe lange so keine freudige Aussicht gehabt als dich zwischen den Bergen zu finden. Sorge daß wir nicht weit auseinander wohnen und daß wir zusammen essen können. Ich wünsche dir schönes Wetter und Gesundheit. Lebe wohl. Liebe mich ich bleibe dein.

Hierbey ein Liedgen[164] von Mignon aus dem sechsten Buche. Ein Lied das nun auch mein ist.

    W d. 20. Jun. 1785.   G.[165]

Noch einen guten Morgen meine Beste und dann sind die guten Tage lange für mich hin. Wenn ich von dir bin fühl ich so recht daß die ganze Freude meines Lebens auf dir ruht. Ein braunes längliches Buch mit Kupfern, Krystallisationen vorstellend liegt in deinem Mahlstübgen, schicke mir es. Lebe wohl ich sehe dich.

    d. 31. Aug. 1785.   G.

Adieu meine Beste, heute Abend bin ich wieder bey dir. Behalte mich lieb.

    d. 17. Oktbr. 85.   G.

Ich gehe und mein Herz bleibt hier. O du gute daß Liebe und Sehnsucht sich immer vermehren soll. Ich habe dich unsäglich lieb und mögte nicht von dir weichen, dich überall wiederfinden. Lebewohl du beste und dencke recht fleisig an mich.

 d. 6. Nov. 85.   G.[166]

               d. 7. Nov.
Das Wetter hat sich gebessert, noch sind Wolcken über den Bergen, der iunge Mond verbirgt sich, ich kann es ihm zulassen, denn eh er voll wird will ich ihn schon wieder an deiner Seite belauschen. O du gute! liebe! Wie hoffe ich daß du mir ein Briefgen zuschicken wirst. Meine Sachen gehen hier sehr gut, wie wünschte ich einmal dich bey schönem Sommerwetter hier zu sehn! Ach werden wir denn auch ie wieder Sommer haben? Noch ist an Wilh[167] nichts geschrieben, aber korrigirt habe ich in dem fertigen. Mit groser Sorgfalt hab ich es durchgegangen und finde doch daß man es noch besser machen könnte. Wills Gott sollen die folgenden Bücher von meinen Studien zeugen.

               d. 8. Nov.
Ich habe heute einen grosen Spaziergang gemacht, den ganzen Graben hinauf, wo mir die Wasser[168], die das Werck treiben sollen, entgegen kamen und zum erstenmal wieder seit vielen Jahren diesen Weeg machten. Alle Arten von Wolcken, Duft, Nebel, Gestöber, Geriesel, Schnee, Graupeln wechselten in der Atmosphäre,

doch war der Morgen freundlich und fröhlich und die Berge sehr schön.

Hier schicke ich dir vom allerschönsten Moos das artigste und beste Stückgen. Wie Albertingen[169] nach Carlsruh ging, fand ich so ein Stück und schenckte es ihr als Zierrath auf den schwarzen Hut. Seit der Zeit habe ich es nicht wieder finden können. Jezt erscheints auf einmal. Wahrscheinlich sind die Tellergen eine Art Befruchtung die in diesem Monat vorgeht, in welchem ich seit mehreren Jahren nicht hier war.

Gute esbare Schwämme bringe ich getrocknet mit, du siehst in welchen Classen der Vegetation ich hier lebe. Ich habe Linnées Botanische Philosophie[170] bey mir, und hoffe sie in dieser Einsamkeit endlich einmal in der Folge zu lesen, ich habe immer nur so dran gekostet.

Ich habe wieder einige artige botanische Ideen, und habe ein Gelübde gethan, diesmal keinen Stein anzurühren.

In meinem guten warmen Stübgen fehlt mir nur deine Gegenwart, alles ist sonst so ruhig und artig. Ein neuer Schreibtisch den ich mir letztes Frühjahr bestellt giebt auch meinem häuslichen Wesen mehr Anmuth und Bequemlichkeit. Es fehlt nichts als der Thee.

Lebe wohl beste. Ich bin ganz und gar dein, nichts scheidet mich von dir.

Grüse die Schwester und Fritzen.

G.

Den ganzen Tag habe ich in Gesellschafft zugebracht
und nun noch ein Wörtgen mit dir.

Lass dich die paar Tage längerer Abwesenheit nicht
reuen, ich komme und eile wo möglich mit vollerer
Seele zu dir zurück.

Wie glücklich werde ich seyn dir ausdrucken zu können wie sehr ich deinen Werth fühle und wie allein
du vor allen Wesen der Welt mich glücklich machen
kannst.

Die Schicksale meiner Wanderschafft werden dich,
wenn ich sie dir erzähle, mehr davon überzeugen, als
die wärmsten Versicherungen kaum thun können. Ich
bin dein und muß dein seyn. Alles leitet treibt, drängt
mich wieder zu dir. Ich mag nichts weiter sagen.

Dienstag Abend bin ich wieder bey dir wenn nichts
sonderliches vorkommt. Ich bin schon bey dir, mein
Herz verzehrt sich für dich.

G.

Ich bin wohl und freue mich deiner Liebe. Wärest du
auch nur wieder hergestellt.

Ich kann dich nicht begleiten. Ich bin im dicktiren begriffen und muß noch vor Tische damit fertig werden.
Lebe wohl es thut mir sehr leid dich allein auf dem Spaziergang zu wissen.

    d. 29. Nov.   G.

Was hat meine liebe heute vor daß ich meinen Abend darnach einrichten kann.

d. 3. Dez. 85.   G.

Ich muß dir noch einen guten Morgen geben und dir für deine Zärtlichkeit und treue Liebe dancken. Leb wohl du süse mein Herz bleibt bey dir.

d. 11. Dez. 85.   G.

Ich wusste wohl am heil. Abend daß ich dir noch etwas zu bescheeren hatte, konnte mich's aber nicht besinnen. Hier schick ich's nach. Ich sehe dich nicht vor dem Conzert. Wenn du daraus zurück kehrst findest du mich.

d. 26. Dez. 85.   G.

Guten Morgen Geliebte. Ich bleibe zu Hause und richte mich ein. Gebe uns der Himmel ein gutes Jahr. Ich liebe dich herzlich. bleibe mir wenn auch ietzt getrennter als sonst[171], das mir offt fast zu schweer wird. Lebe wohl. ich bin dein.

d. 1. 86.   G.

Wie vergnügt ich war dich wieder gestern zu besitzen kann ich dir nicht ausdrücken, da ich um dich zeither so viel Unruhe gehabt habe.

Hier ist der Kalender Lebe wohl.

    d. 4. Jan. 86.   G.

Herders kommen und also erwarte ich meine liebste auch. Wäre es hell Wetter so lüd ich dich auf einige Mikroscopische Betrachtungen früher ein. Lebe wohl. Stein kommt doch auch.

    d. 19. Jan. 86.   G.

Den ganzen Morgen hofft ich auf ein Wort von dir. Du erfüllst diesen Wunsch du Gute. Habe du nur mit mir Geduld und laß dich nicht irren wenn mir's manchmal fatal wird. Du bist mein bestes. Das einzige recht zuverlässige auf Erden. In die Comödie[172] will ich gehn.

    d. 18. Febr. 86.   G.

Dieser Tag ist vorbey gegangen ohne daß ich etwas von dir gesehen noch gehört hätte. Ich will denn auch so still für mich endigen. Sag mir ein Wort. Ich war fleisig um das nachzubringen was ich bisher versäumte. Lebe wohl. Liebe mich.

    d. 10. März 86.   G.

Sage mir beste wie es mit deiner Gesundheit ist und daß du an mich denckst und mich liebst.

    d. 12. März 86.   G.

Ich bitte um dein Mikroscop ich will es mit dem meinigen verbinden und einige Beobachtungen machen ich habe Infusionsthiergen von der schönsten Sorte. Heute Abend seh ich dich bey der Imhof. Ich gehe noch erst in die Commödie, halte sie aber nicht aus. Liebe mich.

    d. 16. März 86.   G.

Wie befindet sich meine beste. Es war mir gestern eine rechte Freude dich vergnügt bey mir zu sehn. Es schien mir auch als wenn du mich recht lieb hättest. Heute hab ich viel zu thun, gehe auch gegen Abend zur Herzoginn Mutter. Dann seh ich dich wenigstens einen Augenblick, ich mögte gern an meinem Werckgen schreiben.

    d. 29. März 86.   G.

Ich bin immer im stillen bey dir und habe nie sehnlicher gewünscht mit dir unter Einem Dache zu seyn als ietzt. Ich fange nun wieder an zu zeichnen und will wenigstens auf dem Papier leben. Mein Backen ist noch ein wenig dick ohne Schmerz wenn ich dich doch recht wohl wüsste.

d. 9. Apr. 86.   G.

Ich wünsche dir und mir Glück zum schönen Wetter. Wenn die Sonne Donnerstags so aufgeht so wird sich Merkur gar schön präsentiren. Liebe mich und lebe wohl. Ich habe dich herzlich lieb du einziges Wesen dessen Zärtlichkeit kein *qui pro quo* zu lässt. Adieu.

d. 2. May 86.   G.

Nimm doch ja Fritzen mit.

Wie danck ich dir meine Liebe für das Briefgen, ich bin hier still und wohl. Ich habe einige Geschäffte besorgt und den Wissenschafften obgelegen. Algebra ist angefangen worden, sie macht noch ein grimmig Gesicht, doch dencke ich es soll mir auch ein Geist aus diesen Chiffern sprechen, und wenn ich den nur einmal vernehme; so wollen wir uns schon durchhelfen. Einige botanische Kenntnisse sind auch zugewachsen und so gehts dann immer weiter.

Behalte mich nur recht lieb. Über Ernsten[173] bring ich Starckens Meynung[174] mit.

Die Engländer[175] finden sich hier ganz wohl. Sie haben ein schönes Quartier bey Griesbach bezogen und scheinen eine gute Sorte Menschen.

Knebel grüßt und hofft auf eine Übung zur Italiäni-

schen Sprache. Ich habe eine Stunde bei Valenti[176] mit
abgewartet er hat eine gute Methode.

Mein Mund ist besser, ich hoffe bald wieder menschlich auszusehn.

An Wilhelm hab ich geschrieben und bey ieder Seite
hoffe ich auf die Freude sie dir vorzulesen. Einige Sorge
hab ich doch für dieses Buch.

Lebe wohl Liebe mich wie du mir im Herzen bist und
bleibst.

Grüse Fritzen und Stein und Ernsten und die schwe-
sterliche Liebe. Adieu.

    Jena d. 21. May 86.   G.

Ich bin gestern zu Hause geblieben, und werde auch
heute vor Abend nicht auskommen. Ich muß ernst machen sonst bleiben viele Sachen liegen, da ich Sonntag
oder Montag nach Ilmenau gehe. Bey Imhofs[177] seh ich
dich und freue mich darauf. Liebe mich! Am meisten freu ich mich auf unser Zusammenseyn im Carls-
bade.

    d. 8. Juni 86.   G.

Durch den Cammersekretair Güsfeld[178], der von hier
abgeht kann ich meiner Geliebten ein Wort zu bringen
und ihr sagen daß ich recht wohl bin. Meine Sachen
gehn so fort und ich habe Heiterkeit genug ihnen nach-
zugehen und nach zu helfen. Das schöne Wetter hilft

zu allem. Ich hab auch den Triumph der Empfindsamkeit[179] bearbeitet und frisch abschreiben lassen, ich dencke er soll nun producibler geworden seyn und eh gewonnen als verlohren haben. Wie lesbar mir das Buch der Natur wird kann ich dir nicht ausdrücken, mein langes Buchstabiren hat mir geholfen, jetzt ruckts auf einmal, und meine stille Freude ist unausssprechlich. Soviel neues ich finde, find ich doch nichts unerwartetes es passt alles und schliest sich an, weil ich kein System habe und nichts will als die Wahrheit um ihrer selbst willen.

Wie sich das nun vermehren wird daran denck ich mit Freuden. Behalte mich nur recht lieb damit ich von dieser Seite des gewohnten Glücks nicht entbehre.

Ernst liegt mir am Herzen[180], besonders wenn ich dencke was ich den Sommer mit ihm vorhatte. Grüse ihn. Auch Fritzen und Stein und die Schwester.

Lebe wohl. Wenn das Wetter schön bleibt geh ich wohl über Gotha nach Hause, und komme Dienstags an. Dann wollen wir uns zur Reise bereiten. Adieu Geliebte. Wenn du doch Wielanden[181] dein Exemplar der Iphigenia zum Durchgehen schicktest, er weis schon was er damit soll. Die kleinen Gedichte hab ich unter allgemeine Rubricken gebracht. Lebe wohl und liebe.

    d. 15. Jun. 86.   G.

Empfiel mich dem Herzog und melde daß ich über Gotha zurückgehe.

Thu meine Liebe was und wie dir's recht ist und es soll mir auch so seyn. Behalte mich nur lieb und laß uns ein Gut, das wir nie wiederfinden werden, wenigstens bewahren, wenn auch Augenblicke sind wo wir dessen nicht geniessen können.

Ich korrigire am Werther[182] und finde immer daß der Verfasser übel gethan hat sich nicht nach geendigter Schrifft zu erschiesen.

Heute Mittag ißt Wieland mit mir, es wird über Iphigenien Gericht gehalten u. s. w. Lebe wohl und liebe.

    d. 25. Jun. 86.   G.

Mittwoch d. 12ten Jul. So weit sind wir und noch alles stille; es ist eine gute Geduldsprobe[183] für uns alle. Stein[184] hat die besten Hoffnungen und für Mutter und Kind sind wir ruhig. Sehr sonderbar ists mir daß ich durch diese Verzögerung gebunden werde, da ich aber einmal auf diese Entbindung wie auf einen Orackelspruch compromittirt habe; so soll mich nichts zur Unruhe, nichts ausser Fassung bringen. Es scheint ich werde gezwungen Lavatern zu erwarten, es kommen Briefe an ihn schon bey uns an. Wie gerne wär ich ihm auf seinem apostolischen Zug aus dem Wege gegangen, denn aus Verbindungen, die nicht bis in's innerste der Existenz gehn, kann nichts kluges werden. So wie ich dein bin, ists die alleinige Freude iemanden anzugehören; wenn ein Verhältniß nicht aufgehoben werden kann.

Was hab ich mit dem Verfasser des Pontius Pilatus zu

thun, seiner übrigen Qualitäten unbeschadet. Wir wollens abwarten und unser Auge Licht seyn lassen.[185]
Friz setzt sich eben zu mir und läßt sich gekochte Kirschen mit einer recht süßen Sauce herrlich schmecken; er grüsst dich da er hört daß ich an dich schreibe und will auch ein Blatt beylegen. Es sind auch schöne Kirschen und Melonen angekommen, wie sehr wünscht ich sie dir. Ich will sie der Schwester schicken damit die sich erfreue die deine Abwesenheit so sehr fühlt.
Fritz freut sich sehr daß ich ihn an's Camin zu mir sitzen lasse, das nicht immer gestattet wird weil er unruhig ist und Unfug macht. So sitzen wir zusammen, die deinigen.

Freytag d. 14ten.

So geht ein Tag nach dem andern hin und Geburt stockt mit der Wiedergeburt. Diese Tage sind noch an Begebenheiten schwanger, der Himmel weis ob es gute Hoffnungen sind.
Im Vertrauen! – Herder ist sondirt worden ob er einen Ruf nach Hamburg an die Ober-Pfarrerstelle annähme. Er will es nicht ablehnen, und ich kann nichts dagegen sagen. Er verbessert sich nicht, aber er verändert sich doch, und seines Bleibens ist hier nicht. Laß niemanden nichts mercken, es ist auch noch entfernter Antrag. Ich verliere viel wenn er geht, denn ausser dir und ihm wäre ich hier allein.
Ich habe viele, viele Gedancken und bin ein wenig dunckel drum wirst du heute nicht mehr von mir hören.
Lebe wohl. Grüse die zu grüsenden. Ich mag gar nicht dran dencken wie viel Zeit von deiner Curzeit ver-

streicht. Richte dich ia ein, daß du mit mir noch bleiben kannst.

Ich höre ungern auf, muß aber doch enden denn es
wird späte. Leb wohl und liebe.

G.

Ich muß für meine Geliebte einen Brief in Schneeberg[186] lassen, denn sie wird ihn früher erhalten als
wenn ich von Carlsbad schriebe. Hier habe ich viel interessantes gesehen, nur zuviel für die zwey Tage und
doch mag und will ich nicht länger, ich will von meinem Vorsatze nicht abgeleitet seyn.

Heute früh lies ich beym Einfahren in die Grube deinen Ring vom Finger, es fehlte mir immer etwas, so
ist mir's auch da mir deine Gesellschafft fehlt und
ich dir immer etwas zu sagen habe. In der Mineralogie
kann ich ohne Chymie nicht einen Schritt weiter das
weis ich lange und habe sie auch darum Beyseite gelegt, werde aber immer wieder hineingezogen und ge-
rissen. Es ist mir recht bunt im Kopfe von den vielen
Ideen der zwey Tage.

Du bist nun zu Hause und es regnet wie ausgiesend.
Wenn die Geister nicht besondere Anstalten machen
kann ich morgen den Felsen von Neideck nicht zeichnen, worüber ich in sehr üblen Humor gerathen werde.
Nun lebe wohl und liebe mich, eh ich von Carlsbad gehe schreib ich dir, ich bin dir herzlich nah. Du solltest
immer mit mir seyn, wir wollten gut leben.

Schneeberg d. 16. Aug. 86.   G.

Nun geht es mit mir zu Ende meine Liebste, Sonntag d. 3ten S. denck ich von hier wegzugehn. Die übrige Gesellschafft bleibt wohl noch bis d. 11ten und dann geht alles miteinander. Sie haben meinen Geburtstag gefeyert, die Waldner soll dir alles erzählen wie es war und die Gedichte und Geschencke mitbringen; du hebst mir sie auf bis ich wiederkomme. Die Asseburg[187] hat im Nahmen der Vögel, als Papagey, eine recht artige Gratulation gemacht, die einen guten Ton hat und überhaupt wohl gerathen ist.

Sonst sind wir fleisig, Herder hilft treulich und bis den Sonnabend ist alles fertig; mir wird recht wohl seyn wenn ich im Wagen sitze. Zuletzt wards zu toll, das Pensum war zu gros. An der Iphigenie ist viel geändert worden. Sie wird noch einmal abgeschrieben. Ich bin recht wohl, die andern meist auch. Die Waldner hat bessere Hoffnung.

Wann werd ich nun wieder von dir hören. Ich bin mit ganzem Gemüthe dein und freue mich des Lebens nur in dir. Von hieraus schreib ich dir noch einmal. Grüse Fritzen und die deinen.

G.

Nun noch ein Lebewohl von Carlsbad aus, die Waldner soll dir dieses mitbringen; von allem was sie erzählen kann sag ich nichts; das wiederhohl ich dir aber daß ich dich herzlich liebe, daß unsre letzte Fahrt nach Schneeberg mich recht glücklich gemacht hat und daß deine Versichrung: daß dir wieder Freude zu meiner

Liebe aufgeht, mir ganz allein Freude ins Leben bringen kann. Ich habe bisher im Stillen gar mancherley getragen, und nichts so sehnlich gewünscht als daß unser
Verhältniß sich so herstellen möge, daß keine Gewalt
ihm was anhaben könne. Sonst mag ich nicht in deiner Nähe wohnen und ich will lieber in der Einsamkeit
der Welt bleiben, in die ich ietzt hinausgehe. Wenn meine Rechnung nicht trügt; kannst du Ende September
ein Röllgen Zeichnungen von mir haben, die du aber
niemanden auf der Welt zeigen mußt. Du sollst als-
dann erfahren wohin du mir schreiben kannst. Lebe
wohl! Gieb Fritzen inliegendes. Grüse Ernsten, Steinen, die Schwester und laß niemand mercken daß
ich länger aussenbleibe. Liebe mich, und sage mirs damit ich mich des Lebens freuen könne.

d. 1. Sept. 86. G.

Die vier ersten Bände recht auszuputzen hat noch viele
Mühe gemacht; sogar Iphigenien nehm ich noch auf
die Reise mit. Herder hat sehr treulich geholfen, und
über das Ende Werthers ist die Sache auch entschieden. Nachdem es Herder einige Tage mit sich herum-
getragen hatte, ward dem Neuen der Vorzug einge-
räumt. Ich wünsche daß dir die Verändrung gefallen
und das Publicum mich nicht schelten möge. Liebe
mich herzlich und mit Freude mein ganz Gemüth ist
dein. Du hörst bald von mir, Adieu.

Morgen Sonntags d. 3ten Sept. geh ich von hier ab, niemand weiß es noch, niemand vermuthet meine Abreise so nah.

Ich muß machen daß ich fortkomme, es wird sonst zu spät im Jahr.

Die Gesellschafft ist noch recht artig hier, die Lanthieri[188] gar gut und brav. Sonst geh ich nicht aus, und habe mich der Prinzess nur Einmal präsentirt. Der Herdern hab ich die P h i l i n e n[189] Silhouette recht ernstlich gezeigt und sie sehr neugierig gemacht. Verrathe es ja nicht.

Wenn du ein Packet oder eine Rolle von mir erhälst; so mache sie nicht in Gegenwart andrer auf, sondern verschließ dich in dein Kämmerlein. Vogel bringt dir noch ein Päckgen mit, von dem gilt es noch nicht.

Nachts eilfe.

Endlich, endlich bin ich fertig und doch nicht fertig denn eigentlich hätte ich noch acht Tage hier zu thun, aber ich will fort und sage auch dir noch einmal Adieu! Lebe wohl du süses Herz! ich bin dein.

d. 2. Sept. 86.   G.[190]

Wir können einander nichts seyn
und sind einander zu viel ...

Erzählen wir die Geschichte von Anfang an. Am 7. November 1775 kommt Goethe, sechsundzwanzig Jahre jung, auf Einladung Carl Augusts in Weimar an. Zwei Monate zuvor, am 3. September, hat der Achtzehnjährige die Regentschaft des kleinen thüringischen Herzogtums Sachsen-Weimar-Eisenach übernommen.

Bereits in den ersten Tagen lernt Goethe Charlotte von Stein kennen. Die Begegnung findet im Stadthaus der Familie von Stein in der Scherfgasse statt, vermutlich ist es der 11. November, vermutlich begleitet Herzog Carl August den Ankömmling.

Beide, Charlotte von Stein und Goethe, wissen bereits voneinander. Johann Georg Zimmermann hat letzterem in Straßburg ihre Silhouette gezeigt, wohl auch von ihr erzählt. Daraufhin verfaßt Goethe für Lavaters »Physiognomische Fragmente« einen die Unbekannte charakterisierenden Text. Es ist gewiß kein wirkliches Interesse an der lebenden Person, folgt mehr einer Zeitmode, ist ein Gesellschaftsspiel. Neben ihrem Schattenriß versucht er sich auch an dem der Marquise von Branconi. Urteilt er über diese unter anderem: *Siegt mit Pfeilen*, so steht bei Frau von Stein: *Siegt mit Netzen*.

Charlotte von Stein dagegen ist neugierig auf Goethe. Hat sie doch, tief beeindruckt und aufgewühlt, seinen Roman »Die Leiden des jungen Werthers« gelesen und Zimmermann schon ein Jahr zuvor nach dem Verfasser gefragt. Hat die Antwort sie verstört oder fasziniert? Goethe sei *ein großes Genie*, aber *ein furchtbarer Mensch*, schreibt er, und zudem *den Frauen gefährlich*. Gibt ihr Lavaters Urteil wieder: *Insgeheim habe der Mensch nur eine Seele, Goethe aber hat hundert.* Und von Wieland mag sie gehört haben, was Jacobi ihm schrieb: Goethe sei *ein außerordentliches Geschöpf Gottes ... Genie vom Scheitel bis zur Fußsohle; ein Besessener ... dem fast in keinem Fall gestattet ist, willkürlich zu handeln.* Und was hat ihr Ehemann Josias von Stein, der die Weimarer Prinzen auf ihrer Kavalierstour begleitete und Zeuge ihrer Begegnungen mit dem Verfasser des »Werthers« war, ihr über Goethe berichtet?

Nun ist er da, sie stehen sich leibhaftig gegenüber. Sie gibt sich wohl abwartend, kühl, freundlich distanziert, höfisch eben. Verbirgt ihre Gefühle. Er dagegen scheint sich augenblicklich in sie verliebt zu haben; ihre grazile Erscheinung, die großen dunklen Augen, ihre sanfte Stimme, der vollendete Umgangston, ihre Häuslichkeit, vielleicht ihre drei kleinen Söhne in der Nähe. Vom ersten Tag ihrer Begegnung an muß Goethe sie mit stürmischen Werbungen bedrängt haben.

In seiner jugendlichen Selbstgewißheit geht er wohl davon aus, daß seine Gefühle spontan erwidert werden. Als er – kaum vier Wochen in Weimar – Charlotte

von Stein erstmals auf ihrem Landsitz auf Schloß Kochberg bei Rudolstadt besucht, ritzt er in die Schreibplat-
te ihres Sekretärs im großen Eckzimmer seinen Namen
und das Datum seines Hierseins: *Goethe d. 6. Dez. 75.*
Tagtäglich muß der Blick Charlottes darauf fallen. Gewiß, auch dies ist eine Mode der Zeit. Dennoch, sich
so das Erinnern erzwingend, läßt auf großes Selbst-
bewußtsein schließen, man kann es auch unverfroren
nennen.

Goethe, der Gast am Weimarer Fürstenhof. Der junge
Regent ist erst wenige Monate im Amt. Von ernsthaf-
ten Regierungsgeschäften ist zunächst wenig die Rede,
Carl August genießt die Verführungen seiner Macht,
er reklamiert den rebellischen Gestus der Stürmer und
Dränger für sich, will alles anders und neu machen.

Das *philisterhafte Weimar* werde *plötzlich geniali-
siert, alles* komme *aus den Fugen*, heißt es nach Goethes Ankunft. Man schießt im Gang des Fürstenhauses
mit Pistolen, knallt auf dem Marktplatz mit der Peitsche. Ein undatiertes *Zettelgen* Goethes an Charlotte
von Stein, wohl aus den ersten Wochen, belegt, daß
er sich durch einen Peitschenhieb am Auge verletzt
hat, er entschuldigt sich für *das einaugige Gekrizzel
zu Nacht.* Der Herzog und seine Freunde reiten wie
wild, stecken *zusammen nakend im Fluß und treiben
des Teufels Lermen.* Weit über Weimar hinaus erzählt
man sich vom wilden Treiben des Kreises um den jungen Herzog. Auch zu Klopstock dringen solche Nachrichten; er schreibt einen mahnenden Brief an Goethe,
weist ihn auf seine erzieherische Verantwortung dem

Fürsten gegenüber hin. Wieland dagegen – Augenzeuge der Vorgänge in Weimar – wiegelt ab. *Glauben Sie,* versichert er Gleim, *von allem Bösen was die Dame Fama von Weimar und dem Herzog und Goethen und der ganzen Wirtschaft aus ihrer schändlichen Hintertrompete in die Welt hineinbläst, kein Wort!*

Und Goethe selbst?

Er stürzt sich in das neue Leben, genießt seinen Eintritt in die ihm fremde adlige Welt. Aufatmend löst er sich vom bürgerlichen Frankfurt, seinem Dasein dort voller Absturzängste und Unruhe, entfernt sich von seiner Anwaltspraxis, den Erwartungen seines Vaters. Die Freie Reichsstadt scheint ihm nun als *Nest,* vom *unthätige⟨n⟩ Leben zu Hause wo ich mit der grössten Lust nichts thun kann,* spricht er, erinnert sich seiner Verzweiflung, die ihn schreiben ließ: *O wenn ich jetzt nicht Dramas schriebe ich ging zu Grund.*

Wie in einem Rausch scheint er die erste Zeit in Weimar *im Treiben und Weben des Hofs* verbracht zu haben. Johanna Fahlmer berichtet er: *Wie eine Schlittenfahrt geht mein Leben …* Von einer *Schule* ist die Rede, die seinem *Leben neuen Schwung* gebe. Bereits zwei Monate nach seiner Ankunft, am 5. Januar 1776, gesteht er seinem vertrauten Freund Johann Heinrich Merck: *Ich bin in der wünschenwerthesten Lage der Welt, ich habe glücklichen Einfluß und genieße und lerne … Ich werde auch wohl dableiben … Ich hab nun auch ein paar Herzogthümer vor mir, ein Schauplatz, um zu versuchen, wie einem die Weltrolle zu Gesichte stünde …* Zugleich macht er sich keine Illu-

sionen, ist sich des *durchaus Scheißige⟨n⟩ dieser zeitlichen Herrlichkeit* bewußt.

Der Zwiespalt, einerseits wird er mit heftigem Widerstand eines Teils der Hofgesellschaft gegen ihn konfron-
tiert, die bösen Urteile aus der *schändlichen Hintertrompete,* die Klopstock und Gleim zu Ohren kommen,
andererseits erlebt er Sympathieströme, die Begeiste-
rung, die er in Weimar auslöst. Beim jungen Regenten,
der Herzogin, der Herzogin-Mutter. Wieland äußert
bereits am 15. November: *Goethe, den wir seit neun
Tagen hier besitzen, ist das größte Genie und der beste, liebenswerteste Mensch, den ich kenne.* Und: *Goethe lebt und regiert und wütet und gibt Regenwetter
und Sonnenschein ..., und macht uns alle glücklich,
er mache, was er will.*

Wesentlich genauer und mit scheinbar kühler Distanz
urteilt die Weimarer Hofdame Charlotte von Stein. Am
24. März 1776 schreibt sie dem Arzt Zimmermann, ihrem Vertrauten während ihrer Kuraufenthalte in Bad
Pyrmont: *Goethe ist hier ein Gegenstand der Liebe
und des Hasses, Sie werden begreifen, daß es viele
grosses têtes* (Großkopfige) *gibt, die ihn nicht verstehen.* Sie spielt auf konservative Hofkreise an, repräsen-
tiert von Graf Görtz und Staatsminister Fritsch. Letz-
terer, seit fünfundzwanzig Jahren im Amt, droht mit
Demission, als Carl August Goethe in die Regierung
berufen will. Der Fürst weist ihn scharf zurück: *Sein
Kopf und sein Genie sind bekant ... Einen Mann
von Genie nicht an den Ort gebrauchen, wo er seine*

außerordentlichen Talente nicht gebrauchen kann, heißt, denselben zu mißbrauchen ...

Ein *Gegenstand der Liebe und des Hasses* sei Goethe. Im Fortgang des Briefes gibt Charlotte ihre scheinbar objektive Berichterstattung auf, wechselt die Perspektive, versetzt sich in Goethe, erklärt, was er falsch macht und welche Veränderungen in seinem Verhalten sie erwartet. *Ich wünschte*, schreibt sie, *er mögte etwas von seinem wilden Wesen darum ihn die Leute hier so schief beurteilen ablegen ...* Dann erklärt sie dieses *wilde Wesen: das im Grund zwar nichts ist, als daß er jagt, scharf rei't, mit der großen Peitsche klatscht, alles in Gesellschaft des Herzogs.* Darauf folgt der erstaunliche Satz: *Gewiß sind dies seine Neigungen nicht; aber eine Weile muß er's so treiben, um den Herzog zu gewinnen und dann Gutes zu stiften.*

Sie entschuldigt ihn, seine *Wildheit* dient einem höheren Zweck. Hören wir da nicht Goethe sprechen? Sein Programm der Erziehung des jungen Fürsten: *Es ist ein wunderbaar Ding ums Regiment dieser Welt, so einen politisch moralischen Grindkopf nur halbe weege zu säubern und in Ordnung zu halten.*

Charlotte von Stein identifiziert sich mit Goethes Ziel: *Gutes zu stiften;* aber auf dem Weg dahin sieht sie viele Hindernisse. *Ich habe erstaunlich viel auf meinem Herzen, das ich den Unmenschen sagen muß,* fährt sie in ihrem Brief an Zimmermann fort. *Es ist nicht möglich, mit seinem betragen kömmt er nicht durch die Welt; ... unanständ'ges Betragen mit Fluchen, mit pöbelhaften niedern Ausdrücken,* beklagt sie.

Auf ein moralisches, sobald es aufs Handeln an-
kommt, wird's vielleicht keinen Einfluß haben; aber
der verdirbt andre. Der Herzog hat sich wunderbar
(im Sinne von wundersam) *geändert. Gestern war er*
bei mir, behauptete, daß alle Leute mit Anstand und
Manieren nicht den Namen eines ehrlichen Mannes
tragen könnten! Daher er auch niemand mehr leiden
mag, der nicht etwas Ungeschliffenes an sich hat. Das
ist nun alles von Goethen ...

Anstand und Manieren sind die Stichworte, sie sind
das, was Charlotte von Stein meisterhaft beherrscht
und nun an Goethe weitergeben will. Ein Erziehungs-
programm ihrerseits?

Nach dem Halbsatz: *Das ist nun alles von Goethen,*
fährt sie fort: *von dem Menschen, der von tausend*
Kopf und Herz hat, der alle Sachen so klar ohne Vor-
urteile sieht sobald er nur will. Der über alles kann
Herr werden, was er will.

Der über alles kann Herr werden ... Ein Anklang an
Wielands enthusiastisches Urteil über Goethe als eine
Art Naturgewalt, er *gibt Regenwetter und Sonnen-*
schein ... und macht uns alle glücklich, er mache, was
er will.

Als sei sie selbst über ihre Aussage erschrocken, als
wolle sie sie zurücknehmen, lautet Frau von Steins näch-
ster Satz: *Ich fühls, Goethe und ich werden niemals*
Freunde, auch seine Art mit unsern Geschlecht umzu-
gehn gefält mir nicht er ist eigentlich was man coquet
nennt es ist nicht Achtung genug in seinem Umgang.

Dann, als bedauere sie das Geschriebene, die Auffor-

derung an Zimmermann: *Zerreißen Sie meinen Brief,*
es ist mir als wenn ich eine Undankbarkeit gegen Goe-
the damit begangen hätte ...

Ihr Schwanken läßt auf emotionale Aufgewühltheit
schließen. Sie selbst straft sich Lügen, denn ihrem apo-
diktischen *Goethe und ich werden niemals Freunde*
steht im ersten Teil des Briefes eine Aussage gegenüber, die zeigt: Sie ist bereits von ihm gefangen, es existiert bereits Nähe zwischen ihnen. *Er –* Goethe *– war*
sehr gut gegen mich, schreibt sie, *nennte mich im Ver-*
trauen seines Herzens Du, das verwies ich ihm mit
dem sanftesten Ton von der Welt, sich's nicht anzuge-
wöhnen, weil es nun eben niemand wie ich zu verste-
hen weiß und er ohnedies oft gewisse Verhältnisse aus
den Augen setzt.

Der *sanfteste Ton der Welt,* und: nur sie *weiß* die intime Anrede *zu verstehen.* Also ist sie erlaubt? Wenn
sie beide allein miteinander sind? Zu dem Zeitpunkt,
da Charlotte Zimmermann schreibt, *Goethe und ich*
werden niemals Freunde, läßt sie den Freund bereits
gewähren. Selbst wenn er sich in ihren Augen wild
und ungestüm verhält, tadelt sie ihn nicht. Auch dazu gibt der Brief ein Beispiel. Charlotte schildert, wie
Goethe mitten im Gespräch unmotiviert aufspringt, das
Zimmer ohne Gruß verläßt: *da springt er wild vom*
Kanape, sagt ich muß fort, läufft ein paar mahl auf
und ab um seinen Stock zu suchen, find ihn nicht, rent
so zur Thüre hinaus ohne Abschied ohne Gute Nacht.
Und sie fügt an: *Schon einige mahl habe ich bittern*
Verdruß mit ihm gehabt das weiß er nicht und sols
nie wißen.

Sie, die Ältere, stellt sich vor ihn, entschuldigt ihn, nimmt fast die Haltung einer Schwester oder Mutter ein. Zum Zeitpunkt als sie den Brief schreibt, erhält sie wohl schon täglich nicht nur mündlich, sondern auch schriftlich von Goethe Zeichen seiner Liebe und Verehrung.

Sollst mich auch ein Bisgen liebhaben, bittet er Charlotte am 29. Januar. Ist *voll Dancks gegen* sie. Nennt sie am 23. Februar *Engel des Himmels.* Und: *Ich muß dir's sagen, du einzige unter den Weibern, die mir eine Liebe in's Herz gab die mich glücklich macht ... Ich liege zu deinen Füssen ich küsse deine Hände.* Nachts *halb 1 Uhr* schreibt er ihr nochmals, wiederholt seine Liebesschwüre: *Du Einzige die ich so lieben kann ohne dass mich's plagt ... All mein Vertrauen hast du, und sollst ... auch nach und nach all meine Vertraulichkeit haben.*

Adieu, heißt es am 4. März – *komm! und laß nur niemand meine Briefe sehen.* Und am 24. dieses Monats, jenem Tag, da Charlotte den Brief an Zimmermann beginnt, den sie zwei Tage später mit einem langen Postskriptum endigt, schreibt Goethe ihr, auf Zeichen der Erwiderung seiner Liebe anspielend: *Ich seh wohl liebe Frau wenn man sie liebt ist's als wenn gesät würde es keimt ohnbemerkt, schlägt auß und steht da ...*

Charlottes abwehrendes *Goethe und ich werden niemals Freunde* ist vielleicht auch eine Schutzbehauptung nach außen hin. Ihre Stellung am Hof. Ihre Ehe.

Sorgt sie sich um ihren Ruf? Dementiert damit vielleicht sich bereits verbreitende Gerüchte?

Zudem kritisiert sie seine *Art, mit unsern Geschlecht umzugehen ...*, nennt ihn abwertend *coquet*.

Eine erste kleine Eifersuchtsregung? Sie will nicht eine unter anderen sein. Belegt ist, daß Goethe viele Bewunderinnen unter den Frauen in Weimar hat, er kokettiert, scherzt auf Redouten und Maskenbällen, ist ein leidenschaftlicher und begeisterter Tänzer. Eine Besucherin der Stadt beobachtet: *Denn alle die von Weimar machen einen Adonis aus ihm, und die Frauen reißen sich ihn aus den Händen, und die, der er den Hof macht, ist ein beneidetes Geschöpf.*

Goethe selbst spricht von seiner *Schwachheit für die Weiber.* Jahre später wird er Charlotte schreiben: *Ich bin und bleibe einmal der Frauen Günstling, und als einen solchen mußt du mich auch lieben.* So unumwunden wird er keineswegs in den ersten Monaten zu ihr gesprochen haben.

Daß eine Nähe zwischen dem bürgerlichen Neuankömmling und der lang gedienten Hofdame im Entstehen ist, bleibt wohl niemandem in Weimar verborgen.

Goethe selbst bekennt sich Dritten gegenüber dazu. Am 14. Februar 1776 schreibt er nach Frankfurt: Er sei an Frau von Stein *geheftet und genistelt.* In diesem Brief an Johanna Fahlmer läßt er seine Verhältnisse in Weimar Revue passieren. Zunächst geht er auf die Frauen ein. An erster Stelle stehen die *Mägdlein. Die Mägdlein sind hier gar hübsch und artig, ich bin gut mit allen.* Dann folgt als zweite Charlotte: *Eine herr-*

liche Seele ist die Frau von Stein, an die ich so was man sagen mögte geheftet und genistelt bin. An dritter und vierter Stelle werden Carl Augusts Frau und dessen Mutter Anna Amalia genannt. *Louise und ich leben nur in Blicken und Sylben zusammen,* berichtet er, *sie ist und bleibt ein Engel. Mit der Herzoginn Mutter hab ich sehr gute Zeiten, treiben auch wohl allerley Schwänck und Schabernack.*

Über die Männer dagegen wird nur summarisch geurteilt: *Sie sollten nicht glauben wie viel gute Jungens und gute Köpfe beysammen sind, wir halten zusammen, sind herrlich unt⟨er⟩ uns und dramatisiren einander, und halten den Hof uns vom Leibe.*

Mit dem *Hof* sind wohl die konservativen Kreise, die *grosses têtes,* gemeint; die Aussage kann sich nur auf die allerersten Monate beziehen, als Carl August der Sinn nicht nach Regierungsverantwortung steht.

Obgleich Goethe seine Situation in Weimar in den schönsten Farben schildert: *ich habe glücklichen Einfluß und genieße und lerne …,* verlassen ihn doch seine Absturzängste aus der Frankfurter Zeit nicht. Noch immer ist er innerlich ein von den Eumeniden Gepeitschter. Das viele Neue, das ihn bestürmt. Der Dämon der Unruhe beherrscht ihn. Seine Seele ist voller Unrast. Was wird aus seiner Dichtung? Weder am »Egmont« noch am »Faust« arbeitet er weiter.

Sehnsucht nach *Friede⟨n⟩.* Davon spricht in wunderbarer Weise ein Gedicht, das drei Monate nach Goethes Ankunft am 12. Februar 1776 am Hang des Ettersbergs entsteht.

Der du von dem Himmel bist
Alle Freud und Schmerzen stillest,
Den der doppelt elend ist
Doppelt mit Erquickung füllest.
Ach ich bin des Treibens müde!
Was soll all die Quaal und Lust.
Süsser Friede,
Komm ach komm in meine Brust.

Er schickt dieses Gedicht Frau von Stein. Wir kennen
es heute als »Wandrers Nachtlied«. Goethe veröffent-
licht es 1780 im in Zürich erscheinenden »Christ-
lichen Magazin« unter dem Titel »Um Friede«. Char-
lotte liest es, gewiß mehrmals. Und sie gibt es ihrer
Mutter. Diese notiert auf die Rückseite des Blättchens
mit dem von Goethe handgeschriebenen Gedicht einen
Bibelvers aus dem Evangelium des Johannes, 14,27:
Den Frieden laße ich euch, meinen Frieden geb ich
Euch; nicht gebe ich euch, wie die Welt giebt. Euer
Herz erschrecke nicht, und fürchte sich nicht.
  Ein Gespräch zwischen Mutter und Tochter über
Goethes Verse? Wie mag die Tochter den Kommentar
der Mutter aufgenommen haben? Nicht Gott, sondern
dem *Friede⟨n⟩* gilt die Anrede Goethes. Aber die Ermu-
tigung: *Euer Herz … fürchte sich nicht.* Und mit dem
Treiben wird sie das des herzoglichen Hofes assoziie-
ren, das sie im Brief an Zimmermann beklagt, Goethe
in Schutz nehmend: … *eine Weile muß er's so treiben,*
um den Herzog zu gewinnen und Gutes zu stiften.
  Quaal und Lust. Dieser *Süsse Friede*, die Sehnsucht
danach, das wundersame kleine *ach*, eingeschlossen in

das zweimalige *komm ach komm in meine Brust*. Ein großes Gedicht, dem er Jahre später auf dem Kickelhahn bei Ilmenau sein *Über allen Gipfel ist Ruh* ... hinzufügen wird, das in der von ihm besorgten Ausgabe von 1789 nach »Wandrers Nachtlied« steht und den Titel trägt »Ein Gleiches«.

Dieses *Der du von dem Himmel bist* ... ist mit Sicherheit das erste Gedicht, das Goethe der geliebten Frau zum Geschenk macht.

Es zeugt von seiner inneren Zerrissenheit. *Unseliges Schicksal das mir keinen Mittelzustand erlauben will*, klagt er in der Frankfurter Zeit seiner Brieffreundin Auguste von Stolberg. *Entweder auf einem Punckt, fassend, festklammernd, oder schweifend gegen alle vier Winde! Seelig seyd ihr verklärte Spaziergänger, die mit zufrieden Anständiger Vollendung ieden Abend den Staub von ihren Schuhen schlagen, und ihres Tagwercks Göttergleich sich freuen* ...

Gehört für Goethe Frau von Stein möglicherweise zu jenen *verklärte⟨n⟩ Spaziergänger⟨n⟩*? Sie lebt in ihrer in sich geschlossenen Welt, akzeptiert sie fraglos. Früh hat sie Selbstbeherrschung gelernt, ist im Verzicht geübt. Nie ist sie aufbrausend, laut, nie verliert sie die Contenance; hält sich stets an die höfische Etikette. Besitzt Taktgefühl, Menschenkenntnis, Lebenserfahrung, all das, was man zum Sichbehaupten innerhalb eines intriganten Hoflebens braucht. Ist sie eine – metaphorisch gesprochen –, die sich am *Abend den Staub von ihren Schuhen* schlägt, eine, die sich eingerichtet, ihr Leben angenommen hat? Sie hat ihm viel voraus, was ihm in der neuen, für ihn ungewohnten Welt des Adels nützlich sein könnte.

Keimt in ihm da jenes fast ein Jahrzehnt pausenlos wiederholte: *Liebe mich und hilf mir leben?* Goethe ahnt in der sieben Jahre Älteren die verborgene Liebesfähigkeit. Ihm bewahrheitet sich, was er einst beim Anblick des Schattenrisses der Unbekannten äußerte: *Sie sieht die Welt wie sie ist, und doch durch's Medium der Liebe.*

Die Faszination des so anderen. Mäßigung statt Wildheit, Beschränkung statt Ausschweifung, im geistigen Sinne gemeint. Könnte diese Frau ihm den ersehnten *Friede⟨n⟩* bringen? Ihn von seinem Schweifen *gegen alle vier Winde,* von seinen Gefährdungen, die ihn immer wieder an die Ränder der Existenz bringen, zurückreißen in die Mitte, ihn jenem *Mittelzustand* annähern? Was er ersehnt, ist ein Spiegel, der ihn zurückwirft, ein lebendiges Tagebuch, das Antwort gibt, jemand, der ihm Klarheit über sich selbst verschaffen, ihm zuhören, zuhören, zuhören kann, der das Übermaß seiner seelischen Bewegungen, der Selbstzweifel und Zweifel aufnimmt, ihnen mit Erwiderung, Zustimmung oder Ablehnung begegnet. *Man weiss erst daß man ist wenn man sich in anderen findet.* Er bedarf eines Menschen, der seinen Lebenskurs stabilisiert.

Hat er als Kind und junger Mann das nicht im Übermaß im Weiblichen gefunden, in seiner Mutter und vor allem in seiner geliebten Schwester Cornelia? Sie war seine Vertraute, besaß all seine *Vertraulichkeit*, selbst noch das kleinste Komma in seinen Arbeiten teilte er ihr mit. Dann aber mit ihrer Heirat die von ihm gewaltsam herbeigeführte Ablösung, die messerscharfe Trennung von Cornelia. Eine tiefe Wunde, die er sich zufügt, die sich nicht schließt, auch nicht, als er Auguste von Stolberg als Ersatzschwester wählt.

Seine anderen Erfahrungen mit Frauen. Die Straßburger Liebelei mit Friederike Brion. Käthchen Schönkopf in Leipzig. In Frankfurt seine Verlobung mit Lilli Schönemann, die er löst, weil sie ihm Angst macht.

Von seiner Liebe zu Charlotte Buff in Wetzlar, vor allem vom Verlust der geliebten Schwester Cornelia heilt und befreit er sich durch die Arbeit an seinem Roman »Die Leiden des jungen Werthers«. Literarisch spielt er den tödlichen Ausgang der Dreierbeziehungen durch, führt den Konflikt über die Grenze des Lebens bis zur physischen Vernichtung, zum Selbstmord hin; er läßt seinen Helden sterben, um selbst leben zu können.

Goethes leichthin behauptetes: *Ich habe mich so offt am Weiblichen Geschlecht betrogen.* Nun sieht der Sechsundzwanzigjährige sich in Weimar einer Frau gegenüber, in der er Wesenszüge seiner Mutter und seiner Schwester zu entdecken glaubt und die ihn überdies erotisch stark anzieht.

Daß sie vergeben, fast unerreichbar ist, mit ihrem Ehemann und ihren Kindern lebt, scheint ihm kein Hinderungsgrund, im Gegenteil, fallen doch durch ihr Eingebundensein Gefahren, Zwänge und Verpflichtungen weg, die sich aus einer Bindung ergeben könnten. Sehenden Auges stürzt er sich erneut in eine Dreierbeziehung, eine ménage à trois.

Und das, was er von der geliebten Frau erhofft, faßt er in ein Gedicht. Einen Titel hat es nicht, die erste Zeile lautet: *Warum gabst du uns die Tiefen Blicke.*

Ein Programm der Liebe, in dichterischer Form von Goethe entworfen. Nicht mehr im Werther-Ton: *und rette mich vor mir selbst*, ist es verfaßt, sondern in einer klaren Sprache, dennoch ist das Wunschbild der Beziehung ein seltsam rätselhaftes, fast sphinxartiges Gebilde.

Es ist eines der schönsten Liebesgedichte, die Goethe je geschrieben hat. Am 14. April 1776 erhält Charlotte von Stein die Verse. Obgleich er die Beschenkte später um eine Abschrift bittet, wird er das Gedicht zeit seines Lebens nicht veröffentlichen.

Ich kann mir die Bedeutsamkeit, – die Macht, die diese Frau über mich hat, anders nicht erklären als durch Seelenwanderung, schreibt er am 10. April 1776 an Wieland über Frau von Stein.

Da ist wohl das Motiv, das die Verse trägt, bereits gefunden. Es ist das der Seelenwanderung. Nicht im Sinne eines religiösen Glaubens, sondern als poetische Idee, als Sprachmuster, das erlaubt Unaussprechliches sprachlich zu fassen. Es hebt an:

Warum gabst du uns die Tiefen Blicke
Unsre Zukunft ahndungsvoll zu schaun.

Um dann zu den Zeilen zu führen:

Sag was will das Schicksaal uns bereiten?
Sag wie band es uns so rein genau?

Ach du warst in abgelebten Zeiten
Meine Schwester oder meine Frau.

Tage zuvor hieß es an Wieland: *Ja, wir waren einst Mann und Weib! – Nun wissen wir von uns – verhüllt in Geisterduft.*

Im Motiv der Seelenwanderung, das die Verse durchzieht, wird vom Glück des Beisammenseins nicht als Gegenwart, nicht im Duktus: so soll es sein, erzählt, sondern – und das gibt dem Verfasser eine ungeheure Freiheit und Kühnheit – als von etwas lang Vergangenem.

Dem Wünschbaren im Jetzt gibt er in der poetischen Fiktion des Einstmals eine verführerische Existenz.

Kanntest jeden Zug in meinem Wesen,
Spähtest, wie die reinste Nerve klingt,
Konntest mich mit Einem Blicke lesen
Den so schweer ein sterblich Aug durchdringt.
Tropftest Mäßigung dem heißen Blute,
Richtetest den wilden irren Lauf,
Und in deinen Engelsarmen ruhte
Die zerstörte Brust sich wieder auf,

Vergegenwärtigen wir uns noch einmal Charlotte von Steins Lebenssituation. Ihre freudlose Kindheit. Die Tyrannei des Vaters. Die fromme Mutter. Charlotte, die älteste von fünf Geschwistern. Mit sechzehn Jahren ihr Hoffräuleindasein, mit zweiundzwanzig Heirat. In neun Ehejahren die Geburt von sieben Kindern. Charlotte ist dreiunddreißig, als Goethe nach Weimar kommt, ihre Gesundheit nicht die beste, körperlich ist sie von ihren Schwangerschaften erschöpft.

Eine Frau über Dreißig, steht sie nicht schon an der Schwelle des Alters? Ihr Mann liebt seinen Beruf, ist viel unterwegs. Ihre Welt sind die heranwachsenden Söhne, betreut von einem Erzieher, und der Weimarer Hof mit seinen Bällen, Maskeraden, Theateraufführungen und Konzerten. Zuweilen Bücher, Lektüren. Ab und an die Einsamkeit ihres Landgutes Schloß Kochberg. Jährlich eine Kur in Bad Pyrmont.

Was hat sie noch vom Leben zu erwarten? An eine Jüngere, die künftige Frau ihres Bruders, schreibt sie, diese habe *noch die glücklichen Jahre der Jugend* vor sich, *wo man so weit umfangend liebevoll ist*, sie dagegen sei in einer Lebensphase, *da mein Herz eben im Zuschließen war*.

Das kleine Wörtchen *war*. Sie spricht in der Vergangenheitsform. Goethes Gedichtgeschenk eine Zäsur? Nichts mehr von *coquet*, der Beleg für sein ernsthaftes und ausschließliches Werben um sie. Die Vision einer Zweisamkeit, die die *Tiefen Blicke* in das *Herz* des anderen, das Ausspähen des *wahren Verhältnisses* zur Voraussetzung hat? Eine Beziehung, der ein auf die Gesellschaft gerichtetes Lebensprogramm zugrunde liegt; jenes *Gutes zu stiften*, von dem Charlotte spricht, dem sie zustimmt. Eine Vision, in der sie, die Geliebte, als das bessere Ich des Dichters erscheint. Durch sie vermag er zu erreichen, was er von sich selbst verlangt. Welche Verführung!

> Hieltest zauberleicht ihn angebunden
> Und vergaukeltest ihm manchen Tag.
> Welche Seeligkeit glich jenen Wonnestunden,

Da er danckbar dir zu Füßen lag.
Fühlt sein Herz an deinem Herzen schwellen,
Fühlte sich in deinem Auge gut,
Alle seine Sinnen sich erhellen
Und beruhigen sein brausend Blut.

Goethe spricht von dieser Liebe als *Schicksaal,* als von einem Zweierbund, der sich vom Gewöhnlichen abgrenzt.

Ach so viele tausend Menschen kennen
Dumpf sich treibend kaum ihr eigen Herz,
Schweben zwecklos hin und her und rennen
Hoffnungslos in unversehnem Schmerz,

Zugleich macht der formulierte Anspruch es einander nicht leichter, im Gegenteil:

Nur uns Armen liebevollen beyden
Ist das wechselseitge Glück versagt
Uns zu lieben ohn uns zu verstehen,

Das Gedicht verschweigt nicht, daß die Utopie des Liebesglücks das Erinnerte, Gewesene ist, die harte Wirklichkeit dagegen im Mangel besteht. Das Motiv der Seelenwanderung durchhaltend, heißt es am Ende:

Und wir scheinen uns nur halb beseelet,
Dämmernd ist um uns der hellste Tag.

Um dann in den Schlußzeilen nochmals das *Schicksaal* anzusprechen:

Glücklich daß das Schicksaal das uns quälet
Uns doch nicht verändern mag.

Wie mag Frau von Stein dieses kühne Liebeswerben Goethes aufgefaßt haben?

Kaum vorstellbar ist, daß dieses Gedicht nicht an ihre Sinne rührt. Vielleicht ist sie erschrocken über das Ausufernde seines Gefühls, es mag sie in Angst versetzt haben, welche Macht über ihn er ihr zuweist. Ganz gewiß wird sie dieses Gedicht nicht ihrer Mutter zu lesen gegeben haben.

Belegt ist, daß sie, und zwar umgehend – mündlich oder schriftlich –, sich gegen die Formulierung *meine Frau* verwahrt hat, denn schon zwei Tage nachdem sie das Gedicht in Händen hat, lenkt Goethe am 16. April ein: *Adieu liebe Schwester weils den so seyn soll ...*

Ein Kampf in Charlottes Innerem scheint sich abzuspielen, Nähe und Ferne wechseln. Am 10. Mai gesteht sie ihrem Arzt Zimmermann: *Mir gehts mit Goethen wunderbar, nach acht Tagen, wie er mich so heftig verlaßen hat kommt er mit einem Übermaas von Liebe wieder.*

Diesem *heftig verlaßen* muß ein Streit vorausgegangen sein, in dem Goethe von der Geliebten mit Vorwürfen bedacht und von ihr zurückgewiesen wird. Schreibt dieser ihr am 22. April noch: *Hier ein Zeichen ... dass ich Sie liebe. Und immer Ihr voriger, gegenwärtiger, und zukünftiger bin*, heißt es am 1. Mai: *Du hast recht mich zum heilgen zu machen, das heißt mich von deinem Herzen zu entfernen.* Er klagt, er habe *nichts als* sich *immer zu quälen ...* Ironisch schließt er: *Hier auch eine Urne, wenn allenfalls einmal vom Heiligen nur Reliquien überbleiben sollten.* Immerhin, er hat seinen Humor nicht verloren.

Goethes Ernennung zum *Heiligen* bestätigt Charlotte in ihren Zeilen an Zimmermann: *jetzt nenn ich ihn meinen Heiligen ...* Ihr Brief belegt aber auch, daß sein *Warum gabst du uns die Tiefen Blicke ...* und das Gespräch darüber in ihr arbeitet, ihr eine neue Sicht auf den Freund eröffnet. Ihr Verständnis für ihn wächst im Sinne von Jacobis Urteil, *Goethe* sei *Genie ..., ein Besessener ..., dem in fast keinem Fall gestattet ist, willkürlich zu handeln.* Sie resümiert: *Ich hab zu mancherley Betrachtungen durch Goethen Anlaß bekommen; jemehr ein Mensch fassen kann, deucht mir, je dunckler anstößger wird ihn das Ganze je eher fehlt man den ruhigen Weg, gewiß hatten die gefallnen Engel mehr Verstand als die übrigen.*

Und dann folgt ein Satz, der schlicht, ohne Dramatik daherkommt, aber belegt, daß Charlotte von Stein dem Freund bereits verfallen ist. Er lautet: *was wird er wohl noch mehr aus mir machen?*

Hieß es am 24. März noch über Goethe: *Der über alles kann Herr werden, was er will,* so spricht sie zwei Monate später ausschließlich von sich: *was wird er wohl noch mehr aus mir machen?*

Dieser Brief vom 10. Mai 1776 ist der letzte überlieferte an Zimmermann. Bricht sie die Korrespondenz ab, drängt Goethe sie dazu, geht es von Zimmermann aus? Wir wissen es nicht.

Charlotte, die ihre Annäherung an Goethe im Für und Wider im ersten Halbjahr nach seiner Ankunft reflektiert, geht uns als Briefschreiberin verloren. Ein Verlust, denn sehr offen gewährt sie uns Einsicht in ihr Inneres. Zudem: ihr fraulicher Blick richtet sich auch auf den Alltag. Wenn *unser lieber Goethe* in Weimar ist, erzählt sie, *lebt er immer um mich herum.* Nach dem *jetzt nenn ich ihn meinen Heiligen* folgt, Goethes Ironie mit der *Urne* und den *Reliquien* aufgreifend, *und darüber ist er mir unsichtbar geworden, seit einigen Tagen verschwunden, und lebt in der Erde fünff meilen von hier im Bergwercke.*

Dann schildert sie, wie sie mit Goethe zusammen *Gevatter bei Wieland* stand; es ist jene berührende Stelle, die wir eingangs bereits zitiert haben, in dem *Pathgen* erkennt sie eines ihrer früh verstorbenen Mädchen wieder, und es ist ihr, *als wens mein Kind wär.*

Schließlich ist von *Goethes Garden* die Rede. Charlotte wird wohl eine der ersten Besucherinnen gewesen sein. Begeistert schreibt sie: *in Goethens Garden hab ich schon einmahl Caffé getruncken und von seinem Spargel gegeßen den er selbst gestochen und in seinem Ziehbrunnen gewaschen hat, in Goethes Garden ist die schönste Aussicht die hier zu haben ist, er liegt an einem Berg und unten ist Wiese die von einem kleinen Fluß durchschlungen wird.*

Goethe, der bisher in der Stadt unter anderem beim Hofkassierer König gewohnt hat, kauft am 22. April, genau eine Woche nachdem er Charlotte sein Gedicht *Warum gabst du uns die Tiefen Blicke* geschickt hat, Garten und Gartenhaus am Stern. Die Kaufsumme von 525 Gulden erhält er vom regierenden Fürsten. Als nunmehriger Besitzer von Haus, Grund und Boden erwirbt er vier Tage später das Weimarer Bürgerrecht.

Darüber hinaus hat der Herzog in seinem am 16. März aufgesetzten Testament Goethe mit einer Besoldung beziehungsweise lebenslangen Pension bedacht.

Fast täglich sehen Charlotte und Goethe sich, oft essen sie zusammen, er schickt ihr Blumen und Früchte aus seinem Garten. Auch von einem *Armband* ist die Rede. Ein Geschenk von ihr?

Ende Mai ein Zerwürfnis. Was geschehen ist, wissen wir nicht. Hat er sich ihr zu stürmisch genähert, wieder *gewisse Verhältnisse aus den Augen (ge)setzt?* Die Freundin muß ihn entschieden zurückgewiesen, ihre Beziehung insgesamt in Frage gestellt haben. *Also auch das Verhältniß, das reinste, schönste, wahrste, das ich außer meiner Schwester je zu einem Weibe gehabt,* klagt Goethe am 24. Mai, *auch das gestört!*

Ich will Sie nicht sehn, Ihre Gegenwart würde mich traurig machen. Wenn ich mit Ihnen nicht leben soll, so hilft mir Ihre Liebe so wenig als die Liebe meiner Abwesenden, an der ich so reich bin. Er schließt hart: *Sie wissen nicht was sie thun. Die Hand des Einsam verschlossenen, der die Stimme der Liebe nicht hört, drückt hart wo sie aufliegt.*

In ihrem Antwortbrief muß Charlotte davon gesprochen haben, daß auch sie leide, denn einen Tag später schreibt Goethe: *Verzeihen sie, daß ich Sie leiden mache, ich wills künftig suchen allein tragen zu lernen.*

Wie es immer wieder geschehen wird, Frau von Stein bricht die Brücken nicht ab, nach einer offenbar harten Reaktion lenkt sie ein. Das Zeichen zur Versöhnung muß von ihr gekommen sein. Sie sehen sich, sprechen sich aus. Goethe am 7. Juni: *Sie sind lieb dass Sie mir alles gesagt haben! – man soll sich alles sagen wenn man sich liebt.*

Gewiß haben die Spannungen zwischen ihnen auch damit zu tun, daß sie verheiratet ist und zu ihrem Ehemann steht. Offensichtlich fällt Goethe das *Herztheilen*, wie er es selbst nennt, nicht leicht.

In seiner Verliebtheit reagiert er zuweilen wie ein Kind. Ein Beispiel. Am 21. Juni hat Josias von Stein einen Reitunfall, verletzt bringt man ihn Charlotte ins Haus. Goethe schreibt ihr: *Du hast gestern Steinen lahm nach Hause kriegt, sonst wär ich noch einen Augenblick kommen*; um dann selbstbezogen auf sich zu verweisen: *denn ich bedarf auch einiger Pflege.*

Tage zuvor, am 11. Juni 1776, ist Goethe zum Geheimen Legationsrat und Mitglied des Geheimen Consiliums ernannt worden. Er, zunächst als Gast gekommen, finanziell frei durch die väterliche Unterstützung, bindet sich damit an Weimar. Tauscht seine bürgerliche Karriere als Schriftsteller mit einer Anwaltspraxis zum Broterwerb in seiner Heimatstadt Frankfurt am Main gegen eine Regierungskarriere in einem winzigen deutschen Fürstentum. Er entscheidet sich für ein Leben im Zentrum der politischen Macht. Von *Weltrolle* spricht er euphorisch.

Am 25. Juni 1776 finden seine Amtseinführung und Vereidigung statt. Nun hat er Rang und Namen bei Hofe, ist Besitzer eines Hauses und Bürger von Weimar. Seine Situation hat sich entschieden.

An diesem 25. Juni reist Charlotte von Stein zu ihrer jährlichen Kur nach Bad Pyrmont, Goethe will *nicht dran dencken*, denn die *Gegenwart ists allein die würckt, tröstet und erbaut!*

Sie fehlen mir an allen Ecken, klagt er bereits am 2. Juli. Am 16. droht er: *wenn Sie nicht bald wiederkommen, mach ich dumme Streiche ... auf dem Vogelschiesen zu Apolda hab' ich mich in die Kristel von Artern verliebt ...*

Ich kann mich nicht zu ihnen flüchten, heißt es am selben Tag abends. An diesem Tag ist er mit Charlottes Söhnen Karl, Ernst und Fritz zusammen; elf, acht und drei Jahre sind sie. *Mit denen Grasaffen habe heute gessen. Du fehlst **Allen**. Hab den Friz gefüttert.* Im Nachsatz heißt es noch: *Dein Mann hat heut Reuter Künste getrieben ...*

... wenn du zurückkommst bin ich nicht da, teilt er ihr bedauernd mit. Vom 18. Juli bis 14. August ist er mit dem Herzog und anderen Hofleuten in Ilmenau.

Auch für Charlotte muß die Zeit der Trennung lang geworden sein. Denn sie entschließt sich, auf der Rückreise von Bad Pyrmont Goethe in Ilmenau zu besuchen.

Am Abend des 5. August trifft sie ein, logiert im Posthaus. Den folgenden Tag verbringen sie gemeinsam. Besuchen den Hermannstein, gehen in die Höhle. Sie sind allein. Er faßt sie bei der Hand. Beglückt schreibt er: *Ich schwör dir ich weis nicht wie mir ist. Wenn ich so dencke, daß Sie mit in meiner Höhle war, daß ich ihre Hand hielt indeß sie sich bückte und ein Zeichen in den Staub schrieb!!! Es ist wie in der Geisterwelt ...*

Wir erinnern uns jener Zeilen an Wieland: *Nun wissen wir von uns – verhüllt in Geisterduft.* Nimmt Charlotte den Gedanken der Seelenwanderung, den Ton seiner Verse vom 14. April auf? Was mögen ihre Finger in den Staub geschrieben haben?

Tage später kehrt Goethe allein an den Ort des Geschehens zurück. *Heut' will ich auf den Hermanstein ... hab auch Meisel und Hammer die Inschrifft zu machen, die sehr mystisch werden wird.* Ein S meißelt er in die Höhlenwand; noch nach Jahren sucht er die Höhle auf, gesteht Charlotte, daß er den kalten *Porphyr geküsst und wieder geküsst* habe.

An jenem Tag der Zweisamkeit, des Wiedersehens nach langer Zeit wandern die beiden vom Hermannstein über die Mühle von Kammerberg zurück. In Unterpörlitz sind sie zu Tisch. Fahren dann nach Ilmenau hinein. *Ins Amthaus. Illumination. Musick. Trennung,* so Goethes Tagebuch. Am Abend reist Charlotte ab.

Einen ganzen Tag ist mein Aug nicht aus dem ihrigen kommen, und mein gnomisch verschlossen Herz ist aufgethaut, gesteht Goethe seinem Freund Johann Gottfried Herder. Und Frau von Stein schreibt er, ihre *Gegenwart* habe auf sein *Herz eine wunderbaare Würckung gehabt, ich kann nicht sagen wie mir ist! mir ist wohl und doch so träumig.* Er schickt ihr den Vers:

Ach wenn du da bist,
Fühl' ich, ich soll dich nicht lieben,
Ach wenn du fern bist
Fühl ich, ich lieb' dich so sehr.

Am 10. August heißt es dann: *Engel ... du hast alles was ich gethan habe von dir loszukommen, wieder zu Grunde gerichtet.*

An Bemühungen Goethes, von ihr *loszukommen,* hat es nicht gefehlt. *Wenn ich jemand lieber haben kann, will ich dir's sagen. Will dich ungeplagt lassen,* beteuert er ihr bereits am 28. Januar. Monate später, er ist in Leipzig, um die Schauspielerin Corona Schröter für das Weimarer Theater zu gewinnen, schreibt er: *Die Schröter ist ein Engel – Wenn mir doch Gott so ein Weib bescheeren wollte daß ich euch könnt in Frieden lassen – Doch sie sieht dir nicht ähnlich genug.* Als er in Charlottes Abwesenheit deren Schwester Luise von Imhoff kennenlernt, berichtet er nach Bad Pyrmont: *Es ist ein liebes Geschöpf wie ich eins für mich haben mögte, und dann nichts weiter geliebt.* Mit einem Stoßseufzer im Hinblick auf Charlottes Ehemann fügt er an: *ich bin des Herztheilens überdrüssig,* und: *Wenn ich nur leben könnte ohne zu lieben.*

Nach der Begegnung in Ilmenau scheint sich Harmonie zwischen ihnen einzustellen. *Ich hoffte ihr Herz sollte ihnen sagen über die Oberweimarer Wiesen zu gehn,* so Goethe am 23. August. *Es hats nicht und ich bin umsonst bey schönem Sonnen Untergang in meinen Garten gangen ... Beym Monde dencken Sie mein.*

Aber die Harmonie ist von kurzer Dauer, neue Schatten tauchen auf, Eifersucht verdunkelt die Beziehung.

Charlotte äußert den Wunsch, während ihres Herbstaufenthaltes auf Schloß Kochberg Lenz bei sich zu haben. Goethes Dichterfreund aus Straßburger Tagen, Jakob Michael Reinhold Lenz, ist seit dem 2. April 1776 in Weimar. Bereits am 5. fragt Goethe die Freundin: *darf ich heut früh mit Lenzen kommen?* Charlotte lernt ihn kennen. *Lenz, Goethens Freund, ist hier, aber er ist kein Goethe.* Verletzender kann kein Urteil sein, Goethe ist schon alleiniger Maßstab. Dennoch schätzt Charlotte Lenz, wie sonst hätte sie den Wunsch geäußert, ihn über Wochen auf ihrem Landgut bei sich haben zu wollen, von ihm in der englischen Sprache unterrichtet zu werden.

Goethe muß außer sich gewesen sein, als die geliebte Frau es ihm mitteilt. Von *Herzensdruck* schreibt er. *Warum soll ich dich plagen! Liebstes Geschöpf! Warum mich betrügen und dich plagen und so fort.* Seine ganze Zerrissenheit faßt er in den kryptischen Satz: *Wir können einander nichts seyn und sind einander zu viel ...*

Gute Nacht Engel und guten Morgen. Die Zeilen bringt er in der Nacht aufs Papier, liegt schlaflos, am Morgen setzt er fort: *Ich will dich nicht wiedersehen – Nur – du weißt alles – Ich hab mein Herz – Es ist alles dumm was ich sagen könnte.* Das Stammeln, der Abbruch, die vielen Gedankenstriche. Es fällt ihm schwer, einen zusammenhängenden Satz zu formulieren, so erregt ist er. Schließt: *Ich seh dich eben künftig wie man S t e r n e sieht! – denck das durch.*

Charlotte bleibt bei ihrer Einladung an Lenz. Deutet Goethe wohl auch an, daß sie ihn in Kochberg nicht zu sehen wünsche. Am 8. September schreibt er: *Ich war gestern sehr traurig und wußte nicht warum. Es war mir als wenn ich Sie heut nicht sehen sollte, ich lies mir die Clarinettisten kommen, ging in meinem Garten herum, sie bliesen bis acht. Es war alles so herrlich aber mein Herz thaute nicht auf. Eben da ich im reinen Morgen umgehe kommt ihr Zettelgen.*

Es ist die Nachricht, daß sie reisefertig ist und Weimar verläßt. *Adieu,* fügt Goethe an, *ich bin dem Schicksaal zu viel schuldig als daß ich klagen sollte, und doch für meine Gefühle kann ich nichts. Adieu, ich werde nicht nach Kochberg kommen, denn ich verstund Wort und Blick.*

Am 10. September die Notiz in seinem Tagebuch: *Früh war Lenz da wegen Kochberg. Reine Trauer des Lebens.* Am 12.: *Nach Tisch ritt Lenz weg nach K.* An diesem Tag schreibt Goethe, Charlottes Wunsch nun akzeptierend: *Ich schick Ihnen Lenzen, endlich hab ich's über mich gewonnen. O Sie haben eine Art zu peinigen, wie das Schicksaal, man kann sich nicht darüber beklagen so weh es thut. Er soll Sie sehn, und die zerstörte Seele soll in Ihrer Gegenwart die Balsamtropfen einschlürpfen um die ich alles beneide.* Dann fügt er noch an: *Und ich – zwar von mir ist die Rede nicht, und warum sollte von mir die Rede seyn. Er verbitte⟨t⟩ sich auch alle Nachricht von Ihnen oder Lenz.*

Während sie in Kochberg weilt und er sich ausgestoßen fühlt, schreibt er ihr von einem *stillen Abend* bei *der Imhoff ... es war doch ihrer Schwester Hand*

211

die ich küßte. Weiter von *Tanz* und *Illumination* bei Knebel: *ich hab sehr viel getanzt, und bin überhaupt ietzt Gott weis wie.* Berichtet, Charlottes Ehemann einschließend, nicht sehr diplomatisch vom Treiben bei Hofe. *Abends alle Durchlauchten in Tiefurt. Ihr Mann war guter Humor, machte possierliche Streiche mit der Oberhofmeisterinn. Ich hab die Hofleute bedauert, mich wundert daß nicht die meisten gar Kröten und Basilisken werden.*

Man stelle sich Charlotte beim Lesen dieser Zeilen vor. Zwar sind sie sich zuweilen im Lustigmachen über den Hof wohl einig, aber die Äußerung der möglichen Verwandlung in *Kröten und Basilisken* in unmittelbarer Nähe zur Erwähnung ihres Ehemannes muß sie befremden. Wieder, wie so *oft setzt* der Freund *gewisse Verhältnisse aus den Augen.*

Am 5. Oktober kommt Charlotte für drei Tage nach Weimar. *Abends Frau von Stein zurück aus Kochberg,* notiert Goethe in sein Tagebuch. Zweimal sehen sie sich. Frau von Stein muß verschlossen und abweisend gewesen sein, denn am 7. Oktober schreibt er ihr: *Gestern bracht ich Ihnen Blumen mit und Pfirschen, konnts Ihnen aber nicht geben wie Sie waren, ich gab sie der Schwester.*

Er ist verzweifelt: *... ich hätte dem Schicksaal danckbaar seyn sollen, das mich in den ersten Augenblicken da ich Sie wiedersah so ganz rein fühlen lies wie lieb ich Sie habe, ich hätte mich damit begnügen und Sie nicht weiter sehen sollen. Verzeihen Sie! ich seh nun wie meine Gegenwart Sie plagt ...* Und er fügt an: *Leben Sie wohl. Bringen Sie das Lenzen. Sie kommen mir eine Zeit her vor wie* Madonna *die gen Himmel fährt, vergebens daß ein rückbleibender seine Arme nach ihr ausstreckt* ...

Frau von Stein kehrt nach Kochberg zurück. *Sie gehen und weis Gott was werden wird*, klagt Goethe. Stürzt sich in seine neue Verantwortung, zwei- oder dreimal wöchentlich tagt das Geheime Consilium, an dem er teilzunehmen und in der Vorbereitung darauf Stöße von Akten durchzusehen hat. Und er ist viel unterwegs, dienstlich wie privat. Am 12. Oktober vermerkt sein Tagebuch: *getanzt, gemiselt*, das heißt, er flirtet mit jungen Mädchen. Am 13. dann: *nachts wieder den Schlagbaum gerennt und gestürzt.* Am 16. Oktober ist er erstmals in Dornburg. Er schickt Charlotte eine mit Tusche lavierte Bleistiftzeichnung von den Dornburger Schlössern, schreibt auf die Rückseite des Blättchens:

> *Ich bin eben nirgends geborgen*
> *Fern an der holden Saale hier*
> *Verfolgen mich manche Sorgen*
> *Und meine Liebe zu dir.*

Am 20. hält Johann Gottfried Herder, den Goethe nach Weimar geholt hat, seine Antrittspredigt in der Stadtkirche. Danach ist Goethe mit Carl August, Prinz Konstantin und dessen Erzieher Knebel in seinem Garten. Zum Mittagessen ist er zu Herrn von Fritsch, seinem Amtskollegen im Geheimen Consilium, geladen. *Bey Fritsch zu Tische*, notiert er ins Tagebuch. Und: *Herrliche Herbsttage.*

Am 24. Oktober begleitet er Anna Amalia, die Herzogin-Mutter, nach Jena. Es ist ihr siebenunddreißigster Geburtstag. Mit sechzehn wurde sie verheiratet, mit achtzehn war sie bereits Witwe. Bis zur Mündigkeit ihres Ältesten führte sie fast zwei Jahrzehnte die Staatsgeschäfte. Gewinnt den Dichter Christoph Martin Wieland als Erzieher ihres Erstgeborenen. Sie, die künstlerisch Engagierte, hat trotz der ständigen Geldnot den Weimarer Musenhof begründet. Auch für den Autor des »Werthers« setzt sie sich ein, befördert seinen Eintritt in die Regierung, schreibt einen mahnenden Brief an den sich dem bürgerlichen Goethe verweigernden Präsidenten von Fritsch.

Anna Amalia sieht Goethe gern bei sich. Und er kommt gern zu ihr. Die noch junge Witwe muß eine heitere Person gewesen sein. Erinnert sei an Goethes erste Notiz: *treiben ... wohl allerley Schwänck und Schabernack*. Er findet an ihrem Witwensitz, der nicht mehr mit dem politischen Tagesgeschäft zu tun hat, das, was ihn als Künstler interessiert. Einen literarischen Kreis, in dem er zum Vortrag seiner Werke aufgefordert wird, ein Liebhabertheater – zunächst auf der Ettersburg, dann in Tiefurt –, für das er nicht nur Stücke schreibt, sondern auch als Schauspieler auf der Bühne steht. Mit dem von Anna Amalia geförderten »Tiefurter Journal« eröffnet sich ihm eine Publikationsmöglichkeit für seine Gedichte. Dieses künstlerische Betätigungsfeld ist das Reizvolle, das ihn über seine höfischen Verpflichtungen hinaus an die Herzogin-Mutter und deren Kreis bindet. (Die seit Jahren mit großem Medienaufwand verbreitete Behauptung aber, nicht

Charlotte, sondern Anna Amalia sei Goethes große Liebe gewesen, Frau von Stein habe sozusagen nur als Alibi herhalten müssen, ist völlig abwegig und durch nichts zu belegen.)

Der 24. Oktober 1776: die Feier von Anna Amalias siebenunddreißigstem Geburtstag. In einer Runde mit ihren Söhnen Carl August und Konstantin, mit Johann Jakob Paulsen, dem Bürgermeister von Jena, und mit Goethe wird gefeiert.

Nachts nach Bürgel, vermerkt dessen Tagebuch. Am 25. dann: *Jagd. Nach Waldeck. die Herzogin Abends fort.* Am 26.: *Jagd. Nach Tische zurück über Jena. Die Geschwister erfunden.*

Vom 26. bis 29. Oktober schreibt er an dem Drama. Am 29. notiert er: *Allein und geendigt das Drama.* Am 30. erfolgt die Reinschrift durch seinen Diener und Sekretär Philipp Seidel. *Im Garten frühe dicktirt an den Geschwistern.* 31.: *Abschrift der Geschwister geendigt.*

Goethes Zeit ohne Frau von Stein.

Am 20. September bricht Carl August nach Kochberg auf, drei Tage will er dort verweilen. Der Unerwünschte gibt ihm einen Brief an die Schloßherrin mit: *Wenn Sie glauben dass ich Sie nur im mindsten lieb habe, können Sie sich vorstellen, wie mir's war da der Herzog Abschied nahm ... Ich will aber nichts weiter sagen.*

Auch Herder wünscht sich nach Kochberg. Bereits wenige Tage nach seiner Ankunft in Weimar schreibt er: *Lieber Lenz, Da bin ich hier u. freue mich Dich zu sehen.* Herder, der sich enthusiastisch über Lenzens Drama »Die Soldaten« geäußert hat, hält viel von dem jungen Genie: *In Dir ist wahrlich Funke Gottes … Du mußt noch Morgenstern werden.* Die beiden begegnen sich auf dem Landgut der Steins.

Josias von Stein, der Hausherr, wäre ebenfalls gern dort. Aber Hofpflichten halten ihn ab. Aus jenen Herbsttagen ist ein Brief an seine Ehefrau überliefert. *Es ist ganz besonders, meine liebe Beste, wie ich Dich liebe. Ich sehne mich so sehr nach Dir, daß ich mir immer vorstelle: Wenn ich nach Kochberg ginge, wenn der Herzog nicht gestern abend angekommen wäre und morgen Dürckheim erwartet würde, mit welchem ich nach Leipzig zu gehen gedenke, so wär ich heute zu meinem Liebigen gekommen. Ach, gute Frau, es ist doch hübsch, Dein Mann zu sein, wenn man von Dir geliebt wird.*

Ein Liebesbrief im zwölften Jahr der Ehe. Hat er stets so galant geschrieben, oder bemüht er sich unter dem Eindruck des Liebhaber-Anwärters seiner Frau um einen neuen Ton? Das Werben des weit über ein Jahrzehnt Jüngeren um seine Gattin kann ihm nicht verborgen bleiben.

Und schließlich Lenz in Kochberg. Der halbe September, der ganze Oktober, fünfzig Tage ist er mit Frau von Stein zusammen. Er ist glücklich, von *Feerey* spricht er, gibt ihr Englischunterricht, zeichnet für sie, nimmt die Mahlzeiten gemeinsam mit ihr, den Kindern und dem Hauslehrer ein. Des Abends – früh wird es dun-

kel – Gespräche am Kamin, oder er liest ihr vor. Vielleicht Louis-Sébastien Merciers »Das Jahr Zweitausend-
vierhundert und Vierzig. Ein Traum aller Träume«; Christoph Martin Wieland hat es Lenz geschickt: *Lieber
Engel, da hast du die Offenbarung Merciers.*

Und ihre Spaziergänge in der schönen Umgebung,
sie zeigt ihm ihre Lieblingsstellen. Monate später wird
Goethe ihr einen *Wanderstab* schenken, mit der Bemerkung, *wenn Sie wieder einmal fern von mir in
Ihren Thälern wallen*; ein leicht vorwurfvoller Unter-
ton ist hörbar.

Goethe hat sich *alle Nachricht* von ihr und Lenz verbe-
ten. Sie hält sich, zu seinem Schaden, an sein Verbot.
Lenz dagegen mißachtet es. *Ich bin zu glücklich Lieber als daß ich deine Ordres dir von mir nichts wissen
zu lassen nicht brechen sollte*, berichtet er nach Weimar, erzählt von seiner Nähe zu Frau von Stein, von seinem Englischunterricht, streut Salz in die Wunde, wenn
er den Dichterfreund wissen läßt: *Die Frau von Stein
findt meine Methode besser als die deinige.*

Lenz nennt Charlotte *Goethes grosse Freundinn.*
Seine Beobachtung: *Goethe ist wirklich Mignon hier
und ganz glücklich und ganz unglücklich.* Daß ihre
Gespräche auch die Beziehung Charlottes zu Lenzens
Freund berührt haben müssen, kann als sicher gelten.
Wenn sich ihr Herz nach ihm, nach ihm empörte ...,
heißt es in einem seiner Gedichte. Und: *Auch ich sah
ihren Pfad, auch mir / war es vergönnt, ein Röschen
drauf zu streun ...*, dann, auf den bewunderten Goethe und seine *grosse Freundinn* anspielend: *Und hin-*

217

zuknien vor ihm und ihr. Diese Zeilen sind aus dem Gedicht »Abschied von Kochberg«, das anhebt: *so soll ich dich verlassen, liebes Zimmer, / Wo in mein Herz der Himmel niedersank* ... Am Vorabend der Abreise, am 30. Oktober, ist es niedergeschrieben, gewiß an jenem Sekretär, in den Goethe Namen und Datum seines ersten Besuchs eingeritzt hat. Am Ende der Verse vermerkt Lenz: *den letzten Tag in Kochberg in dem Zimmer der Frau v. Stein gemacht; niemand als ihr selber vorzulesen.*

31. Oktober 1776. Die Abreise von Kochberg. Charlotte, die Kinder, der Hauslehrer und Jakob Lenz auf der Fahrt nach Weimar.

Noch am Abend eilt Goethe zu seiner Freundin. *Stein angekommen mit ihr zu Nacht gessen.* Es ist für ihn jener Tag, da er *die Abschrift der Geschwister vollendet.* In sein Tagebuch notiert er noch: *Nachts Tanz bis früh 3. Lenz fand ich.* Am 1. November: *Mit Lenz im Garten gessen. Lenz gegen Abend fort.*

Am 3. November – Goethe reitet nach Erfurt – bittet er Charlotte *um das Mittel gegen die Wunde Lippe ...,* fügt an: *Muß ich Sie schon wieder um etwas bitten um etwas heilendes.*

Der 7. November, Goethe ist genau ein Jahr in Weimar. Charlotte ist es, die ihn darauf aufmerksam macht und ihn an diesem Tag mit einem Geschenk überrascht. Was es war, wissen wir nicht. Sind es Tagebuchauszüge, nicht abgesandte Briefe, einzelne Notizen? Seiner Reaktion ist zu entnehmen, daß sie offenbar das Jahr für sie beide Revue passieren läßt. Am 8. bedankt er sich: *Ich war verlegen, welcher der Jahrstag wäre daß ich in Weimar bin. Gestern war er liebste Frau! und wie gefeyert! – und wie beschenckt! – Was Ihre Be- dencklichkeiten aufgespaart hatten, alles auf einmal und eben in dem Augenblick wo ich alles so fühlen konnte, so zu fühlen bedurfte. Ich mußte mein Tag- buch nachsehen, um Ihre Zettelgen zu verstehen hier und da, und fand alles. Wie viel wieder lebendig wur- de! Ach,* fügt er in Anspielung an sein Ausgeschlossen- sein in ihrer Kochberg-Zeit hinzu, *die acht Wochen ha- ben doch viel verschüttet in mir, und ich bleib immer der ganz sinnliche Mensch.*

In jenem November treibt es Goethe viel umher. Seine Verpflichtungen als Mitglied des Geheimen Consili- ums, als Regierungsbeamter.

Die Wünsche und Forderungen seines Fürsten. Die der Herzogin-Mutter. Am 13. November notiert er in sein Tagebuch: *Nachts bei Anna Amalia,* es wird Beaumarchais' »Barbier von Sevilla« gelesen.

Sein Engagement in Theatersachen. Am 14. Novem- ber ist eine Probe der »Mitschuldigen«. Am 15. und 17. November werden, wie auch an anderen Tagen, »Die Geschwister« geprobt. Am 21. wird »Erwin und Elmire« wieder aufgeführt, mit der von der Herzo- gin-Mutter komponierten Musik. Da am Abend meist zwei Stücke gegeben werden, findet an diesem 21. No- vember auch die Uraufführung der »Geschwister« statt, Goethe steht als Wilhelm auf der Bühne.

Am 26. November notiert er in sein Tagebuch: *Lenzens Eseley.* In der Folge dieses Ereignisses wird der Dichter aus Weimar ausgewiesen. (In meinem Buch »Vögel, die verkünden Land. Das Leben des Jakob Michael Reinhold Lenz« habe ich die Hintergründe dieser Exilierung ausführlich geschildert.) Goethe ist wesentlich beteiligt, aber: *Die ganze Sache reisst so an meinem innersten,* gesteht er Charlotte, *daß ich erst dadran wieder spüre daß es tüchtig ist und was aushalten kann.*

Er ist froh, Herzog Carl August nach Wörlitz, Dessau und Leipzig begleiten zu können. *Die Reise muß wohl gut seyn,* schreibt er der Freundin, *da sie mich aus der tiefsten Verwirrung meinselbst herausreißt,* und fügt hinzu: *Ich ruhe auf Ihrer Hand.* An anderer Stelle heißt es, sein *Herz* stehe *unter Ihrer Regierung.*

Erst am 21. Dezember kehrt er zurück. *Von halb 7 bis gegen drei Nachmittags von Leipzig bis Weimar Kourier geritten mit dem Herzog.*

Nach seiner Ankunft besucht er sogleich die Herzogin-Mutter, ißt dann bei Frau von Stein zu Abend, trifft sich des Nachts mit Luise von Werthern.

Bei ihrem Wiedersehen übergibt ihm Charlotte etwas. *Wie ich Ihnen dancke fühlen Sie, sonst hätten Sie d a s nicht geben,* schreibt er ihr am 22. Dezember. Zu vermuten ist, es sind Sachen von dem als *Landläuffer, Rebell* und *Pasquillant aus dem Himmel ausgestossen⟨en⟩* Lenz. Nach einer späteren Aussage von Charlottes Sohn Fritz ist Lenz noch einmal durch Weimar gekommen: *er gab alle von Goethe empfangenen*

*Briefe meiner Mutter, in die er ein großes Vertrauen
setzte.*

Am 24. Dezember ist Goethe bei Anna Amalia *zu
Tisch* und nur *einen Augenblick* bei Charlotte. Einen
Tag später, am ersten Weihnachtsfeiertag – es ist Frau
von Steins Geburtstag – die Notiz: *zu Stein viel gelit-
ten allein gessen. noch zu Schardts tiefes Leiden.* Am
29. aber: ... *getanzt biss Mitternacht und sehr vergnügt.* Am 31.: *Fieberhafte Wehmut.*

Das Jahr 1776 ist für den Liebenden an Höhen und Tiefen reich. Das Glück der Nähe in Ilmenau, dann die
Verstörung durch Eifersucht.

Und Frau von Stein? Liegen ihrer Einladung Lenzens
vielleicht taktische Überlegungen zugrunde, dem Hof
und dem Freund gegenüber? Arbeitet sie – pädago-
gisch – mit Belohnung und Bestrafung, oder kann sie
im Gegensatz zu ihm nur ihre Gefühle besser verbergen? Die Distanz, die sie immer wieder einfordert.

Dann – unerwartet – am Jahrestag der Ankunft des
Freundes ein Geschenk, das, nach seiner Reaktion zu
urteilen, von liebender Nähe zeugt. Angezogen- und
Abgestoßenwerden, Goethes *Herz* steht unter Frau
von Steins *Regierung*.

2

Seine Situation in Weimar. Der nunmehr Siebenund-
zwanzigjährige ist *eingeschifft auf der Woge der Welt.*
Ganz glücklich und ganz unglücklich sei er, meint Lenz.
Goethe in seiner Verantwortung als Regierungsbeamter und zugleich, wie Johann Gottfried Herder beobachtet, als *directeur des plaisirs* bei Hofe. Überall ist
er präsent. Er will es allen recht machen. Alle wollen
etwas von ihm, die Kollegen im Geheimen Consilium,
die Herzogin-Mutter, die junge Fürstin, Carl August,
über den er schreibt: *wir kriegen uns täglich lieber,*
werden täglich ganzer zusammen ...

Durch seine Vorzugsstellung als Favorit des Herzogs
hat er zudem viele Feinde. Und: Neider noch und noch.
Sein unkontrolliert stürmisches Wesen. Er kann eine
Gesellschaft abrupt verlassen oder den Höflingen zu
verstehen geben, was er von ihnen hält. Erinnert sei
an das Wort von den *Kröten und Basilisken*; als *Scheiß-*
kerle, die auf dem Fasse sitzen, charakterisiert er sie
Herder gegenüber.

Goethe scheint sich in einer permanenten Anspan-
nung zu befinden, seine *Seele* sei *ein ewiges Feuer-*
werck ohne Rast. Er ist in höchstem Maße stimmungs-
abhängig. Zuweilen hat er einen *Pick* auf sich selbst:
Er wäre zu Charlotte gekommen, heißt es einmal,
wenn ich nicht einen Pick auf mich hätte daß ich Sie
so lieb habe. Ein andermal: *Gestern hatt' ich einen*
Pick auf euch alle drum kam ich nicht. Es ist der

Sturm-und-Drang-Gestus, dem er noch immer huldigt.

Wieland beobachtet, Goethe habe in der ersten Zeit *die meisten durch seine damalige Art zu sein skandalisirt*. Mit seinem Eintritt in die Regierung aber betrage er sich *mit untadeliger σωφροσυνη* (weiser Mäßigung) *und aller ziemliche Weltklugheit*. Auch Herzogin Anna Amalia lobt ihn. 1779 berichtet sie Goethes Mutter nach Frankfurt am Main, *das Hofleben* habe ihn *sehr gesittet gemacht, so knirschte er nicht mit den Zähnen, fluchte noch weniger*.

Aber er wird nicht von einem auf den anderen Tag ein anderer Mensch. *Was die Unruhe ist die in mir stickt mag ich nicht untersuchen*, notiert er, und Kestner gesteht er, er schwebe *zwischen Behagen und Mißbehagen, in ewig klingender Existenz*. Er denkt sogar daran, Weimar wieder zu verlassen. *Es war mir als wenn ich nicht bleiben sollte*, heißt es an Charlotte im November 1776. *Da bin ich noch in's Wasser gestiegen und habe den Alten Adam der Phantaseyen ersäuft.*

Später wird er Frau von Stein gegenüber vom *anmaßlichen*, von seinem *Affischen Wesen* sprechen, von *Thor und Tollheit*. Seine seelische Situation ist instabil. Aber das resultiert keineswegs aus seinem Schweben zwischen Hoffnung und Enttäuschung in der Liebe, sondern aus seiner Gesamtsituation in Weimar.

Die *Weltrolle*, die er im kleinen thüringischen Fürstentum ausprobieren will, reißt an seinem Inneren. Wie kann er in den engen Verhältnissen, denen er sich gegenübersieht, die er aber alle zunächst fast leidenschaftlich bedient, seine im »Werther« geäußerten *Ideen von Wirksamkeit, von Einfluß auf andere, von Durchdringen der Geschäfte* durchhalten und gleichzeitig die Überspanntheiten der Sturm-und-Drang-Periode abbauen?

Und was ist mit seinem Schreiben? Die aus Frankfurt mitgebrachten Manuskripte verwahrt er in Papiersäkken in seinem Gartenhaus. Nichts wird weitergeführt, weder die Arbeit an »Egmont« noch die an »Iphigenie«, noch die am »Faust«. Mit Vorlesen aus dem bereits Geschriebenen im Kreis der Adligen begnügt er sich. Es entstehen lediglich kleine Stücke, die auf Anna Amalias Liebhabertheater aufgeführt werden. Nach dem europaweiten Erfolg des »Werthers« reduziert sich sein Zuhörerkreis auf die Weimarer Hofgesellschaft.

Für sein einstiges *Publikum*, beobachtet ein Kritiker, sei er jetzt *so unfruchtbar wie eine Sandwüste*. Goethe selbst äußert einem Besucher gegenüber, er *überlasse seine literarische Laufbahn Lenzen*.

Christoph Martin Wieland dagegen mutmaßt, Goethe werde *viel Gutes schaffen, viel Böses hindern, und das muß, wenn's möglich ist, uns dafür trösten, daß er als Dichter wenigstens auf viele Jahre verloren ist. Denn Goethe tut nichts halb. Da er nun einmal in diese neue Laufbahn – im Ministerio unseres Herzogs als Favorit-Minister und Faktotum – getreten ist, so*

wird er nicht ruhen, bis er am Ziel ist; wird als Mini-
ster so groß sein, wie er als Autor war.

Die *neue Laufbahn.* Zwischen *Behagen und Mißbeha-*
gen findet er sich *in ewig klingender Existenz.*

Wo findet er Ruhe? Er ersehnt sie bei der geliebten
Frau. Ihr möchte er alles anvertrauen, Höhen und Tiefen seiner Existenz mit ihr teilen. Sie ist für ihn in Weimar zum wichtigsten Menschen geworden. Neben
Carl August, dessen Jugend aber immer wieder ein di-
plomatisches Vorgehen erzwingt.

An Charlotte richten sich alle seine Erwartungen.
Wenn er im Gedicht vom 14. April 1776 von *Mä-*
ßigung: Tropftest Mäßigung dem heißen Blute, vom
Aufrichten: *Richtetest den wilden irren Lauf* spricht,
so ist wohl nicht zuletzt sein tagtägliches Tun gemeint.

Sein Anspruch auf ihre Liebe betrifft die Gesamtheit
seiner Existenz; sein *Schicksaal* und das ihre. Von der
Geliebten erwartet er, wonach er sich sehnt, wessen er
selbst dringend bedarf, sie soll ihm Frieden bringen:
    Was soll all die Quaal und Lust.
    Süsser Friede,
    Komm ach komm in meine Brust.

Und Charlotte? Der Widerstreit ihrer Gefühle: *was*
wird er wohl noch mehr aus mir machen.

Ihre Briefe an den Freund sind vernichtet. Aber auf der
Rückseite eines Goethe-Briefes aus dem Jahr 1776 sind
einige Zeilen von ihr überliefert, die uns ihren Zustand

eindringlich vor Augen führen. In ihren klaren Schrift-
zügen steht da:

> *Obs unrecht ist was ich empfinde – –*
> *und ob ich büßen muß die mir so liebe Sünde*
> *will mein Gewißen mir nicht sagen;*
> *vernicht' es Himmel du! Wenn michs je könnt*
> *anklagen.*

Die Zeilen offenbaren die Muster, in denen sie denkt,
und belegen ihren inneren Kampf. Schon ist sie wohl
dabei, ihn zu verlieren.

Ihr *Gewißen* schweigt. Sie, streng gläubig von ihrer
Mutter erzogen, in strikter Achtung vor der Etikette
aufgewachsen, sucht offenbar verzweifelt eine Möglichkeit, das Verhältnis zu dem viel jüngeren Goethe:
die mir so liebe Sünde aufrechtzuerhalten, es aber in
Bahnen zu lenken, die es ihrem Ehemann und der Hofgesellschaft gegenüber annehmbar und akzeptabel erscheinen lassen.

Ist es die Rolle der Bildnerin, die der mütterlich-
schwesterlich Helfenden, die der sieben Jahre Älteren
am gemäßesten erscheint? Der Freund ist nach Weimar gekommen, um den Herzog zu erziehen. Sie aber
nimmt sich des Erziehers an, um seine Bemühungen,
Gutes zu stiften, im Interesse des Herzogtums zu un-
terstützen. Das nützt dem Hof, ist – nach außen – er-
klärbar, scheint ihr wohl einleuchtend und überzeugend.

Wenn Frau von Stein Goethe als ihren *Heiligen* apo-
strophiert, er sie dagegen *Madonna* nennt, schreibt:
seh dich eben künftig wie man S t e r n e sieht! – denck

das durch, so wird klar, worum es ihr geht: um eine Grenzziehung im Rahmen des Schicklichen.

Sie will die Beziehung retten, nicht durch das Verbot seiner Nähe, sondern durch das Verbot der körperlichen Annäherung. Charlotte verdrängt den Eros, entsinnlicht die Liebe, reduziert sie auf die der Seelen, schließt die Körper aus.

Ob sie das in erster Linie aus Angst um ihren Ruf und die Gefährdung ihrer Ehe tut oder ob sie, die bereits sieben Schwangerschaften hinter sich hat, an einem sexuellen Verhältnis zu einem sieben Jahre jüngeren, im Vollbesitz seiner Kräfte stehenden Mannes kaum interessiert sein kann, wissen wir nicht. Sicher werden sie auch Ängste über die Beständigkeit seiner Liebe und über ihr eigenes Alter gequält haben.

Aber verlieren will sie Goethe keinesfalls. Zu sehr bestimmt er sie, hat ihr *Herz*, das *eben im Zuschließen war*, wieder geöffnet, ihrem Leben einen neuen Sinn gegeben.

Und Goethe? Seine Ängste vor Bindungen. Als Lavater einmal auf die von Goethe bewunderte Maria Antonia von Branconi anspielt, reagiert er heftig: *Gott bewahre uns für* (vor) *einem ernstlichen Band, an dem sie mir die Seele aus den Gliedern winden würde.*

Würde nicht auch Charlotte von Stein bei *einem ernstlichen Band* ihm *die Seele aus den Gliedern winden*?

Besteht für ihn vermutlich sogar ein Reiz in der Unerreichbarkeit dieser Frau? Eingangs haben wir davon gesprochen, daß lebenslang in Goethes Herzensangelegenheiten – außer in seiner Liebe zu Christiane – die Unerreichbarkeit der Geliebten ein Motiv ist. In dem Sinn, den er im »Werther« seine Lotte, die, wie er einmal Charlotte von Stein gegenüber formuliert, auf sie *vorgespukt habe*, sagen läßt: *Warum denn mich? Ich fürchte, es ist nur die Unmöglichkeit mich zu besizzen, die Ihnen diesen Wunsch so reizend macht.*

Frau von Steins Eingebundensein in Ehe, Kinder und Hof verringert die Gefahr von Festlegungen, Verpflichtungen, von Bindung im herkömmlichen Sinne. Immer befindet sich Goethe mit seiner Liebe zu der verheirateten Frau in einer Art Schwebezustand, immer hat er Luft unter den Füßen, nie ist er gezwungen, sie auf den Boden aufzusetzen.

Mit der Zurückweisung des *ganz sinnlichen Menschen* Goethe durch Charlotte sind die Konflikte dieser Liebe vorprogrammiert, die sich mit den Jahren verstärken und schließlich zu ihrer Zerstörung, zum bitteren Ende führen werden.

In welcher Dimension sie sich bewegen, sei mit zwei Vorgriffen auf spätere Aussagen Goethes angedeutet. 1784 schreibt er der Geliebten in einem auf französisch verfaßten Brief: *Non, mon amour pour toi n'est une passion, c'est un maladie, une maladie qui m'est plus chère que la santé la plus parfaite et dont je ne veux pas guerir. (Nein, meine Liebe zu Dir ist keine Leidenschaft mehr, sie ist eine Krankheit, eine Krankheit, die mir kostbarer ist als die vollkommenste Gesundheit und von der ich nicht genesen will.)* Eine seltsam verzweifelte Definition: Seine Liebe als eine kostbare Krankheit.

Von dieser *maladie,* dieser Krankheit, erlöst er sich selbst durch seine Flucht nach Italien. Von dort wird er ihr gestehen, wie sehr er sich *Gewalt* habe antun müssen, wie sehr ihn die Unerreichbarkeit der Geliebten gequält habe; *daß der Gedancke dich nicht zu besitzen, mich doch im Grunde, ich mags nehmen und stellen und legen wie ich will aufreibt und aufzehrt. Ich mag meiner Liebe zu dir Formen geben welche ich will, immer immer* – Ein schwerwiegender Gedankenstrich. Er bricht ab. In seinen Briefen aus Italien ist sogar davon die Rede, daß er sich *wollt … eher den Todt gewünscht* haben, als mit ihr *das Leben der letzten Jahre* in Weimar zu führen.

Aber von all dem ist in den Anfangsjahren ihrer Liebe nicht die Rede; sie ist noch hoffnungsvoll im Wachsen.

Um Frau von Stein nicht zu verlieren, scheint sich Goethe zunächst mit dieser Grenzziehung abgefunden zu haben. Und er entwickelt wohl eine Theorie dazu.

1777 taucht bei ihm erstmals der Begriff der *Reinheit* auf. Unter der Anrede *Heiliges Schicksaal* notiert er am 14. November 1777 in sein Tagebuch: *Laß mich nun auch frisch und zusammengenommen der Reinheit geniessen.* Später heißt es: *Möge die Idee des reinen die sich bis auf den Bissen erstreckt den ich in den Mund nehme, immer lichter in mir werden.*

Ein mögliches Gespräch Charlottes und Goethes

darüber? Sie deutet den Begriff der Reinheit vielleicht rein moralisch oder religiös. Oder im Sinne von Julies Ausspruch in Jean-Jacques Rousseaus »Julie, ou, La Nouvelle Héloïse«: *Sinnlicher Mensch, wirst du denn nie lieben lernen?* Er dagegen greift weit zurück bis zu den Schriften der Pythagoreer, bestimmt die *Reinheit* philosophisch, macht daraus ein Lebensprogramm.

Reinheit ist ihm Selbstbesinnung auf das zu erkennende Ich, Abwesenheit von flüchtigen Begierden, Konzentration, innere Harmonie, Hingabe an die Aufgaben des Tages (*das Gehörige des Augen Blicks zu bedenken*), Entfernung störender Schlacken des Ichs. Von notwendigen *Häutungen* wird er des öfteren sprechen. Wenn diese Philosophie der *Reinheit* ein Diktat der geliebten Frau ist, so kommt es zum einen ihrem Erziehungsgedanken als *Beichtigerinn* und *Besänftigerinn* unendlich entgegen, zum anderen bewirkt es, da das Begehren des jungen Mannes bleibt, wohl zumindest zeitweise den Abbau von Spannungen.

Das überraschende Ergebnis dieser Grenzziehung unter der Überschrift *Reinheit* ist – soweit die Briefe Auskunft geben – eine Annäherung in einem gemeinsam gelebten Alltag. Als *ehmännischen Liebhaber* sieht Goethe sich; je *ehmännischer* ihr Zusammensein sich gestaltet, desto unromantischer, alltäglicher wird es.

Die folgenden Jahre beweisen es. 1777, 4. Januar, Goethe an Charlotte: *Indeß Sie lustig waren, war ich fleisig ... Ich ... komme wohl heut zu Ihnen. Leben Sie froh bis dahin.* 11. Februar: *Ich gehe in's Conseil sizzen, werde mit unter einen Augenblick bey Ihnen seyn, und vielleicht gar zu Ihnen kommen und um einen Bissen Nachtisch bitten.*

Fast täglich sehen sie sich. Geschenke gehen hin und her. Am 19. Mai schreibt er: *Dancke für das Frühstück. Hier schick ich etwas dagegen. Heut Nacht hab ich auf meinem Altan unterm blauen Mantel* (ein von Charlotte geborgtes Kleidungsstück) *geschlafen, bin dreymal aufgewacht um 12, 2 und 4 und jedesmal neue Herrlichkeit des Himmels um mich. Zu Tische komm ich wenn mich nichts auffängt.*

Das *Herztheilen* mit Charlottes Ehemann scheint ihn weniger zu belasten. Stets richtet er Grüße an ihn aus, bittet Charlotte um Nachrichtenübermittlung. So heißt es am 23. März über Steinen, *er mögte gegen 9 Uhr in meinem Garten seyn, ich hab ihm nothwendigs zu sagen.* Am 3. Mai: *Wenn Stein noch zu Haus ist sagen Sie ihm ich möchte gern das neue Pferdgen stallmeisterlich ausreiten.* 23. Mai: *Stein ist noch nicht kommen.* 26. Mai: *Ich reite nach Belvedere um Stein zu sprechen.*

Auch zu Charlottes Söhnen stellt sich eine enge Bindung her. Sie kommen gern ins Gartenhaus. Im Mai ein *Zettelgen* an Charlotte: *Die Grasaffen haben grose Lust das Gewitter bey mir abzuwarten, und hier haußen zu kampiren. Eyerkuchen haben wir schon gebakken und gegessen. Also seyn Sie ohne Sorge, gut sind sie aufgehoben. Morgen sollen Sie sie wieder haben, und grosen Spaß machts ihnen ... Gute Nacht beste hab ich doch Ihre Kinder da Sie so weg müssen.* In Goethes Tagebuch der Eintrag: *Gewitter. Kästner und die Kleinen kampirt auf dem Boden.*

Als die geliebte Frau auf ihr Landgut fährt, heißt es am 12. Juni: *Seit Sie weg sind fühl ich erst daß ich etwas besizze, und daß mir was obliegt.* Ein neuer Ton; seine Verantwortung ihr gegenüber, seine Dankbarkeit. *Meine übrigen kleinen Leidenschafften Zeitvertreibe und Miseleyen, hingen sich nur so an dem Faden der Liebe zu Ihnen an, der mich durch mein iezzig Leben durchziehen hilft. Da Sie weg sind fällt alles in Brunnen … Adieu beste! – Bleiben Sie mir! Wie ich Ihnen. Adieu Gold.*

Vom 23. Juni bis 29. Juli 1777 weilt Charlotte mit ihrem Ehemann zur Kur in Bad Pyrmont. Bereits am 5. Juli drängt es Goethe, ihre Söhne zu sehen. Von Dornburg aus reitet er nach Kochberg, *fand die Kleinen beym Essen,* notiert er in sein Tagebuch. Und Charlotte schreibt er: *Abends halb zehn, Kochberg in Ihrem Schlafzimmer … Es ist eine wehe Empfindung, dass Sie nicht da sind. Gute Nacht.* Am Morgen: *Ich höre die kleinen Singen und wirthschafften und will zu ihnen.*

Sonntag Nachts dann berichtet er ihr: *Heut früh hab ich im grosen Garten gezeichnet am Plazze wo wir neulich stillstanden und Sie mir die schöne Gegend zeigten … gute Nacht Engel es ist iezt mein einziges daß ich Sie noch liebe wie immer.*

Tage später bricht er erneut nach Kochberg auf: *bin um halb sechs zu Fuße von Weimar abmarschirt und war halb zehn hier.* Anderntags wandert er mit den *Kleinen,* zeichnet mit ihnen. Am 14. Juli die Notiz: *Um halb 9 weg geritten. in 2 Stunden 5 Minuten nach Weimar.*

Nach der Rückkehr des Ehepaars aus Bad Pyrmont klagt Goethe am 11. August Charlotte: *Ich muss mich festhalten sonst risse mich Ihr Kummer mit weg.* Ihr *Kummer* ist der Gesundheitszustand ihres Mannes.

Durch Herrn von Schardt, Charlottes Bruder, erreicht Goethe bereits am 3. Juli eine *fatale Nachricht von Stein.* Am 17. Juli schreibt er aufatmend: *Ich höre daß es mit Steinen besser geht, das ist mir sehr lieb.*

Nach Josias von Steins Tod wird man einen von einem Reitunfall herrührenden Knochensplitter in seinem Gehirn finden. Sind es erste Anzeichen dieser inneren Verletzung, die in Bad Pyrmont auftreten? Ohnmachten, zeitweise Verwirrtheit, Lähmungen?

Charlottes Sorgen um ihren Ehemann. Ende August, Goethe ist in Dienstangelegenheiten bis in den September hinein mit Carl August in Ilmenau und Eisenach unterwegs, besucht er sie in Kochberg. *Wie wohl ist mirs daß ich erst bey Ihnen war,* schreibt er ihr am Abend des 29. August. *Wie lieb ich Sie habe fühlt ich erst wieder in den Augenblicken da Sie vergnügt und munter waren, die Zeit her hab ich Sie nur leiden sehn und das drückt mich so daß ich auch meine Liebe nicht fühle.*

Seine Anwesenheit tut ihr offenbar gut. Auch sorgt sie für ihn, gibt ihm *Reisezehrung* mit, einen *Biskuitkuchen.* Er bedankt sich, mahnt sie: *Ich ... hoffe daß Sie keinen Kaffee mehr trincken.*

Die so unterschiedlichen Lebenssituationen der beiden. Neben seinen Dienstverpflichtungen führt Goethe ein wildes Leben mit Carl August. Tagebuch, 1. September: *ausgelassen toll bis 1 Nachts*. 8. September: *Abends die Weiber, getanzt von 6 bis Morgens 3*. Charlotte kann lesen: *In Stüzzerbach tanzt ich mit allen Bauernmädels im Nebel und trieb eine liederliche Wirthschafft bis Nacht eins*.

Eifersüchtig brauche sie nicht zu sein, versichert er ihr, denn: *Ihr Halstuch hab ich um*. Ein Geschenk von ihr, ein Talisman. Diese kleinen Gegenstände sind ihm wichtig, bereits im Vorjahr, er überreicht ihr ein *Band*, heißt es: *darf ich bitten auf der Redoute dies Band mir zum Gedächtniß zu tragen*.

Als er in Ilmenau Zahnschmerzen und eine dicke Backe bekommt, klagt er: *muß nun warme Kräutermilch im Mund haben und kan nicht auf Misels ausgehn* ... Dann, sich auf einen Brief von ihr beziehend, er glaube, *daß Ihre Lieb zu mir mit dem Abseyn wächst. Denn wo ich weg bin können Sie auch die Idee lieben die Sie von mir haben, wenn ich da bin wird Sie offt gestört, durch meine Thor und Tollheit*. Und er versichert: *Ich habe Sie doch ganz allein lieb, das spür ich an der Wirthschafft mit den übrigen Frauen*.

Wie mag Charlotte das aufgefaßt haben, als unangemessen, als *coquet*? Sieht sie in ihm den *Grindkopf* (Kindskopf), als den er seinerseits den sieben Jahre jüngeren Carl August bezeichnet, beleidigt es sie oder bestärkt es sie, ihr Erziehungswerk fortzusetzen? Lächelt sie vielleicht über seine Selbstverliebtheit, seine Selbstgewißheit, wenn sie liest: *Ich weis daß Sie mich lieben, ich spürs daran, daß Ich sie so lieb habe*.

Wir wissen es nicht. Goethes Verszeilen vom 14. April 1776

Nur uns Armen liebevollen beyden
Ist das wechselseitge Glück versagt
Uns zu lieben ohn uns zu verstehen,
sind gelebte Realität.

Doch das Jahr vergeht nicht ohne Spannungen. Am
11. Januar notiert er in sein Tagebuch: *Umhergewan-*
delt Scheis weh. Am 13.: *Streit über Raphael.* Bei seinem nächsten Eintrag vom 15. Januar ersetzt er – wie
er es bei Carl August und Anna Amalia tut – erstmals
ihren Namen durch ein astrologisches Zeichen. Es ist
das der Sonne. 15.: *bey* ☉ *gessen neuer Streit* steht da.
Am 17. dann: *Versöhnung.*

Im Herbst, beide sind in Weimar, Vorwürfe ihrerseits offenbar, daß seine Liebe nicht ernsthaft genug
sei. *Warum das Hauptingrediens Ihrer Empfindun-*
gen neuerdings Zweifel und Unglaube ist begreiff ich
nicht ..., verteidigt er sich im Oktober. Und am zweiten Jahrestag seiner Ankunft in Weimar: *Gestern von*
Ihnen gehend hab ich noch wunderliche Gedancken
gehabt, unter andern: ob ich Sie auch wircklich liebe
oder ob mich Ihre Nähe nur wie die Gegenwart eines
so reinen Glases freut, darin sichs so gut sich bespie-
geln läßt.

Die Metapher des *reinen Glases*: Kühle, Ferne, das
Zurückgeworfensein durch die körperliche Abstinenz
auf sich selbst, auf sein Spiegelbild. Ahnung oder ver-
schlüsselte Klage, daß zum *wircklich liebe⟨n⟩* gehört,
was Mann und Frau bindet, körperliche Nähe? Im Brief
fährt er fort: *Ich kam von ohngefehr über den Kalen-*
der von vorm Jahr da stund beym 7. Novemb.: Was

ist der Mensch, daß du sein gedenckest pp.
Auch dieses Bibelwort aus dem Psalm 8,5 spricht von
seiner Resignation.

Der *Heilige* und die *Madonna*. Noch aber zieht Goethe das in Übereinstimmung mit Charlotte gefaßte Lebensprogramm der *Reinheit* nicht in Zweifel. Den
Brief fortschreibend sieht er seine Entwicklung positiv. Die Geliebte hat ihm geholfen, sich von *flüchtigen
Begierden*, von störenden *Schlacken* zu befreien, hat
ihm *Häutungen* ermöglicht. In Anspielung auf das
Schicksaal, das im Gedicht »Warum gabst du uns die
Tiefen Blicke« als Synonym für ihre Liebe steht, urteilt
er, die Metapher eines von Menschenhand gestutzten
Baumes aufgreifend: *Hernach fand ich daß das Schicksaal da es mich hieher pflanzte vollkommen gemacht
hat wie mans den Linden thut man schneidet ihnen
den Gipfel weg und alle schöne Aeste daß sie neuen
Trieb kriegen sonst sterben sie von oben herein. Freylich stehn sie die ersten Jahre wie Stangen da.*

Daß das *Schicksaal* den Freund *vollkommen gemacht*
habe, davon scheint die Geliebte nicht überzeugt; sie,
die Strenge, die eine *Idee* hat, wie er sein soll, sieht
ihn kritisch; in ihrer Entgegnung muß sie die Baum-
Metapher aufgegriffen und das, was er als positiv be-
schreibt, ins Negative gewendet haben.
   In seiner Entgegnung klagt er: *Die Fortsezzung des
Vergleichs hat mich sehr gedemütigt … Ich redete vom
Vergangnen verlohrnen, und glaubte die Zweige spross-
ten schon wieder. Oh! und Sie finden, daß sie neuer-*

dings abgehauen, daß neuerdings kein Schatten und kein Hort drunter ist. O Weh! d. 8. N. 77.

Am folgenden Tag die Notiz in Goethes Tagebuch: *Bey ☉ gessen ernstliches Gespräch über die Verhältniss.* Verteidigt er sich, spricht davon, wieviel er bereits durch sie gewonnen habe? Noch geistern durch seine Briefe nicht die unendlichen Dankbezeugungen, daß sie *ihr Werck* an ihm *vollenden* möge, ihn *besser* machen solle. Wohl aber ist ihr Einfluß spürbar. Goethes Freund Merck, der im Herbst 1777 in Weimar weilt und ihn noch aus seiner Sturm-und-Drang-Zeit kennt, sieht das durchaus, am 3. November berichtet er Nicolai: *Er ... hat nicht das Geringste, wie die Esel prätendieren, von seiner ehmaligen poetischen Individualität abgelegt, dagegen aber an Hunger und Durst nach Menschenkenntnis und Welthändeln und der daraus folgenden Weisheit und Klugheit wie ein Mann zugenommen.*

Zum Lebensalltag der beiden gehört das Praktisch-Tätige von Goethes Liebe. In einer Novembernacht, als der Sturm um sein Gartenhaus heult und ihn nicht schlafen läßt, knetet er *aus einem Stumpfgen Wachslicht ... ein Model zu einem Schlitten* für Charlotte. Anderntags berichtet er ihr: *er ist auch schon bestellt.* Einen Schreibsekretär entwirft er ebenfalls für sie, läßt ihn von einem Tischler anfertigen.

Der *ehmännische Liebhaber* kümmert sich um Neuanpflanzungen auf ihrem Landgut. *Die Bäume sind angekommen 30 an der Zahl, gute Kirschbäume auch*

wenige Obst Bäume guter Sorten. wie und wann sol-
len sie nach Kochberg? sie müssen wohl gepflanzt und
sonderlich gegen die Haasen mit starcken Dornen ver-
wahrt werden.

Er sorgt sich um Herders Wohnung und um das
neue Quartier der Familie von Stein. Aus der Scherfgasse werden sie in ein Haus an der Ackerwand ziehen.
Er habe *gegrundrißt*, heißt es bereits im Frühjahr 77
an die Geliebte, später dann: *die Farben in Ihre Zim-*
mer ausgesucht, mit grün und grau gewechselt, und
ein einziges, das Besuch Zimmer Paille machen las-
sen. Es wird lichter dadurch.

Als seine *Puppe* bezeichnet er diese Tätigkeiten. Sie
schaffen ihm ein inneres Gleichgewicht. *Ich lebe in*
groser Verwirrung, indess giebt mir der Himmel dass
ich pflanzen und bauen kann, berichtet er Lavater.
Auch für sich selbst arbeitet er, renoviert sein verfalle-
nes Gartenhaus, läßt Anbauten machen, beaufsichtigt
die Handwerker, legt neue Spargel- und Blumenbeete
an, pflanzt Bäume.

Über die Wohnung an der Ackerwand schreibt er
Charlotte am 12. November: *Liebste Frau …, morgen*
Mittag ist alles gescheuert … Der Windofen wird in
der Kinder Stube in wenigen Stunden stehn und das
Küchelgen also zum Einräumen bereit seyn. Den Heerd
laß ich stehn er hindert wenig. Machen Sie sich also
zum Aufbruch bereit. Am 15. dann die Notiz im Tagebuch: *war ⊙ im neuen Quartier eingezogen.*

Im Dezember 1777 bricht Goethe zu einer ersten Reise
in den Harz auf. Er reitet durch die winterliche Land-

schaft. *Gar hübsch ists auf seinem Pferde mit dem Mantelsäckgen, wie auf einem Schiffe herum zu kreuzen.* Er verschweigt seine wahre Identität, wechselt mehrfach die Namen, gibt sich unter anderem als *Zeichenkünstler von Gotha* aus.

Offiziell dient die Reise Studienzwecken. Als Verantwortlicher für das Ilmenauer Bergwerk unterzieht er sich diesen *Geschäfften*, fährt in verschiedene Schachtanlagen ein.

Sein eigentliches Ziel aber ist die Besteigung des Brockens. Er mißt dem Gelingen eine fast mythische Bedeutung bei. Will er im Zwiegespräch mit einer höheren Macht – der gewaltigen Natur – sich von der Trauer über den Tod seiner Schwester Cornelia lösen? Am 8. Juni starb sie; nicht einmal Charlotte gegenüber konnte er seinen Schmerz gestehen. Will er vom *Geist des Himmels,* den er anruft, die Bestätigung, daß sein Leben als Höfling und Beamter und seine seltsame, unerfüllte Liebe zu Charlotte sein Bleiben in Weimar rechtfertigt?

Er macht ein Geheimnis daraus. *Sie allein dürfens hören, auch der Herzog, und so muß es Geheimniß seyn,* heißt es am 4. Dezember an Charlotte. Und sechs Tage später: *Ich will Ihnen entdecken (sagen Sie's niemand) daß meine Reise auf den Harz war, daß ich wünschte den Brocken zu besteigen, und nun liebste bin ich heut oben gewesen ...*

Es ist der 10. Dezember 1777. *Das Ziel* seines *Verlangens* sei *erreicht,* schreibt er beglückt, *es hängt an vielen Fäden ... Sie wissen wie simbolisch mein Daseyn ist.* Ein Jahr später, am Jahrestag seiner Brockenbesteigung, wird er gestehen, er habe viel *vom Geist des Himmels* verlangt, *das nun erfüllt* sei.

Erstmals auf dieser Winterreise durch den Harz schreibt er ein Tagebuch für die geliebte Frau. Vertraut ihr seine Erlebnisse und Empfindungen an: *Kanntest jeden Zug in meinem Wesen.* Auch auf den winterlichen Wegen, auf denen er reitet, spricht er mit ihr: *Und habe Ihnen viel erzählt unter weegs, o ich bin ein gesprächiger Mensch wenn ich allein bin.*

Zurück in Weimar, schickt er ihr am 30. Dezember eine *Blume*, die er *im Ausritt vom Harze, unter dem Schnee aus einem Felsen für Sie gebrochen* habe … Er fügt an: *Heut Abend sehn Sie mich in dem Leichtsin der Representation.* In seinem Drama »Die Mitschuldigen« steht er auf der Bühne des Weimarer Liebhabertheaters.

Das Jahr 1778. Am ersten Tag schreibt Goethe der Freundin: *Ich habe gestern Abend viel an Sie gedacht indem ich Briefe und das ganze Vergangne Jahr zusammen packte. Ich mögt Ihnen so gern was zum neuen Jahre schicken und finde nichts, ich bin in Versuchung kommen Ihnen von meinen Haaren zu schicken und hatte sie schon aufgebunden, als mirs war als wenn diese Bande keinen Zauber für Sie hätten.* (Für ihn dagegen haben *diese Bande* … einen *Zauber*, eine von Charlotte ihm geschenkte Haarlocke bewahrt er lebenslang auf.)

In der Nacht vom 16. zum 17. Januar 1778 erschüttert ein Ereignis ganz Weimar. Die sechzehnjährige Christiane von Laßberg ertränkt sich, angeblich den »Werther« bei sich, aus Liebeskummer in der Ilm.

Vor der Floßbrücke unter dem Wehr wird ihre Leiche am Morgen gefunden. Man bringt sie ins Haus der von Steins. Goethe sucht am Abend des 18. Januar die Eltern der Toten, Oberst von Laßberg und seine Frau, auf. Danach geht er an die Unglücksstelle, findet ein *Pläzgen wo das Andencken der armen Cristel verborgen stehn wird ... Ich hab mit Jentschen* (Hofgärtner Gentsch) *ein gut Stück Felsen ausgehölt, man übersieht von da, in höchster Abgeschiedenheit, ihre lezte Pfade und den Ort ihres Tods. Wir haben bis in die Nacht gearbeitet, zulezt noch ich allein bis in ihre Todes Stunde ...*, schreibt er Charlotte noch in der Nacht, schickt es ihr am Morgen des 19. Januar: *Statt meiner kommt ein Blätgen.* Er bittet sie: *... schonen Sie sich und gehn nicht herunter. Diese einladende Trauer hat was gefährlich anziehendes wie das Wasser selbst, und der Abglanz der Sterne des Himmels der aus beyden leuchtet lockt uns.*

Auch 1778 ist Goethe weiterhin in *alle Hof- und politischen Händel verwickelt*. Mehrmals in der Woche nimmt er an den Sessionen des Geheimen Consiliums teil, zusammen mit Carl August, mit von Schnauß und von Fritsch. Er verbringt viel Zeit mit dem Herzog, zuweilen übernachtet er bei ihm, geht mit ihm zur Jagd, begleitet ihn auf Reisen. So weilt er mit ihm vom

10. Mai bis 1. Juni in Leipzig, Wörlitz, Potsdam und Berlin.

In Weimar steht er mit dem aus Gotha kommenden alten Ekhof auf der Bühne von Anna Amalias Liebhabertheater, nimmt sich den »Egmont« wieder vor, schreibt »Der Triumph der Empfindsamkeit«, schickt diese *neuste Tollheit,* wie er sagt, in die Welt. Im Oktober wird in Ettersburg sein »Jahrmarktsfest zu Plundersweilern« mit den von der Herzogin-Mutter komponierten Liedern aufgeführt. *Nach der Comedie,* berichtet Luise von Göchhausen Goethes Mutter nach Frankfurt, *wurde ein groses Banquet gegeben, ein mächtiger Ball bereitet der bis am hellen Morgen dauerte ...* Goethe ist zugegen, er ist bei jeder der zahlreichen Hofvergnügungen ein gern gesehener Gast.

Und er hat sich – es wird von ihm erwartet – zu den Geburtstagen der Herrschaften stets Überraschungen auszudenken. Er scheint sich um alles zu kümmern. Selbst über ein *Bettgen* für das zu erwartende Kind der Herzogin denkt er nach. Im Tagebuch notiert er am 3. Oktober ein Gespräch mit einem Handwerker. Am 4. dann: *Früh mit Gianini* (Oberhofmeisterin) *wegen des Bettgens.*

Mit dem *Bauwesen* hat er ebenfalls zu tun, das Fürstenhaus wird umgebaut. Anfang November beschäftigen ihn *eifrige Gedancken an einen Theaterbau dazu ich ohnablässig Risse krizzle und verkrizzle, nächstens ein Modell hinstellen werde ...*

In seinem Gartenhaus gibt er des öfteren Feste. Ein Beispiel: Am 22. August sind die Herzogin-Mutter, Fräulein von Göchhausen, Wieland, Frau von Stein

und von Einsiedel zu Gast. Zu seinem engeren Freund-
schaftskreis gehört auch die Schauspielerin Corona
Schröter. Die Notiz *Crone* findet sich oft in seinem Tagebuch.

Das Jahr 1778 sieht Goethe als ein wichtiges: Er steht
an der Schwelle zum dreißigsten Lebensjahr. *Wundersam Gefühl vom Eintritt in's dreysigste Jahr. Und Verändrung mancher Gesichts Punckte,* notiert er in sein
Tagebuch. Und an seine Liebste schreibt er: *Allerley
Krickeleyen hab ich wieder gehabt, wie Sie wohl dencken können, da ich die schöne Hoffnung auf mein
30. Jahr habe, weil ich im 29. noch so ein Kind bin.*
 Ist das ein Echo auf ihre Haltung zu ihm? Von einem
unüberwindlichen Gelüst, ihn *zu schelten* ist die Rede.
Ist es noch immer sein Sturm-und-Drang-Gestus, sein
Fluchen, sind es die *pöbelhaften niedern Ausdrücke*
die Charlotte tadelt?
 Vorwürfe offenbar. Das Jahr beginnt schon mit
einer Verstimmung. *Ich hab Launen so scheints,* verteidigt er sich am 9. Januar, *denn ich hab Unrecht
und hab doch Picks, und weis daß ich unrecht habe.
Aber es scheint ich soll wieder einmal fühlen daß ich
Sie sehr lieb habe, und was ich Sie gekostet habe u. s. w.
Dem sey wies wolle, ich mag und kan Sie nicht sehn.*
Am 11. heißt es: *wir scheinen unsre Empfindungen
neuerdings auf Spizzen zu sezzen.* Am 1. Februar dann
ironisch: *Es ist doch hübsch von Ihnen dass Sie den
den Sie nicht mehr lieben doch mit eingemachten
Früchten nähren wollen.*
 Deutet die Ironie auf Versöhnung? Von nächtlichen

Spaziergängen im Mondschein mit ihr, von Ausritten zu dritt – mit Josias von Stein – berichtet das Tagebuch. Von Geschenken; er läßt ihr Stoff zukommen: *Wickeln Sie sich ein*, schickt ihr *Zeug zu ein paar Westgen.* Sie schenkt ihm ein *Nachtwestgen*, er erwidert, er wolle sich darin *kleiden wie in Ihrer Liebe.* Wenn er ihr Briefe schreibt, hat er *ihr liebes Band um die Hand gebunden.* Er schenkt ihr eine Tasse: *Die Tasse die beykommt hab ich dir gemahlt.* Bittet sie um *Handschu ... um sechs Paar mit Fingern und drey Paar nur mit dem Daumen und mit Läppgen ... Ich hab Ihnen nur immer eben dasselbe an Früchten Blumen und Gesinnungen zu geben.*

Auch sie verwöhnt ihn mit Briefen und Gaben, wie man aus seinen Bedankungen schließen kann. Sie schenkt ihm eine *Tasche* und Süßes: *Dancke für die Schokolade, von Ihren Händen nehm ich auch wohl was schädlich ist ...* Die leeren Schüsseln, die vom Gartenhaus zur Ackerwand gehen, schickt sie mit Speisen gefüllt zurück. Er dagegen versorgt sie mit Salat, Radieschen, Bohnen und Melonen aus seinem Garten.

Diese Nähe im Alltag und das liebevolle Füreinandersorgen kann nicht darüber hinwegtäuschen, daß das Jahr 1778 ein Auf und Ab in ihren Beziehungen bringt, Charlotte ihn auf Distanz hält. Sie scheint eine strenge Erzieherin zu sein. Er dagegen wirkt mitunter wie ein mittelalterlicher Troubadour, der um die ferne Frau wirbt: *Liebste ich habe gestern Abend bemerckt dass ich nichts lieber sehe in der Welt als Ihre Augen, und dass ich nicht lieber seyn mag als bey Ihnen.*

Er schenkt ihr Verse.

Der dich immer treu und besser
Als du glauben magst geliebt

heißt es im Gedicht »Mit einer Hyazinthe«. Und in der
ersten Fassung von »An den Mond« ist es nicht *des*
Freundes Auge mild, sondern das der *Liebsten*.

Breitest über mein Gefild
Lindernd deinen Blick,
Wie der Liebsten Auge, mild
Über mein Geschick.

Alle seine Briefe sind Wortliebkosungen. Allein die Anreden: *du einziges Wesen, du herzlich geliebte, meine*
nahe, du meinige, mein alles, du süse, du süses Herz,
Du innig Geliebte, Du stündlich Geliebteres, Du mein
geliebtes erstes und letzes.

Er braucht sie, spürt vielleicht auch in ihrem Schweigen oder wenn sie sich abwehrend gibt, daß sie ihm innerlich nah ist. *Daß Sie mich lieb haben glaub ich und*
fühls. Sie und der Herzog ..., kann man am 2. Juni lesen. Und als sie Mitte des Monats zur Hochzeit einer
Verwandten fährt: *Ich bin leider an Ihre Liebe zu fest*
geknüpft wenn ich manchmal versuche mich los zu
machen thut mirs zu weh da laß ich's lieber seyn.

Während ihres Sommeraufenthaltes in Kochberg
klagt er: *In der Leerheit da Sie weg sind helf ich mir*
so gut ich kann. Tracktire Misels, reite und lauffe her-
um. Ich hoffe Sie bald wieder zu sehn. Adieu liebes Gold.

Als sie am 8. September, offenbar ohne Abschied
von ihm zu nehmen, auf ihr Landgut fährt, hofft er vergebens *auf ein zurückgelassenes Zettelgen ... bey Hof*

in Ihrem Haus und unter den Bäumen, auch ohne es zu wissen geh ich herum und suche was, und endlich kömts heraus daß Sie mir fehlen, heißt es am 24., und: *Ich bin sehr einsam.* Am 11. Oktober vermerkt er im Tagebuch: *Früh nach Kochberg geritten.* Und am 12.: *Früh wieder zurück.*

Ist er nicht willkommen? 3. November: *Steinen hab ich versäumt das Zettelgen mitzugeben, und von Ihnen hör ich auch nichts ... ich wollt Sie wären wieder hier.* Am 9. November die Beschwörung: *Kommen Sie ja bald, denn die Abwesenden sind wie die Todten fern, und ohne Gewalt ...*

Erst Ende des Monats ist sie zurück; sein *Thal wird wieder lebendiger.* Am 9. Dezember im Tagebuch: *Zu ⊙ essen. wenig aber gut nach Tisch gesprochen, sie kommt mir immer liebenswürdig vor, obgleich fremder. Wie die übrigen auch.* Ein rätselhafter Eintrag.

Einen Tag danach, in einem Billet, geschrieben *Nachm. 2 Uhr,* den Wunsch an sie, *in der Stille* an seinem *Jahresfest* teilzunehmen. *Vorm Jahr um diese Stunde war ich auf dem Brocken und verlangte von dem Geist des Himmel viel, das nun erfüllt ist ... Behalten Sie mich lieb auch durch die Eiskruste, villeicht wirds mit mir wie mit gefrornem Wein.* Wiederum einen Tag später, als Reaktion auf einen Brief Charlottes: *Dancke liebste daß Sie nach meinen Verworrenheiten fragen.*

Was hat es mit diesen *Verworrenheiten* auf sich? Zieht Goethe seine *Weltrolle,* die er mit so viel Enthusiasmus in Weimar zu spielen begonnen hat, in Zweifel?

Dazu trägt offensichtlich die Reise mit Carl August nach Potsdam und Berlin, ins Zentrum der preußischen Macht, entschieden bei. Goethe gewinnt Einblick in die große Politik, in das *Räderwerck des Welttheaters*. Er wird Zeuge von Kriegsvorbereitungen, der Bayerische Erbfolgekrieg zwischen Preußen und Österreich steht am Horizont. In geheimer Mission sind die beiden gekommen. Was erwartet der preußische König von Weimar? Wird er eigene Werber ins Land schicken, wird er ein Militärkontingent fordern? Dies herauszufinden, darin besteht die Diplomatie. *Politik* als *Schachspiel dieser Erde.*

Goethe fühlt sich unwohl. *Die Blüte des Vertrauens und der Offenheit* welke *täglich mehr.* Von *eisernen Reifen* werde sein *Herz eingefaßt,* klagt er der Geliebten aus Berlin, fällt dann ein äußerst hartes Urteil: *Soviel kann ich sagen, je gröser die Welt desto garstiger wird die Farce und ich schwöre, keine Zote und Eseley der Hanswurstiaden ist so eckelhafft als das Wesen der Grosen Mittlern und Kleinen durch einander.*

Mit Blick auf den preußischen Hof geschrieben, schließt es doch auch den Weimarer mit ein. Auffällig oft ist in der Folgezeit von *Armut des Hoftreibens* die Rede, von *Ekel* daran, im Hinblick auf das *Conseil* vom *leidig Gefühl der Adiaphorie* (Belanglosigkeit) *so vieler wichtig seyn sollender Sachen.* Sarkastisch heißt es: *vier bis fünf Herzoge von Sachsen in einem Zimmer machen auch nicht die beste Conversation.*

Dresselpuppen nennt er die Höflinge; *ausser dem Herzog,* vertraut er seinem Tagebuch an, sei *niemand im Werden,* die anderen sind fertig *wie Dresselpuppen, wo höchstens noch der Anstrich fehlt.*

Schließt sein kritischer Blick womöglich auch die Geliebte mit ein? Jener rätselhafte Eintrag vom 9. Dezember, sie komme ihm *immer liebenswürdig vor, obgleich fremder. Wie die übrigen auch.* Stellt er sie in eine Reihe? Vielleicht eine momentane Verunsicherung, es ist ihre lange Abwesenheit, die *Vertrauen* und *Vertraulichkeit* im Umgang erst wieder erneuern müssen.

Vermutlich dies, denn das Jahr mit Charlotte endet in Harmonie. Als er am 30. Dezember von ihr kommt, trägt er ein: *Mir war die Stein sehr lieb.*

Gleiches kann er nicht über sein Verhältnis zur Welt sagen. Hieß es schon einmal, *die grose Welt bekomme* ihm *wie dem Hunde das Gras,* so resümiert er am 30. Dezember 1778: *Ich bin nicht zu dieser Welt gemacht, wie man aus seinem Haus tritt geht man auf lauter Koth … Bevorstehende neue Eckel Verhältnisse durch die Kriegs Commision …*

Am 5. Januar 1779 wird ihm von Carl August die Direktion der Kriegskommission übertragen. Am 13. die erste Sitzung. *Fest und ruhig in meinen Sinnen, und scharf,* notiert er in sein Tagebuch; *ein unangenehmes verhasstes und schaamvolles Geschäft* nennt er es. *Zwischen zwey übeln im wehrlosen Zustand.* Soll man dem preußischen König die verlangte Aushebung im weimarischen Land gestatten oder die Rekruten selbst ziehen? In einem umfangreichen Schreiben vom 9. und 10. Februar 1779 an Carl August erörtert Goethe das Für und Wider. Ein Beleg, wie ernst er sein Amt als Berater und Erzieher des Fürsten nimmt. Albrecht Schöne nennt dieses Schreiben in seinem wunderbaren, 2015 erschienenen Buch »Der Briefschreiber Goethe« ein *Lehrstück strategischen Denkens, ein Paradebeispiel politischer Beratung.*

Äußerst geschickt setzt Goethe überdies auf Zeit, schlägt vor, sich zunächst mit den anderen thüringischen Höfen zu verständigen; *Depeschen nach Gotha,* heißt es am 10. Februar.

Aber nicht nur diese Bürde liegt auf ihm. Seit Februar 1777 ist er Mitglied der *Bergwercks-Commission* in Ilmenau. Carl August überträgt ihm außerdem die Direktion des *Landstraßenbaus* und die des *Stadtpflasterbauwesens.* Zu Inspektionen in all diesen Bereichen beginnt er, durchs Land zu reiten.

War er Anfang des Jahres 1779, wie er der Geliebten schreibt, *ein stumme⟨r⟩ Nachbaar,* der produktiv ist, an der »Iphigenie« arbeitet, so muß er sich nun ins Getümmel stürzen. Aber nicht mit den oberen, sondern mit den niederen sozialen Schichten kommt er nun in Berührung. *Mit den Leuten leb ich, red ich, und laß mir erzählen,* berichtet er Charlotte. *Von oben herein,* das heißt aus der Distanz des Landesherrn oder des Geheimen Consiliums, *sieht man alles falsch,* resümiert er. *Wie anders sieht auf dem Plazze aus was geschieht als wenn es durch die Filtrir Trichter der Expeditionen eine Weile läufft. Es gehn mir wieder viele Lichter auf ...*

Überraschend gelingt es ihm, während der Dienstreise – in einer produktiven Spannung –, an »Iphigenie« weiterzuschreiben. Auf dem Schwalbenstein bei Ilmenau beendet er den Vierten Akt. Auch in Dornburg, wo er wie in Buttstädt und Allstädt, Rekruten aushebt, dichtet er. Nur von Apolda berichtet er der Geliebten: *Hier will das Drama gar nicht fort, es ist verflucht, der König von Tauris soll reden als wenn kein Strumpfwürcker in Apolda hungerte.* Das ist am 6. März. Am 28. der Eintrag: *Iphigenie geendet.*

Am 6. April dann die Aufführung in Weimar mit Corona Schröter als Iphigenie und Goethe als Orest.

Ende März kommt es im Bayerischen Erbfolgekrieg zum Friedensschluß zwischen Preußen und Österreich. Goethe ist eine große Sorge los. *Er sei,* schreibt Wieland am 5. Mai an Merck, *gar lieb und gut seit einiger Zeit. Der Friede macht ihm eben auch wieder Luft ums Herz – denn wir waren hier in einer garstigen Lage.*

Goethes Verhältnis zu Charlotte. Ist sie auf ihrem Landgut, klagt er: *ich habe keinen Ort woher ich komme und wohin ich gehe.* Ist sie in Weimar, sehen sie sich täglich. Sie hört zu, ist sein *Spiegel,* gewiß auch sein Korrektiv. Am 19. April schenkt er ihr das Gedicht *Deine Grüse hab ich wohl erhalten / Liebe lebt ietzt in tausend Gestalten ...* Die Anfangswörter der Zeilen ergeben ein Akrostichon. Es lautet: *Deine Liebe Giebt Jeden Tag Mir Neues Leben Bleib Engel Immer So.*

Auch sie bedenkt ihn mit Briefen, *Zettelgen* und Geschenken. Das Vorjahr endet mit der Übergabe einer

Schleife. Eigentlich hätt ich ein Halstuch gern gehabt, schreibt er ihr, *ich war gekommen Sie drum zu bitten und schämte mich vor ihrer Mutter.* Er fügt an: *die Schleife war mir auch lieb.* Anderntags: *Ihrer Schleife hab ich einen schönen Guten Morgen aufgeküßt ...* Einen *Beutel und Manschetten* erhält er von ihr. Am 18. August ist von einer *Weste* die Rede; sie *sizt gar schön, es ist die erste die so paßt zu meiner großen Freude. Sie sieht gar lieblich, und ich hoffe drinn mit Ih-nen einen Englischen durchzuführen.*

Am 7. September heißt es: *Ihre Weste trag ich bey jeder Feyerlichkeit, ich möchte ein ganz Gewand ha-ben das Sie gesponnen und gewürckt hätten um mich drein zu wickeln.*

Zwei Tage zuvor hat Herzog Carl August ihm den *Geheimden=raths Titel gegeben; es kommt mir wun-derbaar vor, dass ich so wie im Traum, mit dem 30ten Jahre die höchste Ehrenstufe die ein Bürger in Teutsch-land erreichen kan, betrete.*

Mit dem Brief vom 7. September 1779 schickt Goethe Charlotte *was von Egmont fertig ist, und alle meine andre Sachen, heben Sie mir sie auf*, bittet er und kün-digt an: *Wir verreisen und zwar eine gewünschte und gehoffte Reise ...*

Sie soll der Stärkung des jungen Herzogs dienen. Goethe hat die Schweiz zum Ziel gewählt, die Konfron-tation mit der Naturgewalt der Hochgebirge. Am 12. September verlassen die Reisenden Weimar. Die er-ste Station ist Goethes Elternhaus in Frankfurt. Er *kom-me diesmal gesund, ohne Leidenschafft, ohne Verwor-*

renheit, ohne dumpfes Treiben, hat er sich seiner Mutter angekündigt. Und diese bestätigt, sie habe den Sohn *zu seinem Vorteil sehr verändert gefunden, er sehe gesunder aus und* sei *in allem Betracht männlicher geworden.*

Wieder verfaßt Goethe für die zurückgelassene Liebste ein Reisetagebuch. Aber da seine *Kritzeleien* bei Tage abends von seinem Diener Philipp Seidel abgeschrieben werden, enthält es kaum vertrauliche Mitteilungen. (Später wird er es von ihr erbitten, um es Prinz August von Gotha und dem Fürsten von Dessau auszuborgen, dann, um seine Reisebeschreibung zu verfassen.)

Am 7. Dezember heißt es aus *Schafhausen: Der Raum schwindet zwischen uns und es wird ein Augenblick seyn, da wir uns wiedersehn.* Am 22. Dezember dann aus Mannheim: *Adieu Gold. Gott im Himmel was ist Weimar für ein Paradies!* Vier Monate sind sie unterwegs, am 13. Januar 1780 kehren die Reisenden zurück.

Die *Ernsthaftigkeit* des nunmehr einundzwanzigjährigen Herzogs habe zugenommen, resümiert Goethe. Auch er fühlt sich durch neue Erfahrungen und Erkenntnisse bereichert.

Die Vertrautheit zu Frau von Stein scheint sich mühelos wiederherzustellen. Zumal sie nun Wand an Wand wohnen. Im August des Vorjahres hat Goethe ein *Absteigquartiergen* im ersten Stock im Haus in der Seifengasse neben dem Steinschen Domizil bezogen.

Ihre Begegnungen im Gartenhaus in den Ilmwiesen

setzen sich fort. Goethe hat viel zu erzählen; zuweilen sind Charlottes Mutter und ihr Ehemann zugegen, ebenso Mitglieder der herzoglichen Familie sowie auswärtige Gäste. Auch bei Hofe und auf Redouten sieht man sich.

Wird nun der *Englische*, der Tanz, in der geschenkten Weste nachgeholt? Einen Beleg dafür gibt es nicht. Aber alles scheint zunächst – soweit Briefe und Tagebucheinträge ein Urteil zulassen – zwischen ihnen harmonisch. Nur die schwache Gesundheit der Geliebten bedrückt Goethe; sie *war wieder kranck. Ist mein einzig Leiden.*

Ihm selbst dagegen *glückt* nach der Schweiz-Reise *alles was ich angreife.* Am 22. April notiert er: *gewinne täglich mehr in Blick und Geschick zum thätigen Leben.* Seine Arbeit in der Bergwerks-, der Kriegs- und der Wegebaukommission hat er dabei im Auge. Der *Zwang des Tages*, dem er sich unterordnet, das Ernstnehmen seiner Pflichten, sein rastloses Tätigsein.

Die Kehrseite: Je erfolgreicher er ist, desto einsamer wird er. Die kleinliche, von Mißgunst und Neid bestimmte Hofatmosphäre, die vielen heimlichen Gegner. Georg Forster resümiert nach einem Besuch in Weimar: *Alles spricht doch hier sehr frei von Göthe! Obs Neid? oder Schmähsucht? oder begründete Ursach?* Und Wieland schreibt an Merck, *das odium Vatinianum fast aller hiesiger Menschen gegen unsern Mann* (Goethe) *... ist, seitdem er GeheimRat heißt, auf eine Höhe gestiegen, die nahe an die stille Wuth grenzt.*

3

Es weis kein Mensch was ich thue und mit wieviel Feinden ich kämpfe um das wenige hervorzubringen, notiert Goethe in sein Tagebuch. Und am 13. Mai 1780: *Was ich trage an mir und andern sieht kein Mensch,* er fährt fort: *Das beste ist die tiefe Stille in der ich gegen die Welt lebe und wachse, und gewinne …*

Stille, Einsamkeit. *Sonst seh ich recht wie ich von allen Menschen, und alle Menschen von mir fallen,* gesteht er der Geliebten. Und: *Ich bin entfremdeter von viel Welt nur nicht von Ihnen.*

Sie ist seine Zuflucht. Welche Rolle er der geliebten Frau zuweist, geht aus einem Brief an seinen Züricher Freund Lavater hervor. Bei seinem Ziel, die *Pyramide* seines *Daseyns … so hoch als möglich in die Lufft zu spizzen, … thut der Talisman iener schönen Liebe womit die Stein mein Leben würzt sehr viel.*

Schreibt er über die Realität oder über seine Wünsche? *Ich habe keinen Ort wohin ich komme und wohin ich gehe,* gestand er ihr, als sie im Vorjahr abwesend war. Im Frühjahr 1780 heißt es: *verzeihen Sie, daß ich immer über mein eigenstes mit Ihnen rede, hätt ich Sie nicht ich würde zu Stein.*

Offenheit ist ihm lebensnotwendig. Aber einzig ihr gegenüber – wie er behauptet – kann er sie praktizieren.

Als Charlotte Anfang Juni zu ihrer Schwester nach Mörlach in der Nähe von Nürnberg reist und Ende des Monats immer noch nicht zurück ist, klagt er: *Seit Sie weg sind hab ich kein Wort gesagt, was mir aus dem innersten gegangen wäre ... Liebe und Vertrauen ohne Grenzen* seien ihm *zur Gewohnheit worden.*

Er vermißt, ist sie nicht in Weimar, *die Zeit da ich Sie täglich zu sehn gewohnt bin, ausruhe und mich mit Ihnen in ganz freyen Gesprächen von dem Zwang des Tags erhohle.*

Am 3. Juli dann beschwört er sie: *Wir wollen uns lieb und werth behalten meine beste. Denn des lumpigen ist zu viel auf der Welt, und wenig zuverlässig ...*

Ein Zweierbund gegen die übrige Welt?

Nach achtwöchiger Abwesenheit ist sie wieder in Weimar. Goethe begrüßt sie mit einem Geschenk, von dem er ihr nach Mörlach schrieb: *Es hat aber das merckwürdige daß ichs nur Einem Frauenzimmer, ein einzigsmal in meinem Leben schencken kan.* Es sind die Handschuhe, die er bei seiner Aufnahme in die Freimaurerloge erhalten hat. *Die berühmten Handschue kommen hierbey.*

Am 5. August liest Goethe ihr im Beisein von Carl August und Anna Amalia sein Drama »Die Vögel« nach Aristophanes vor.

Danach urteilt sie in einem Brief an den befreundeten Knebel: *Ich glaube nicht, daß es uns wird soviel zu lachen machen, als er denkt. Der Witz ist nicht platt genug.* Eine merkwürdige Äußerung. Ist es Kritik am Geschmack des Hofes: *nicht platt genug,* empfindet sie das Stück als zu anspruchsvoll? Ist sie unzufrieden mit dem Verfasser? Vier Tage später schickt er ihr einen Besen. *Kehren Sie mit diesem Besemgen noch alles weg was Sie etwa gegen mich haben ...*

Der Aufführung des Stückes in Ettersburg bleibt sie fern. Goethe schreibt ihr am Abend des 18. August: *Ein Wort Gute Nacht ... Die Commödie ist gut gegangen.*

Am 3. September sein Eintrag im Tagebuch: *Nachts Missverständnis mit ⊙.*

Spannungen zwischen ihnen immer wieder. Was hat ihre Verstimmung ausgelöst? Möglicherweise ihre Empfindlichkeit, daß er ihre *Abwesenheit* nicht nur negativ bewertet, sondern sie als Quelle seiner Produktivität sieht. Nach Mörlach schrieb er ihr: *Der erste Ackt der Vögel ist nahe fertig, dazu hat Ihre Abwesenheit geholfen. Denn solang Sie da sind lass ich mir's in unbeschäfftigten Stunden so wohl seyn, und erzähle Ihnen und pp. was alles in dem Augenblick mir die bewegte Seele eingiebt dem mach ich Lufft ... und wenn Sie nicht da sind hab ich niemand dem ich soviel sagen kan da muss es einen andren Ausweeg suchen.*

Am 5. September 1780 startet Goethe mit Herzog Carl August und Charlottes Ehemann zu einer Reise in den Thüringer Wald und in die Rhön.

Bereits am Abend des 6. schreibt er: *Meine beste ich bin in die Hermannsteiner Höhle gestiegen, an den Plaz wo Sie mit mir waren und habe das S, das so frisch noch wie von gestern angezeichnet steht geküsst und wieder geküsst, dass der Porphyr, seinen ganzen Erdgeruch ausathmete um mir auf seine Art wenigstens*

zu antworten. Ich bat den hundertköpfigen Gott, der
mich so viel vorgerückt und verändert und mir doch
Ihre Liebe, und diese Felsen erhalten hat; noch weiter
fortzufahren und mich werther zu machen seiner Lie-
be und der Ihrigen.

Drei Tage später, er ist noch immer in Ilmenau, berichtet er der Geliebten von seinem Tag: Vorführung
von *Mörder⟨n⟩, Diebe⟨n⟩, und Hehler⟨n⟩,* dann *ein lang*
Gespräch mit dem Herzog ... Abends sezte Stein sich
zu mir und unterhielt mich hübsch von alten Ge-
*schichten, von der Hof*miseria, *von Kindern und Frau-*
en pp. Gute Nacht liebste. Dieser Tag dauert mich. Er
hätte können besser angewendet werden. Kaum eine
glückliche Äußerung. Charlotte kann dieses: der *Tag*
dauert ihn, auch auf das Gespräch mit ihrem Mann beziehen.

Am 11ten *Nachts* heißt es dann aus Schmalkalden
– man ist von *Stüzzerbach herüber geritten* –: *Stein*
entzückt sich über alle Ochsen, wie wir über die Gra-
nite. Josias von Steins *Liebhaberey* ist die Landwirt-
schaft, insbesondere die Viehzucht, von einer Rinder-
mast auf seinem Landgut ist die Rede.

Goethe aber, entzückt über die *Granite* – an *allen*
Felsen ist geklopft worden –, will die Geliebte für seine
geologischen Studien in Zusammenhang mit dem Il-
menauer Bergwerk begeistern: *Sie müssen noch eine*
Erdfreundinn werden es ist gar zu schön, Sie haben
Sich ia schon mir zu gefallen über mehreres gefreut.

Vom 4. bis 10. Oktober ist Goethe auf seiner Rückreise
Gast auf Schloß Kochberg. Charlottes Schreibsekre-

tär. Das Einritzen seines Namens, damals, am 6. Dezember 1775 beim ersten Besuch, sie kannten sich kaum vier Wochen. Jetzt wiederholt er es. Mit *Eben derselbe 4. Oct. 80* verewigt er sich.

Die Zweisamkeit der beiden endet, als am Vorabend seiner Abreise der Herzog, Knebel und der Hausherr eintreffen. Ein Abend zu fünft. Am nächsten Morgen, Goethe ist reisefertig, macht ihm Charlotte unerwartet beim Abschied heftigste Vorwürfe.

In Weimar zurück, klagt er am Abend: *Was Sie mir heut früh zulezt sagten, hat mich sehr geschmerzt ...* Er ist sich keiner Schuld bewußt: *Ja es ist eine Wuth gegen sein eigen Fleisch wenn der Unglückliche sich Lufft zu machen sucht dadurch dass er sein Liebstes beleidigt, und wenns nur noch in Anfällen von Laune wäre und ich mirs bewusst seyn könnte; aber so bin ich bey meinen tausend Gedancken wieder zum Kinde herabgesezt, unbekannt mit dem Augenblick, dunckel über mich selbst, indem ich die Zustände der andern wie mit einem hellfressenden Feuer verzehre.*

Trotzig schreibt er: *Ich werde mich nicht zufrieden geben biss Sie mir eine wörtliche Rechnung des Vergangnen mir vorgelegt haben, und für die Zukunft in Sich einen so schwesterlichen Sinn zu überreden bemühen, der auch von so etwas gar nicht getroffen werden kan. Ich müsste Sie sonst in den Momenten meiden wo ich Sie am nötigsten habe. Mir kommts entsezlich vor die besten Stunden des Lebens, die Augenblicke des Zusammenseyns verderben müssen, mit Ihnen, da ich mir gern jedes Haar einzeln vom Kopf zöge wenn ich's in eine Gefälligkeit verwandlen*

könnte, und dann so blind, so verstockt zu seyn. Ha-
ben Sie Mitleiden mit mir.

Charlotte hält ihn hin, schweigt. Goethe: *d. 11.*
Nachts. Knebel, hofft ich, sollte mir etwas von Ihnen
mitbringen, sonst hätt' ich meinen Boten schon heute
fortgeschickt. Nun nicht eine Zeile, nicht ein welckes
Blat, nichts was Ihnen nichts gekostet hätte. d. 12ten
früh 6: Guten Morgen! Mein Bote geht. Vielleicht hör
ich heute noch etwas von Ihnen.

Auch dieser Tag vergeht ohne eine Nachricht von ihr.

Erst *d. 13. Nachts* heißt es: *Durch die Botin und*
Steinen hab ich etwas von Ihnen, nun bin ich still
und vergnügt wenn Sie mir etwas sagen.

Was geschehen ist, ihre heftige Kritik an ihm auslöst,
wissen wir nicht. Ist Goethe, wie einst, des *Herzthei-*
lens überdrüssig? Ist es Eifersucht auf Josias von Stein?
Oder bringt er die Geschichte mit dem Dichter Lenz
wieder vor; vom *alte⟨n⟩ Schmerz, das ich sie das erste*
Jahr in Kochberg nicht sehen durfte, ist noch Monate
zuvor die Rede. Ist es Knebel, den Charlotte in seinen
Augen bevorzugt? Im Vorjahr schenkte sie Goethe ein
Lebkuchenherz, ein zweites soll er Knebel übergeben.
Er tut es. *Knebel danckt fürs Andenken,* antwortet er
ihr. *Daß Sie's durch mich gegeben haben war auch*
freundlich, denn ich hätte doch sonst einige Eifersucht
gehabt ob ich schon das grösere Herz gekriegt habe.

Kaum ist zu glauben, daß wir einen Dreißigjährigen
vor uns haben. Er wird wohl auch die geforderte *wört-*
liche Rechnung bezweifeln, denn er erwidert: *Es ist*
wunderbaar und doch ists so, dass ich eifersüchtig

und dummsinnig bin wie ein kleiner Junge wenn Sie andern freundlich begegnen.

Vielleicht fehlt ihm, der tagelang allein mit Charlotte in Kochberg ist, nun, nach der Ankunft der drei, ganz einfach die ungeteilte Zuneigung der Geliebten. Seine Empfindlichkeiten sind groß. Und es muß sich keineswegs um Männer handeln.

Ein Beispiel von 1779. Frau von Stein verbringt den Tag mit der jungen Herzogin Louise, sie essen im *Kloster*, sind am Nachmittag zu einem Konzert auf Schloß Belvedere. Er gesteht ihr, daß es ihm *einen Tag üblen Humor* macht, wenn *Sie eine kleine Lust ohne mich genießen. Dass so viel selbstisches in der Liebe ist*, fügt er an, *und doch was wär sie ohne das.* Er bezichtigt sich *kindische⟨r⟩ Empfindungen.* Das hält ihn aber nicht davon ab, sich am Abend an der Allee, die von Belvedere in die Stadt hineinführt, zu verbergen: *Ich habe mich in die Büsche an der Straße versteckt um Sie herein fahren zu sehen*, gesteht er.

Man stelle sich vor, der in ganz Europa gefeierte Dichter des »Werthers«, das Mitglied der Weimarer Regierung, hockt am Straßenrand im Gebüsch, um die geliebte Frau in der Kutsche vorüberkommen zu sehen. *Wenn sie mit mir wäre dacht' ich genöße sie des schönen Abends der über alles schön ist, nun fährt sie im Staub hinein.* Dann lenkt er ein, versucht sich zu trösten und Charlotte zu erhöhen: *Doch weis ich dass Sie Sich mein Andencken nicht aus der Seele rasseln noch musiciren lassen.*

Auch möchte er immer in ihre Pläne eingeweiht sein.

Als Josias von Stein zur Teilnahme am Landtag nach Gotha fährt und Charlotte ihn begleitet, heißt es: *Es hat mich verdrossen dass ich von fremden Leuten hören muß daß Sie doch noch nach Gotha gehn, ich habe mich lächerlich gemacht mit der gewissen Behauptung Sie gingen nicht.*

Und im Sommer 1780 schreibt er ihr nach Süddeutschland: *Es ist nicht ganz hübsch von Ihnen dass Sie Sich vom Herrn Vetter die Cour machen lassen, indess ich fast aller Miseley entsagt habe ... Wenn Sie mir's recht ausführlich erzählen ... wird Ihnen diese Untreue verziehen.*

Besitzansprüche eines Verliebten? Geplänkel? Ja und Nein. Als *dunckel über mich selbst* hatte sich Goethe nach den Vorwürfen Charlottes an jenem Morgen in Kochberg bezeichnet, ihr *Mitleid* erbeten. *Das alles,* schloß er, *kam zu dem Zustand meiner Seele darinn es aussah wie in einem Pandämonium von unsichtbaaren Geistern angefüllt ...*

Spielt er auf sein zerrissenes Inneres, seine Situation in Weimar an, die ihm soviel abverlangt? *Es weis kein Mensch was ich thue und mit wie vielen Feinden ich kämpfe ...* Oder sind es auch die *unsichtbaaren Geister* in seiner Beziehung zu Charlotte, gegen die er kämpft?

Tag für Tag muß er sich in seiner Liebe zu der sieben Jahre älteren verheirateten Frau vor einen Abgrund gestellt sehen. Hatte er ihr im Mai 1776, ein halbes Jahr nach dem Kennenlernen, geschrieben: *Wenn ich mit Ihnen nicht leben soll, so hilft mir Ihre Liebe so wenig als die Liebe meiner Abwesenden ... Die Gegenwart ists allein die würckt, tröstet und erbaut.* Nun *lebt* er mit ihr, hat ihre *Gegenwart.* Aber unter welchen Bedingungen?

Sie als *Madonna,* er als der erzwungene *Heilige.* Das Unnatürliche ihrer Beziehung. Ihre körperliche Nähe, das kleinste Zeichen ihrer Zuneigung, muß in ihm Begehren wecken, einen Spannungszustand erzeugen. Wie hält er das aus?

Er reflektiert in seinem Tagebuch darüber nicht. Sehr oft aber ist von der Notwendigkeit körperlicher Betätigung die Rede. *Bewegung ist mir ewig nötig. – Wenn ich mich nur anhalten könnte, öfter zu reiten.* Die weiten Ritte zu Pferde über Land und in den Thüringer Wald tun ihm gut.

Ebenso das ausgelassene wilde Tanzen.

Er härtet sich ab, steigt noch im November und Dezember, selbst bei Frost und Schnee, in den Fluß vor seinem Gartenhaus. Bringt sich das Schwimmen bei, anfangs Versuche mit einem *Korkwams* im Floßgraben, später dann schwimmt er ohne *dieses Hülfsmittel* in der Ilm. Und im Winter sein Schlittschuhlaufen auf dem Eis des Schwanenteiches. Auch bei den Getränken achtet er auf seinen Körper. Hat den *Caffee gelassen ..., die heilsamste Diät.* Beschließt, seinen Weingenuß zu reduzieren: *Wenn ich den Wein abschaffen könnte wär ich sehr glücklich. – Seit drey Tagen keinen Wein,* resümiert er, *sich nun vorm Englischen Bier in acht zu nehmen. – Möge die Idee des reinen die sich bis auf den Bissen erstreckt, den ich in Mund nehme, immer lichter in mir werden.*

Ich möchte im dreyfachen Feuer geläutert werden um Ihrer Liebe werth zu seyn, schreibt Goethe Charlotte kurz vor dem Eklat in Kochberg.

Nach den Oktobertagen dort muß es intensive Gespräche der beiden gegeben haben. *Ich weis nicht warum, aber mir scheint Sie haben mir noch nicht verziehen. Ob ich Vergebung verdiene weis ich nicht, Mitleiden gewiss.* Goethe am 29. Oktober. Eine offenbar harte Kritik Charlottes erreicht ihn, denn am 2. November dankt er ihr: *So einen bösen Vorhang mir Ihr Brief herunter wirft ... so ist mirs doch willkommner als Ihr anfänglich gleichgültig thun, da Sie mirs ausreden und mich beruhigen wollten.*

Knebel vermittelt dann zwischen den Liebenden; *die Mittlerschaft kleidet ihn gar gut,* schreibt Goethe an Charlotte.

Am 7. November, dem fünften Jahrestag seiner Ankunft in Weimar, scheinen die Auseinandersetzungen ein Ende gefunden zu haben: *Ihrer Liebe wieder ganz gewiss, ist mir ganz anders, es muss mit uns wie mit dem Rheinweine alle Jahr besser werden.* Keinerlei Eifersuchtsäußerung.

Im Gegenteil; er widmet ihr Verse, die ausdrücklich ihre kleinen Vergnügungen ohne ihn tolerieren. *Zum Tanze schick ich dir den Strauß ...* und *Aus Kötschaus Thoren reichet Euch ...* Am 17. Dezember schreibt er ihr, er habe im Garten *eine grose Unterredung mit* seinen *Bäumen gehabt, und ihnen erzählt wie* er *Sie liebe.* Sendet ihr die Gedichtzeilen:

Sag ich's euch geliebte Bäume
Die ich ahndevoll gepflanzt
Als die wunderbaarsten Träume
Morgenröthlich mich umtanzt.

Ach, ihr wißt es wie ich liebe
Die so schön mich wiederliebt
Die den reinsten meiner Triebe
Mir noch reiner wiedergiebt.

Drei Wochen zuvor hat er sie in einer Erklärung um
Verständnis gebeten. *Ich dancke für den Anteil meine*
beste, schreibt er. *Das Unvermeidliche muss ertragen*
werden. Nur bitt ich Sie sich täglich zu sagen dass al-
les was Ihnen an mir unangenehm seyn konnte aus
einer Quelle kommt über die ich nicht Meister bin, da-
durch erleichtern Sie mir viel.

Was mag er meinen? Sein ungestilltes Begehren?
Sein Schöpfertum, seine dichterische Produktivität
als die *Quelle,* über die er *nicht Meister* sein kann? Damit ist ein Thema angesprochen, das neben der letztlich doch unerfüllten Liebe der zweite große Konflikt
in Goethes erstem Weimarer Jahrzehnt ist. Beide Konflikte sind miteinander verwoben und werden erst mit
der Flucht nach Italien ihre Lösung finden.

Seit 1776 hat er nichts mehr veröffentlicht. Die Verleger haben die Hoffnung aufgegeben, ein neues Werk
von ihm zu erhalten.

1779 aber setzt er die Arbeit an »Iphigenie« fort. Ein
stumme⟨r⟩ Nachbaar ist er da für die Geliebte. Er schläft

zehn Stunden, um gut vorbereitet zu sein, läßt *Musick kommen, um die Geister zu entbinden. Erst nach und nach löst sich* seine *Seele durch die lieblichen Töne aus den Banden der Protokolle und Ackten ... Eine Scene soll sich heut absondern denck ich, drum komm ich schwerlich.*

Den ganzen Tag brüt ich über Iphigenien dass mir der Kopf ganz wüst ist ... So ganz ohne Sammlung, nur den einen Fus im Steigriemen des Dichter Hippogryphs, wills sehr schweer seyn etwas zu bringen ...

Dennoch gelingt es ihm, selbst während seines Unterwegsseins zu Rekrutenaushebungen, seinen Amtsschimmel zeitweise in das Flügelpferd des Dichters, in Pegasus, zu verwandeln. (Auf einem Schimmel, der zu allem Überfluß den Namen *Poesie* trägt, reitet er in der Tat; Charlotte soll dem Herzog ausrichten: *der Schimmel ist gut, bis auf sein Scheuen.*) Es scheint sogar, daß die unterschiedlichen Sphären ihm ein reizvoller Ansporn sind. Aber auch die Mühsal reflektiert er. Ein *ambulierender Poet* sei er und als solcher *sehr geschunden.* Hätte er während der Rekrutenaushebungen *die paar schönen Tage in dem Dornburger Schlössgen nicht gehabt so wäre das Ey halb angebrütet verfault.*

Noch geht er in seiner *Weltrolle* auf, thematisiert den Widerspruch zwischen seiner poetischen und politischen Existenz in Weimar nicht. Im Gegenteil: *meine Schriftstellery subordinirt sich dem Leben*, schreibt er am 14. Mai 1780 an Kestner nach Hannover, und weiter, ein wenig kokett: *doch erlaub ich mir, nach dem*

Beyspiel des grosen Königs der täglich einige Stunden auf die Flöte wandte, auch manchmal eine Übung in dem Talente das mir eigen ist.

Geschrieben liege *noch viel*, teilt er dem Freund mit, *Plane* habe er *auch genug, zur Ausführung aber fehlt mir Sammlung.* Übertönt er eine Stimme in seinem Inneren? Das Stichwort *Sammlung.* Als er Charlotte am 22. April berichtet, er gewinne *täglich mehr in Blick und Geschick zum thätigen Leben,* schränkt er ein: *Doch ist mirs wie einem Vogel der sich in Zwirn verwickelt hat ich fühle, dass ich Flügel habe und sie sind nicht zu brauchen.* Ein andermal benutzt er das Bild des Vogels, der ins Wasser stürzt, ihm dort *Flosfedern* wachsen und die Fische sich wundern, daß er sich in ihrem Element unwohl fühlt.

Mit der Prosafassung von »Iphigenie« ist er unzufrieden, er wird sie nicht aus der Hand geben. Er beginnt am »Torquato Tasso« zu arbeiten. Am 12. November 1780 teilt er der Geliebten mit: *Heut will ich in der Stille zubringen ... Mein erster Ackt muss heute fertig werden.* Am 13., er sei *fertig geworden, ich mögt ihn gerne lesen, das sie Theil an allem häten was mich beschäfftigt.* Zwei Tage danach: *Ihr gütigs Zureden und mein Versprechen haben mich heute früh glücklich den II^{ten}Ackt anfangen machen.* 19.: *Mein Stück ist heute vorgerückt.* 23.: *Die erste Scene des zweiten Ackts ist so ziemlich fertig.*

Am 24. November ist sein *poetischer Ruhetag,* eine Sitzung des *Conseils* findet statt. Am 25.: *Ich habe etwas geschrieben um nicht stecken zu bleiben.* Er kün-

digt ihr das Vorlesen der *ersten Scene des II. Ackts* an.
27.: *Ich bin fleißig in allem Sinn.* 29.: *Heut ist vor Tag
geschrieben worden.*

Im Dezember stockt die Arbeit offenbar. Am 4. Dezember ist von einer *Beichte* die Rede, am 24. von
einem *Geschenck*, das ihm den *Muth* wieder gebe,
den sie mir gestern genommen haben. Am letzten
Tag des Jahres 1780 dann schreibt er Frau von Stein:
*Mein Tasso dauert mich selbst er liegt auf dem Pult
und sieht mich so freundlich an, aber wie will ich zu-
reichen, ich muss auch alle meinen Waizen unter das
Commisbrod backen.*

Auch das neue Jahr beginnt mit einer Klage: *Keine
Reime kan ich Ihnen schicken denn mein prosaisch
Leben verschlingt diese Bächlein wie ein weiter
Sand ...*

Dennoch wird 1781 für die Liebenden ein glückliches
Jahr werden. Eine Zäsur zeichnet sich ab. Etwas Neues
beginnt. Nach den Auseinandersetzungen im Herbst,
dem Eklat in Kochberg, den Vorhaltungen Charlottes,
dem *bösen Vorhang*, den ihr Brief ihm *herunter* wirft,
wohl mündliche Klärungsversuche. Versprechen seinerseits oder Einlenken ihrerseits? Nach dem konflikt-
beladenen ersten Jahrfünft mit seinem Auf und Ab,
den Spannungen, Mißverständnissen, Zurückweisun-
gen folgt, nach Goethes Briefen zu urteilen, eine Phase
der Harmonie und Übereinstimmung.

Meine neue nennt Goethe Charlotte, hebt das Wort
neue durch Unterstreichung hervor. Ihre *Liebe* habe in

seinem *innersten ... ein Umkehrens* bewirkt. *Es ist ein Zustand den ich so alt ich bin noch nicht kenne.*

Ein erster Beleg für die beglückenden Veränderungen in ihrem Verhältnis ist die im März gewechselte Liebespost.

Goethe ist mit Carl August in Neunheilingen zu Besuch bei der Gräfin von Werthern-Beichlingen. Bereits am 7. März, dem Tag des Abritts, schickt er Charlotte am Morgen ein *Zettelgen.* Gewichtig hebt er an: *Wir pflegen mit dem Todte zu spasen,* um ihr dann zu sagen: *und es fällt doch so schweer sich auf kurze Zeit zu trennen. Beym anziehn konnt ich nicht begreifen daß ich mich ankleidete ohne die Absicht zu Ihnen zu gehen.*

In *Neunheiligen* angekommen (Goethe schreibt stets *Neunheiligen*), setzt er sich noch in der Nacht nieder, bekennt ihr: *Noch nie habe ich Sie so lieb gehabt und noch nie bin ich so nah gewesen Ihrer Liebe werth zu seyn.* In den folgenden Tagen und Nächten konstatiert er in langen Liebesbriefen ein neues Stadium ihrer Beziehungen. Er erklärt sein *Noviziat* für beendet, es sei doch *lang genug um sich zu bedencken ...*

Gestern auf dem langen Weeg, heißt es am 8., *dacht ich unsrer Geschichte nach, sie ist sonderbar genug.* Er vergleicht sein Herz mit *einem Raubschlosse ... das Sie nun in Besiz genommen haben.* In Anspielung auf das im Dreißigjährigen Krieg geschleifte Gothaer Schloß Grimmenstein, das als Friedenstein wieder erstand, bittet er sie: *Machen Sie's gut mit mir und schaf-*

fen Sie gottseelig den Grimmenstein in Friedenstein um ... Sezzen Sie ihr gutes Werck fort, und lassen Sie mich jedes Band der Liebe, Freundschaft, Noth- wendigkeit, Leidenschafft und Gewohnheit mich täg- lich fester an Sie binden. Wir sind in der That unzer- trennlich, lassen Sie es uns auch immer glauben und immer sagen. Eine Beschwörungsformel.

Morgen gehe ein *Husar* nach Weimar, heißt es noch *den 8ten Abends 10 Uhr,* er bittet die Geliebte: *Versäu- men Sie ia nicht mir mit dem rückkehrenden Husaren ein Wort zu sagen. Bertuch soll mit der Abfertigung so lange warten. Sagen Sie mir was ich immer hören mag daß Sie mich lieben, immer neuer und schöner lieben.*

Bereits am 9. hat er ihre Antwort. Er dankt ihr, am 10. heißt es: *Gestern bey guter Zeit erhielt ich Ihren lieben Brief den schönen Abdruck Ihrer Seele. Ich hab ihn gleich sechsmal hintereinander gelesen und les ihn immer wieder.*

Am Morgen des 11. erhält er ein unter dem Druck des wartenden Husars in Eile geschriebenes *Bleystifft Zettelgen* von ihr. An diesem Tag nennt er sie: *Süse Un- terhaltung meines innersten Herzens* ... Gesteht ihr: *alle meine Beobachtungen über Welt und mich, rich- ten sich nicht, wie Marck Antonius, an mein eignes, sondern an mein zweites selbst. Durch diesen Dialog, da ich mir bey iedem dencke was Sie dazu sagen mög- ten, wird mir alles heller und werther.*

Auch am 12. schreibt er ihr einen langen Brief, erhält auch einen von ihr: *Ihr Bote ist recht frisch gegangen, er war schon vor sechs heut Abend hier.* Sie verläßt sich also nicht auf den *Husaren*, sondern schickt einen eigenen Boten. Die Wegstrecke ist nicht gering, Neunheilingen liegt nördlich von Langensalza.

Goethe am 12. *halb 11 Nachts: Der Bote verspricht bey zeiten in Weimar zu seyn.* Am 13. *Frühe 8te: Heute früh vor sechsen ist der Bote ab mit der Antwort auf Ihr gestriges, wahrscheinlich kommt dieses durch den Husaren früher, vielleicht zugleich.*

Die Ungeduld der Liebenden amüsiert Carl August, er legt einem Brief Goethes ein Spottgedicht für Charlotte bei. *Zum Beyspiel macht Dein Briefelein / Housaren sehr viel klagen. / Heut sagte der, der's Göthen bracht, / … ›Viel lieber ging ich in die Schlacht / Denn trüg so Brieflein zarte‹.* Und dem Freund gegenüber erlaubt er sich den Spaß, ihn auf Post warten zu lassen: *Der Herzog hat mir Ihren Brief den der Husar brachte, bis iezt vorenthalten, und schickt mir ihn in zehn übereinander gesiegelte Couverts eingeschlossen herauf.*

Charlottes Briefe können kaum abweisend gewesen sein, im Gegenteil, sie beglücken ihn, hätte er sie sonst *sechsmal hintereinander gelesen?* Sie ermutigen ihn: *d. 12. März Montags um halb 11 Nachts.* 81 gesteht er – in Zusammenhang mit der Beendigung seines *Noviziat⟨es⟩* –: *Ich kan nicht mehr Sie schreiben …*

Meine Seele ist fest an die deine angewachsen, heißt es, *ich mag keine Worte machen, du weist, daß ich von dir unzertrennlich bin und daß weder hohes noch tiefes mich zu scheiden vermag.* Er wünscht sich ein *Ge-*

lübde oder *Sakrament,* das ihm die Geliebte *auch sichtlich und gesezlich zu eigen machte, wie werth sollte es mir seyn.* Er sieht sich mit Frau von Stein als *verheuratet* an, *durch einen Zettel aus Liebe und Freude, der Eintrag aus Kreuz Kummer und Elend ...* Ein *Ring* wird erwähnt, ein Geschenk Charlottes?

Statt von *Reinheit* ist nun viel von *Liebe* die Rede.

Seinem Freund Lavater gesteht Goethe, Frau von Stein habe nicht nur seine *Mutter und Schwester ... nach und nach geerbt,* sondern auch die *Geliebten ... es hat sich ein Band geflochten wie die Bande der Natur sind.*

Die Zäsur im Frühjahr 1781. Das Ende des *Novizia-t‹es›,* Charlotte die <u>neue</u> *..., die Bande der Natur.* Haben sie von nun an als Mann und Frau zusammengelebt? Diese Frage stellt die Nachwelt immer wieder, darauf richtet sich ihre Neugier.

Kurt R. Eissler hat in seinem umfangreichen Werk »Goethe. Eine psychoanalytische Studie 1775-1786«, in der Übersetzung aus dem Amerikanischen 1985 auf deutsch erschienen, überzeugend und schlüssig nachgewiesen, daß Goethes erster vollzogener Beischlaf in seine letzte Zeit in Rom fällt. Nicht mit einer Faustina, wie ich in meinem 1998 erschienenen Buch »Christiane und Goethe. Eine Recherche« fälschlicherweise noch schreibe, sondern mit einer jungen Witwe, wie Roberto Zapperi in seinem 1999 publizierten Buch »Das Inkognito. Goethes ganz andere Existenz in Rom« durch akribische Forschung belegt hat. An sie und nicht an Faustina gehen die 400 Scudi, von denen ich in meiner Recherche schreibe, fünf Tage vor Goethes Abreise aus Rom, am 19. April 1788, werden sie unter dem Namen Philipp Seidel auf ein Sonderkonto überwiesen.

Das Glück der *Ganzheit*, das Goethe erlebt. An den in sexuellen Dingen weitaus erfahreneren Herzog Carl August berichtet Goethe von *anmutigen Spaziergängen*; das *Gemüth* sei *erfrischt* und der *Körper in ein köstliches Gleichgewicht* gebracht.

Eissler hat in seiner Studie auch Spekulationen über Goethes Sexualität in der Zeit seines Verhältnisses zu Charlotte von Stein angestellt. Wen es interessiert, der kann es dort nachlesen. Ich gebe diese Hypothesen nicht wieder, sie respektieren nach meinem Gefühl Goethes Intimsphäre nicht, kommen ihr zu nahe.

Zurückhaltung scheint mir angebracht. Wir müssen nicht wissen, welche Formen der Zärtlichkeit und Nähe, welche erotischen Beglückungen, welche Sublimierungen des Begehrens die beiden, Goethe und Frau von Stein, füreinander gefunden haben. Es ist und bleibt ganz allein ihre Sache, für immer ihr Geheimnis.

Allein den Spuren, die die Briefe legen, diesen Wortspuren gehen wir nach. ... *mitten im Glück* lebe er, bekennt Goethe, *in einem anhaltenden Entsagen* ... Ein Schlüsselsatz. Leib und Geist. Die *süse Unterhaltung* seines *innersten Herzens* ..., sein *zweites Selbst* ist ihm Charlotte. Im fiktiven wie im realen Gespräch mit ihr wird ihm *alles heller und werther.*

Wie alle Aufzeichnungen von seinen Reisen, aus Thüringen, dem Harz, der Schweiz, sprechen auch seine
Briefe aus Neunheilingen nicht nur von Liebesdingen,
sind wie stets lange Episteln. Alles wird akribisch festgehalten, Landschaften, Orte, Menschen, Gespräche,
Beobachtungen, Empfindungen. In Neunheilingen por-
trätiert er seine Gastgeber und ihre Umgebung; es *macht
mir meine dramatische und epische Vorrathskammer
um ein gutes reicher*, kann Charlotte lesen. Die Briefe
an die Geliebte sind Arbeitsnotizen, Schreibübungen,
literarische Vorformen, sie ersetzen das Tagebuch-
Schreiben, sind Steinbruch für sein Werk. Sie sind bereits selbst Literatur, gerichtet an ein ihm zugeneigtes
lebendiges weibliches Wesen, sein *zweites Selbst*.

Goethes Briefe vom Frühling 1781 belegen: Vieles, was
er in jenem rätselhaften Gedicht vom 14. April 1776
kühn mit dem Motiv der Seelenwanderung als etwas
lang Vergangenes an die ihm damals noch ferne Geliebte beschworen hat, scheint nun in Erfüllung zu gehen: *Kanntest jeden Zug in meinem Wesen, / Spähtest,
wie die reinste Nerve klingt, / Konntest mich mit
Einem Blicke lesen ...*

Nach Goethes Rückkehr sind die Liebenden über ein
Vierteljahr fast täglich zusammen. *Wir haben noch
so keinen schönen Frühling zusammen erlebt ...*, ju-
belt er. Charlottes Liebe sei ihm *wie der Morgen
und Abendstern, er geht nach der Sonne unter und
vor der Sonne wieder auf,* steht auf einem der nun wieder hin- und herwandernden *Zettelgen.* Auf einem an-

deren: *O könnt ich dir sagen was ich dir schuldig bin.* Auf einem dritten: *Sagen kan ich nicht, und darfs nicht begreifen was deine Liebe für ein Umkehrens in meinem innersten würckt.*

Er nennt die Geliebte: *Mein liebes A und O,* sich selbst your lover for ever. Es sind oft nur wenige Zeilen, die der Bote zu überbringen hat. Die seinen Fragen, wie sie, sein *lieber Müdling,* geschlafen habe, ob sie wohl sei, wie sie ihren Tag einrichte, wann er sie sehen könne. Einladungen zu Konzerten, Spaziergängen. Und – fast täglich – Verabredungen zu gemeinsamen Mahlzeiten.

Das Essen nimmt einen großen Raum ein. Er lockt sie: *Ich ließ Ihnen einen Phasan braten.* Er sorgt für ihre Küche: *Das grose Wasser hat uns einen seltnern Gast, einen Spiegel Karpfen zugeschickt, den ich Ihnen gleich abliefre.* Er schickt ihr *zwey gebratne Feldhühner,* kündigt an: *sobald das Schweingen zerlegt ist, sollen Sie Ihr Theil daran haben.* Einmal schreibt er: *Wie ists mit unserm Braten heute? Es wird kein Conseil seyn und wir können ihn also in Ruhe verzehren.* Das Ritual ihres gemeinsamen Essens: *Ich bin fleisig um mein Mittag essen bey Ihnen zu verdienen.* Wenn er am Hof essen muß, klagt er: *entbehre also mein Leib essen und mein Lieb essen.*

Kaum ein Tag vergeht ohne Wünsche für Abend und Nacht. *Wenn ich ein Paar Racketen hätte so würf ich sie, Ihnen einen guten Abend zu sagen.* Nicht eine einzige von Goethes kleinen Alltagsbotschaften 1781 deutet auf Spannungen, auf *Dunckelheiten* in ihrem Verhältnis. Sieht man von dem Schrecken ab, den er ihr mit seiner Einladung im Januar auf der Ilm *Schritt-schuh* zu laufen, einflößt. Er beruhigt sie, das Eis *trägt Lastwagen an dem Ort wovon die Rede war.*

Auch 1781 betätigt sich Goethe wie in jedem Jahr als Hofpoet. Zum Geburtstag der jungen Herzogin hat er sich diesmal ein Maskenspiel, *Ein Zug Lappländer*, ausgedacht. Er tritt darin als *Schlaf*, Frau von Stein als *Nacht* auf. Am 16. Februar wird die Aufführung sein. *Wir wollen uns recht herausputzen und ich will uns schöne Versgen machen*, schreibt er Charlotte am 5. Februar. Zehn Tage später: *Hier meine liebe sind die Verse zu unserm Aufzug lassen Sie sie Steinen sehen sonst niemand.* Auch Josias von Stein verkörpert wohl eine Figur im Maskenzug. Der Freund beauftragt Charlotte überdies, ihren Mann zu bitten, in der Aufführung des Dramas »Die Mitschuldigen« *den Wirth zu machen. Er wird ihn gewis recht hübsch spielen ...*

Goethe selbst übernimmt die Rolle des Marktschreiers in »Das Neueste von Plundersweilern«, trägt die Moritat am Hof der Herzogin-Mutter vor. Versucht, die »Iphigenie« in rhythmischer Prosa zu fassen, beginnt das Stück »Elpenor«. Später den »Egmont«. Und er arbeitet am »Tasso« weiter.

Seine Zeit dafür ist knapp bemessen. *An Tasso wird heut schwerlich gedacht werden*, heißt es am 25. März. Die nachfolgenden Zeilen belegen, daß Charlotte mit den Figurenkonstellationen des Dramas vertraut ist, Goethe mit ihr darüber spricht. Er fährt fort: *Mercken*

Sie aber nicht wie die Liebe für Ihren Dichter sorgt. Vor Monaten war mir die nächste Scene unmöglich wie leicht wird mir sie iezt aus dem Herzen fliesen. Am 19. April dann teilt er mit: *Am Tasso ist geschrieben ... Da Sie sich alles zueignen wollen was Tasso sagt, so hab ich heut schon soviel an Sie geschrieben daß ich nicht weiter und nicht drüber kann.* Einen Tag später: *Ich habe gleich am Tasso schreibend dich angebetet. Meine ganze Seele ist bey dir.* Am 23.: *Diesen Morgen ward mirs so wohl daß mich ein Regen zum Tasso weckte. Als Anrufung an dich ist gewiss gut was ich geschrieben habe. Obs als Scene und an dem Ort gut ist weis ich nicht.* Ein andermal notiert er: *Ich dancke den Göttern dass sie mir die Gabe gegeben in nachklingende Lieder das eng zu fassen, was in meiner Seele immer vorgeht.*

Etwas ganz Neues wächst zwischen ihnen. Die Geliebte ist Gegenstand seines Dramas: Die Prinzessin trägt ihre Züge. Sie ist Adressatin des »Tasso«: *wird mir erst lieb, da sie ihn lieben,* hieß es über den 1. Akt. Sie ist ihm Abschreiberin: *Ich werde erst meine Sachen lieb kriegen wenn ich sie von Ihrer Hand sehe ...* Zuweilen diktiert er ihr auch: *So komm ich und vielleicht schreiben wir.* Darüber hinaus ist sie Vermittlerin; ihr vertraut er seine Manuskripte zur Weitergabe an Freunde an, bittet sie, ihm deren Urteil zu übermitteln. So soll sie den »Tasso« an Herders und die junge Herzogin weiterreichen: *denn ich möchte durch dem Mund meiner Geliebten am liebsten hören, was sie davon sagen.*

Knebeln magst Du den Tasso senden, heißt es am 5. Juni. Am 23. August wird – laut Goethes Tagebuch – in Tiefurt *Nathan und Tasso gegeneinander gelesen*. Charlotte berichtet er: *Die Werthern hat den Tasso mit rezitirt, und recht artig.*

Charlotte erleichtert ihm viel; *aus den Ackten* flieht er zu ihr, *weitet* seine *durch Ackten eingeschnürte Seele wieder aus. – Aus allerley beschweerlicher Arbeit ruf ich dir zu daß ich dich liebe.* Und vom Du ins Sie wechselnd: *Ihr Geist ist bey mir und hilft mir schaffen. – Ihre Liebe macht ein immer schönes Clima um mich, und ich bin auf dem Weege mich durch sie von manchem Überreste der Sünden und Mängel zu kuriren.*

Ein *Blick*, ein *Wort* von ihr kann Spannungen lösen. Ein Beispiel: Als er im Sommer in Ilmenau als Bergwerkskommissar in schwierigen Verhandlungen steckt, *Sorgen* und *Unmuth* die *Oberhand* zu gewinnen, gesteht er der Geliebten: ... *ein böser Genius misbraucht meiner Entfernung von euch, schildert mir die lästigste Seite meines Zustandes und räth mir mich mit der Flucht zu retten; bald aber fühl ich daß ein Blick, ein Wort von dir alle diese Nebel verscheuchen kan.*

Die Allmacht, die er dieser Frau über sich zuspricht. Alles, was sie tut, beglückt ihn. Er möchte *teilhaftig* werden ihrer *Güte Weisheit, Mäsigkeit und Geduld. Ich bitte dich fusfällig vollende dein Werck, mache mich recht gut! du kannsts, nicht nur wenn du mich liebst, sondern deine Gewalt wird unendlich vermehrt wenn du glaubst daß ich dich liebe.*

Wieder eine Beschwörungsformel, die sich in seinen Briefen so zahlreich finden. Vielleicht auch ein Indiz, daß Charlotte an der Ernsthaftigkeit der Liebe dessen, der sich selbst *der Frauen Günstling* nennt, zuweilen Zweifel hegt? Oder Koketterie, um desto leidenschaftlichere Geständnisse zu hören?

Charlotte ist ihm alles, ist ihm sein *zweites selbst. Ich summirte in der stillen Nacht meine Glückseligkeit und fand eine ungeheure Summe.* Zweifellos ist für Goethe das Jahr 1781 das glücklichste in seiner Beziehung zu Frau von Stein.

Immer wieder preist er die Geliebte auch in Versen. *Was beyliegt ist dein. Wenn du willst so geb ich's in's Tiefurter Journal und sage es sei nach dem Griechischen,* heißt es am 20. September. Es ist das Gedicht »Nachtgedanken«, das er ihr schenkt. Unter der Überschrift »Nach dem Griechischen« erscheint es im 7. Stück des »Tiefurter Journals«. Der Titel soll offenbar irreführen und von Assoziationen, Charlotte und den Autor betreffend, ablenken. Die Geliebte kann kaum Einwände gegen die Veröffentlichung vorgebracht haben. Den gesamten Kosmos bemüht der Liebende, um seinem irdischen Glück Ausdruck zu geben: *Euch bedaur ich unglückselge Sterne* hebt er an, einige Zeilen weiter heißt es: *Denn ihr liebt nicht, kanntet nie die Liebe. / Unaufhaltsam führen ewge Stunden / Eure Reihen durch den weiten Himmel, / Welche Reise habt ihr schon vollendet!* Um dann, in den letzten beiden Zeilen, von den *unglückselge⟨n⟩ Sterne⟨n⟩* auf sein Erdendasein zu kommen: *Seit ich bleibend in dem*

Arm der Liebsten / Eurer und der Mitternacht verges-
sen?

Am 22. September 1781 bricht Goethe mit Charlottes
Sohn Fritz zu einer Reise in Richtung Merseburg auf.
Der Neunjährige kann der Landschaft, die sie durch-
fahren, keinen Reiz abgewinnen: *die ewigen Stoppeln*
machten Fritzen Langeweile, indessen ich an einigen
Gedichten mich sinnend ergötzte, die ich in das Tie-
furter Journal schicke von da aus sie erst meiner Be-
sten die Cour machen sollen. Unter diesen Gedichten
ist »Der Becher«. Eine Ansprache an *Amor*, ein Dank
an ihn: *O wie freundlich hat er Wort gehalten,* heißt
es, *Da er, Lida, dich mit sanfter Neigung / Mir, dem*
lange sehnenden, geeignet. Die folgende Zeile lautet:
Wenn ich deine lieben Hüften halte, / Und von deinen
einzig treuen Lippen / Langbewahrter Liebe Balsam
koste …

Auch dieses Gedicht erscheint unter dem Titel »Aus
dem Griechischen« in einem weiteren, dem 9. Stück
des »Tiefurter Journals«. Diesmal fragt er nicht nach
ihrer Zustimmung. Am 1. Oktober heißt es: *Auch*
hab ich dir ein Gedicht gemacht das du durch den
Weg des Tiefurter Journals sollst zu sehen kriegen. Beide Gedichte wird er – im Gegensatz zu »Warum gabst
du uns die Tiefen Blicke«, das er lebenslang nicht preis-
gibt –, in seinen »Vermischten Gedichten« veröffentlichen. Die Zeile *Wenn ich deine lieben Hüften halte*
ändert er in: *Wenn ich deinen lieben Leib umfasse …*
Dichtung oder Wahrheit, Traum oder Realität?

Und Charlotte? Gibt sie ihren Widerstand auf, vertraut ihm, beginnt ein neues Leben, genießt sein Werben, seine Nähe, sieht sich durch sein verändertes Wesen belohnt in ihrem Vorsatz, ihn zu *erziehen*, weil er sich der *Idee*, die sie von ihm hat, annähert, seine *Thor und Tollheit*, der er sich vor Jahren bezichtigt, nun abgelegt hat?

Die Fragen bleiben unbeantwortet. Die Vernichtung ihrer Briefe. Wieder sind wir auf Goethe angewiesen. Ein Zeugnis vom Oktober 1781 läßt uns ahnen, sie erwidert seine Liebe, bekennt sich zu ihm, ja mehr: Wie er beansprucht auch sie ihn *ganz*.

Den einzigen, Lotte, welchen du lieben kanst
Foderst du ganz für dich und mit Recht.
Auch ist er einzig dein ...

heißt es in einem auf dem Gothaer Schloß Friedenstein entstandenen Gedicht; er schickt es ihr am 9. Oktober, sie notiert auf die Handschrift *Gotha*. Ein Beweis ihrer Liebe?

Oder vielleicht auch ein Zeichen für Eifersucht? Anlaß könnte die Schauspielerin Corona Schröter sein, mit ihr zusammen rhythmisiert Goethe die Prosafassung seiner »Iphigenie«, sie vertont die Lieder zu seinem Singspiel »Die Fischerin«. Oft sind sie zusammen. Oder die Gräfin von Werthern? Zu schweigen von Frau von Branconi, deren Schönheit Goethe immer wieder preist. *Ich wollte, sie wären eifersüchtig drauf, und schrieben mir desto fleisiger*, stichelt er vor Jahren, als er auf dem Kickelhahn bei Ilmenau vergeblich auf Nachricht von Charlotte wartet, dafür aber einen Brief der Marquise von Branconi, der *schönen Frau*, erhält.

Offenkundig gehört es zum Liebesspiel, daß Goethe Charlotte, als er sich ihrer sicher glaubt, ihr stets erneut zu verstehen gibt, er sei nun einmal *der Frauen Günstling* und als solchen müsse sie ihn *nehmen. Den Frauens, und dir besonders* habe er *in der Stille des Morgens eine Lobrede gehalten,* heißt es 1781. Und an Charlotte gewandt: *Sie lehren mein überall verschuldetes Herz haushältischer werden, und in einer reinen Einnahme und Ausgabe sein Glück finden.*

Sein Bekenntnis im Gedicht: *Auch ist er einzig dein* ..., wiederholt er im beiliegenden Brief, verbunden mit einem großen Dank. *Ich bin ganz dein und habe ein neu Leben und ein neu betragen gegen die Menschen seit ich weis, daß du davon überzeugt bist.*

Bereits im Frühjahr hieß es, *du hast mir den Genuß im Guts thun gegeben* ... Und: *Wenn die Menschen dir zur Freude Guts von mir reden, so mögt ich erst auch um des Rufs willen etwas thun.*

In allem ist sie seine Richterin. Und ihr *Werck* scheint sich zu *vollenden.* Sein Oktoberbrief aus Gotha zieht ein Fazit seiner Entwicklung. *Es geht mir wohl, und ich lerne endlich der Welt gebrauchen,* schreibt er, erinnert sich an seinen ersten Besuch am Gothaer Hof im Dezember 1775, kaum vier Wochen nach seiner Ankunft in Weimar, wo er sich als Stürmer und Dränger gebärdete und einen *nachlässig hingeworfenen Ton* gebrauchte. *Meine ehmalige Geschichten hier,* gesteht er Charlotte, *sind mir so lebhafft mit ihren Effeckten denn es sind dieselben Menschen der selbe Ort und die gleichen Verhältnisse. O Lotte was für Häute*

muß man abstreifen ... Es sind die *Fehler des Unbegrifs und der Übereilung,* von denen er seiner Mutter
schrieb; die *Überreste der Sünden und Mängel,* wie es
drastischer an Charlotte heißt, die *zu kuriren* sind; der
Ausbildung sei er *äußerst bedürftig.*

Daß es die Geliebte ist, die ihm zum *Häute ... abstreifen* und zur *Ausbildung* verhilft, steht außer Frage. Die Dankbarkeit nährt seine Liebe. Sie habe *viel*
mit ihm *ausgestanden,* bekennt er. Und an seinem ein-
unddreißigsten Geburtstag: *Ich bin immer dein und
bey dir, leibeigner als sich dencken lässt.* Immer neue
Liebesworte findet er: *mache mit mir was du willst ...
dein Wille geschehe ..., dein Beyfall ist mein bester
Ruhm, und wenn ich einen guten Nahmen von aussen
recht schäze, so ists um deintwillen daß ich dir keine
Schande mache.*

Als er einmal *Worte* für seine Liebe sucht und *eine
Dinte sie zu schreiben,* taucht er im Gefühlsüberschwang, *da ich im Begriff war Ihnen zu sagen daß
ich Sie unendlich liebe,* aus Versehen *die Feder in den
brennenden Wachsstock der auf dem Tische bey* ihm
steht.

Zu Goethes *neu betragen* gehört vielleicht auch der
Umgang mit Ehemann und Kindern der Geliebten. *Dein
liebes Unterpfand* nennt er ihren Sohn Fritz. Von jener
Reise nach Merseburg, Dessau und Leipzig schreibt er
der zurückgebliebenen Mutter: *Meine Liebste ich habe mich immer mit dir unterhalten und dir in deinem
Knaben gutes und liebes erzeigt. Ich hab ihn gewärmt*

und weich gelegt, *mich an ihm ergötzt und seiner Bil-
dung nachgedacht*. In Leipzig treffen sich Ziehvater
und leiblicher Vater; *Stein* habe sich *gefreut*, kann
Charlotte lesen.

Seine *Sorglichkeit* bezieht sich nicht mehr allein auf
ihr *Kopfweh*, ihren *kranken Fus*, ihn *ängstigt* ebenso
deiner Kinder Husten und wohl auch Josias von Steins
Zustand. Im Vorjahr war wieder von dessen Krankheit
die Rede. Ende Oktober 81 schreibt er Charlotte: *Grüs
deine Krancken*. Und als der Oberstallmeister im Dezember seinen Fürsten zur Jagd in die thüringischen
Wälder zu begleiten hat und Carl August auch Goethe
dorthin ruft, heißt es am 9. aus Barchfeld: *Stein ist gar
gut*. Einen Tag später aus Eisenach: *Es wird mir recht
natürlich Steinen gefällig zu seyn und ihm leben zu
helfen. Ich bin es dir schuldig ...*

Das Jahr des Glücks. Nur im Traum tritt gelegentlich
die dunkle Seite ihrer Liebe hervor. *Ich habe die ganze
Nacht von Dir geträumt*, schreibt er ihr am 2. Dezember. *Unter andern hattest du mich an ein artiges Misel
verheurathet und wolltest es sollte mir wohlgehn*.
Zwei Tage später aber überdeckt er den Abgrund wieder: *Truncken und nüchtern bin ich dein und überlasse mich dir ganz*.

Jene berührenden Zeilen über Charlottes Ehemann,
daß er *ihm leben ... helfen* wolle, sind im Thüringer
Wald geschrieben. Dort hat Josias von Stein bei Carl
Augusts winterlichem Jagdvergnügen für die Pferde zu
sorgen; *der Oberstallmeister murrt*, heißt es an Char-

lotte. Goethe hat ebenfalls Ordre, dort zu erscheinen. Er tut es, gleichwohl widerwillig. Bereits im März weigerte er sich, mit Carl August von Neunheilingen weiter nach Kassel zu reiten. Im April verfaßt er eine »Epistel«, die er Charlotte anvertraut: *wenn Sie meynen So schicken Sie das Blat dem Herzog, reden Sie mit ihm und schonen Sie ihn nicht. Ich will nichts als Ruhe ... Sie können ihm auch sagen, daß ich Ihnen erklärt hätte, keine Reise mehr mit ihm zu thun.* Er schließt: *Mach es nach deiner Klugheit und Sanftheit.* Viel Erfolg kann sie nicht gehabt haben, wie die vielen Reisen, die Goethe mit Carl August noch machen wird, belegen. Reisen ist Teil dieser Männerfreundschaft. Und so folgt er auch im Winter 1781 dem Ruf seines Mäzens.

Nicht ohne Charlotte zur Vertrauten seiner zunehmenden Kritik an Carl August zu machen. Er bescheinigt ihm *gute Anlagen*, auch habe er *viel verständige und gute Menschen um sich und zu Freunden*, aber *doch wills nicht nach Proportion vom Flecke, und das Kind und der Fischschwanz gucken eh man sich's versieht wieder hervor.* Im November klagt er: *Der Herzog hat doch im Grunde eine enge Vorstellungs Art und was er kühnes unternimmt ist nur im Taumel, einen langen Plan durchzusezen der in seiner Länge und Breite verwegen wäre, fehlt es ihm an Folge der Ideen und an wahrer Standhafftigkeit.* Im Dezember wird sein Ton schärfer. Er verurteilt die Jagdleidenschaft Carl Augusts, er tue *was unschickliches mit dieser Jagd ..., er füttert 80 Menschen in der Wildnis und dem Frost ..., plagt und ennuirt die seinigen,*

*und unterhält ein Paar schmarutzende Edelleute aus
der Nachbaarschafft, die es ihm nicht dancken.*

Auch mit der ihm von Carl August zugeschriebenen
Rolle ist er unzufrieden: *Ich mag nicht immer der Po-
panz seyn, und die andern frägt er weder um Rath
noch spricht er mit ihnen was er thun will.* Zumal seine bevorzugte Stellung ihm offenbar die Mißgunst der
Hofgesellschaft einträgt. Als er auf seiner Dezember-
reise zur Jagdgesellschaft halt in Gotha macht, vertraut er Charlotte an: *Die Gunst die man mir in Gotha
gönnt macht viel Aufsehn, es ist mir lieb um meinetwillen und um der guten Sache willen. Es ist auch bil-
lich daß ich durch einen Hof wieder erhalte, was ich
durch einen Hof verlohren habe.*

Eine deutliche Kritik an Weimar. Und aus dem ver-
schneiten Thüringen inmitten der Jagdgesellschaft ein
scheinbarer Schlußstrich: *ich bekümmre mich um
nichts und schreibe Dramas.* Nochmals unterstreicht
er den Gedanken, er habe *damit nichts zu schaffen,* außer daß er *nebenher etwas in* seine *politisch moralisch
dramatische Tasche stecke.*

Beginnt hier, am Ende des für Goethe so glücklichen
Liebesjahres 1781 der Rückzug auf das Schöpferische,
auf seine literarische Arbeit? Bereits am 1. Juni 1781
hat er – offenbar nach einem Gespräch mit dem Herzog – der Geliebten bekannt: *niemand* habe *reichere
Ernte als der dramatische Schriftsteller.*

Ich will nichts als Ruhe, war seine Forderung im
Frühjahr. Als er seinen unvollendeten »Tasso« in die
Schweiz schickt, heißt es in einem Begleitbrief an La-

vater: *Die Unruhe in der ich lebe läßt mich nicht über dergleichen vergnüglichen Arbeiten bleiben, und so sehe ich auch noch nicht den Raum vor mir die übrigen Akte zu enden.* Das ist am 14. November. Wochen später folgt er dem Ruf Carl Augusts zur Jagdgesellschaft. Und da sein *ich bekümmre mich um nichts und schreibe Dramas.* Aus der Enttäuschung über das Verhalten des Hofes und seines herzoglichen Freundes die Besinnung auf seine poetische Produktivität? *Mein Egmont,* kann die Geliebte lesen, *ist bald fertig und wenn der fatale vierte Ackt nicht wäre ... würde ich mit diesem Jahr auch dieses lang vertrödelte Stück beschliesen.*

Es wird ganz anders kommen. Weder »Tasso« noch »Egmont« kann er in den nächsten Jahren vollenden.

Genau zu der Zeit seines Rückzuges bindet der regierende Fürst ihn enger an sich, verfügt am 3. September 1781, der Besoldung seines Favoriten von 1200 Reichstalern *jährlich die Summe von zweyhundert Reichsthalern zuzulegen.* Gegen Ende des Jahres erfährt Goethe von der Herzogin-Mutter, *daß mich der Herzog müsse und wolle mich adeln lassen.*

Sein voraussehbarer Aufstieg als herzoglicher Beamter. Daraufhin wohl gibt er sein *Absteigquartiergen* in der Seifengasse auf. Beginnt sich für das prächtige Haus am Frauenplan zu interessieren. *Auf Ostern zieht Hendrich aus,* teilt er Charlotte mit, *und ich trete in seine Miethe ... Der Ausgang durch den Garten* (zur Ackerwand hin) *ist nicht das geringste von den An-*

nehmlichkeiten dieser Wohnung ... du siehst das Glück sorgt für uns.

Am 25. Dezember – es ist ihr neununddreißigster Geburtstag – kündigt er sich übermütig an: *ich werde mich in Feyerkleider sezen und dir geputzt und bey Hofe und überall sagen daß ich dich unaussprechlich liebe.*

Am Ende des ihn so erfüllenden Liebesjahres schickt er Charlotte, gewiß mit dem geheimen Verweis auf *Warum gabst du uns die Tiefen Blicke,* Herders Manu-skript »Gespräche über eine Seelenwanderung«: Sie *sind sehr schön und werden dich freuen, denn es sind deine Hoffnungen und Gesinnungen.*

4

Wie in jedem Winter hat Goethe auch 1782 wieder einen Maskenzug zu arrangieren. Diesmal ist es der »Aufzug der 4 Weltalter«, der am 15. Februar zur Kar-nevals-Redoute zur Aufführung kommt.

Am 27. Januar stirbt der Hofschreiner und Theater-meister Mieding. Goethe beginnt das Gedicht »Auf Miedings Tod«. Im März ist er zu Rekrutenaushebun-gen unterwegs, im Gepäck hat er das Manuskript des »Egmont«. Im Gegensatz zu den Vorjahren, wo er in Ilmenau und Dornburg an der »Iphigenie« arbeitete, gelingt ihm das diesmal nicht. *An Egmont ist nichts ge-schrieben die Zerstreuung lassts nicht zu*, heißt es am 6. April.

Da ist er schon zu den thüringischen Höfen aufge-brochen. Diese Reisen im Auftrag Carl Augusts gesche-hen offenbar im Vorfeld seiner Nobilitierung. Im Mai wird er nochmals in politischer Mission zu den be-nachbarten Fürstenhäusern geschickt. *Ich habe als Ge-sandter eine förmliche Audienz bey beyden Herzogen gehabt ...,* berichtet er Charlotte, *die Livree auf dem Saal, der Hof im Vorzimmer, an den Thürflügeln zwei Pagen und die gnädigsten Herrn im Audienz Gemach, Morgen geh ich nach Coburg, dieselbe Comödie zu spielen, will in Hildburghausen mich auch an Hof stel-len, und gegen Ende der Woche nach Rudolstadt gehn da ich einmal auf dem Weege bin und hiermit alle Thüringische Höfe absolviren.*

Am 2. Juni bezieht Goethe als Mieter das repräsenta-tive Haus am Frauenplan. Am 3. Juni 1782 erhält er sein vom Kaiser Joseph II. ausgestelltes Adelsdiplom.

In diesen Tagen wird der Verantwortliche für die Fi-nanzen des Herzogtums, Kammerpräsident von Kalb, wegen Veruntreuung und Mißwirtschaft zum Rück-tritt gezwungen. Um seine Reputation zu wahren, hat er auf Drängen des Herzogs selbst um seine Entlassung einzukommen. Kalb war wohl einer der Höflinge, die gegen Goethe intrigierten; schlechte Erfahrungen hat-te dieser auch in Ilmenau mit ihm gemacht, *Hundsfüt-tisches Votum von K in der Bergw. Sache*, heißt es ein-mal.

Nach Kalbs Entlassung tritt der Regent an seinen Favoriten mit der Bitte heran: *Wir würden gerne sehen, wenn Ihr euch mit denen Cammergeschäften näher bekannt machen und Euch sothanem Directorio zu qualificiren suchen wolltet.* De facto bedeutet das Goethes Ernennung zum interimistischen Kammerpräsidenten.

Hätte er ablehnen können? Wohl kaum. Aber was treibt ihn? Dankbarkeit Carl August gegenüber, Verantwortung für das *Gemeinwohl*, soziales Engagement vor allem im Hinblick auf das Ilmenauer Bergwerk, Wille zum *Gutsthun*? Ehrgeiz, die *Pyramide* seines *Daseins so hoch als möglich in die Luft zu spizzen* oder grenzenloses Vertrauen in seine Fähigkeiten? Als alter Mann wird er in Erinnerung an das erste Jahrzehnt in Weimar notieren: *Tätiges Selbstvertrauen. Sisyphisches Übernehmen. Unbegriff des zu Leistenden. Sichere Kühnheit, daß es zu überwinden sey.*

Er stimmt zu und tritt ein schweres Erbe an. Die Kassen sind leer, die Schulden während der Präsidentschaft von Kalbs auf 140 000 Taler gestiegen. Auch er wird nicht ohne Neuverschuldung auskommen. *Diesmal muß mirs nun freylich Ernst und sehr Ernst seyn denn mein Herr Vorgänger hat saubre Arbeit gemacht,* klagt er und stürzt sich mit Feuereifer in die neue Aufgabe.

Sein Vorsatz, *ich bekümmre mich um nichts und schreibe Dramas,* scheint vergessen. Ist ihm *Unruhe* reicher als *Ruhe*? Er strebt dem Höhepunkt seiner politischen Karriere in Weimar zu. Er ist nach dem Herrscher der zweitwichtigste Mann im Herzogtum.

Wielands Voraussage tritt ein, daß Goethe *als Dichter wenigstens für viele Jahre verloren* sei, da er *nichts halb tue*, als *Minister so groß sein* wolle, *wie er als Autor war*.

Auch ein anderer Weggefährte, Johann Gottfried Herder, einst Goethes Lehrer in Straßburg, nun auf dessen Betreiben der erste Kirchenmann im Herzogtum, sieht den Aufstieg des Freundes in Weimar – vielleicht nicht ohne ein wenig Neid und Mißvergnügen an seiner eigenen Lage – kritisch. Im Sommer 1782 schreibt er an Hamann nach Riga: *Er ist also jetzt Wirkl. Geh. Rat, Kammerpräs., Präsident des Kriegscollegii, Aufseher des Bauwesens bis zum Wegbau hinunter, Direktor des Bergwerks dabei auch directeur des plaisirs, Hofpoet, Verfasser von schönen Festivitäten, Hofopern, Ballets, Redoutenaufzügen, Inscriptionen, Kunstwerken etc. Direktor der Zeichenakademie, in der er den Winter über Vorlesungen über die Osteologie gehalten, selbst überall der erste Akteur, Tänzer, kurz das factotum des Weimarischen u. so Gott will, bald der major domus sämtl. Ernestinischer Häuser, bei denen er zur Anbetung umherzieht. Er ist baronisiert … ist aus seinem Garten in die Stadt gezogen u. macht ein adlich Haus, hält Lesegesellschaften, die sich bald in Aßembleen verwandeln werden etc. etc.*

Johann Heinrich Merck sieht ebenfalls Goethes Lage kritisch. Im Sommer des Vorjahres ist er zu Gast in Weimar und glaubt zu beobachten, daß das Amts- und

Höflingsdasein den Poeten in ihm ersticke. Seine Besorgnis teilt er auch Goethes Mutter mit.

Ihren angstvollen Brief beantwortet der Sohn am 11. August mit einer vehementen Verteidigung seiner Weimarer Existenz. *Merk und mehrere beurtheilen meinen Zustand ganz falsch, sie sehen das nur was ich aufopfre, und nicht was ich gewinne ... Ich bitte Sie, um meinetwillen unbesorgt zu seyn ...* In Frankfurt wäre er *doch immer unbekannt mit der Welt geblieben. – Das Unverhältniß des engen und langsam bewegten bürgerlichen Kreyses, zu der Weite und Geschwindigkeit meines Wesens hätte mich rasend gemacht.* Er fährt fort: *Wie viel glüklicher war es, mich in ein Verhältniß gesezt zu sehen, dem ich von keiner Seite gewachsen war, wo ich durch manche Fehler des Unbegrifs und der Übereilung mich und andere kennen zu lernen, Gelegenheit genug hatte, wo ich, mir selbst und dem Schicksaal überlaßen, durch so viele Prüfungen ging ..., deren ich aber zu meiner Ausbildung äußerst bedürftig war.* Er könne sich nach seiner *Art zu seyn,* keinen *glüklichern Zustand* wünschen, er habe für ihn *etwas unendliches ...*

Ein uneingeschränktes Bekenntnis zu seiner gegenwärtigen Existenz. Eine Verteidigung nach außen hin, nur zur Beruhigung der Mutter?

An die vertraute Freundin klingt es ganz anders. Mit der Nobilitierung und dem Aufstieg in das höchste Staatsamt setzen die Zweifel ein.

Im Juni 1782, einen Tag nach Erhalt des Adelsdiploms, schickt er Charlotte die Urkunde, schreibt ihr: *Wieviel*

wohler wäre mir's wenn ich von dem Streit der politi-
schen Elemente abgesondert in deiner Nähe meine
Liebste, den Wissenschafften und Künsten wozu ich
gebohren bin, meinen Geist zuwenden könnte. Und
am 17. September: *Ich binn recht zu einem Privatmen-*
schen erschaffen und begreife nicht wie mich das
Schicksal in eine Staatsverwaltung und eine fürst-
liche Familie hat einflicken mögen.

Aber er folgt diesem *Schicksal*, nimmt seine Verantwortung als Kammerpräsident wahr. Die Übernahme
der neuen Funktion, zeitgleich mit der Nobilitierung
und dem Umzug ins Stadthaus sind eine Zäsur in seiner Biographie.

Sein kometenhafter politischer Aufstieg ist aber auch
der Beginn einer tiefen Lebenskrise. Fast fünf Jahre
wird sie dauern. Sie schwelt und schwelt; er verdeckt
sie, indem er sich an die geliebte Frau anklammert.

Ein erstes Indiz der Krise: Er gibt sein Tagebuch auf.
Sein letztes Notat unter dem Datum 13. Juni 1782 lautet: *beschäfftigt mit Rechnungssache.*

Mit diesem Verzicht auf die täglichen Einträge hat
nun die Geliebte die Last seiner Rechenschaftslegung
zu tragen, sie ist die alleinige Adressatin seiner Refle-
xionen, seiner Zweifel und Selbstzweifel über sein
Tun und Lassen; ... *was alles in dem Augenblick mir*
die bewegte Seele eingiebt dem mach ich Lufft ..., ver-
zeihen Sie dass ich immer über mein eigenstes mit Ih-
nen rede, hätt ich Sie nicht ich würde zu Stein.

So wird über Jahre – bis zur Flucht nach Italien – das

mündliche wie das schriftliche Gespräch mit Frau von Stein zum wichtigsten, schließlich fast alleinigen intimen Raum seiner Selbst- und Welterkenntnis.

Dankbarkeit erfüllt ihn. Im ersten Halbjahr 1782 ist er Charlotte gegenüber voll des Lobes. Er knüpft an die Harmonie des Vorjahres an: Alles zu Erreichende scheint erreicht; in ihrer *Liebe* hat er ein *Ruhen und Bleiben* gefunden.

Er schreibt ihr, *es ist mir ... als wenn ich nicht mehr in Zelten und Hütten wohnte als wenn ich ein wohl-gegründetes Haus zum Geschenk erhalten hätte, drinne zu leben und zu sterben, und alle meine Besitz-thümer drinne zu bewahren.* Und: *Ich habe mein gan-zes Leben einen idealischen Wunsch gehabt wie ich ge-liebt seyn mögte, und habe die Erfüllung immer im Traume des Wahns vergebens gesucht, nun da mir die Welt täglich klärer wird, find ichs endlich in dir auf eine Weise daß ichs nie verlieren kann.*

Am *Faden der Liebe* geht er durchs Leben. Ihren Be-mühungen verdankt er bei seinen Besuchen an den thü-ringischen Fürstenhöfen seinen Erfolg. Er wendet *alles was wir zuletzt über Betragen, Lebensart, Anstand und Vornehmigkeit abgehandelt haben ...* an, er habe *keinen Wunsch als den,* ihr *zu gefallen und* ihr *immer willkommen zu seyn.*

Mit der neuen Verantwortung aber wird ihm die *Welt* nicht täglich *klärer,* das Gegenteil tritt ein. Und so ver-ändert sich auch der Ton seiner Briefe. *Liebe mich und hilf mir leben,* wird der Grundtenor seiner Anrufungen an sie. Klagen stellen sich ein. Er bedarf ihrer Nähe. *Wenn ich einen Tag gearbeitet habe, ohne dich Abends zu finden, so weis ich eben nicht wozu alle die Mühseeligkeit soll.* Sein Tun ist für sie, ihre Gegenwart entschädigt ihn für den aufreibenden Alltag: *zu dir allein kann meine Seele noch einen Flug nehmen, denn in irdischen Dingen gilt waten, nicht schwimmen.*

Er erwartet von ihr absolute Zustimmung zu seiner Existenz. Zieht sie sich zurück, schweigt oder hat *Zweifel* an seinem Tun, *erregt* das *ein Erdbeben in den innersten Festen der Tiefe* seines *Herzens.*

Die Bedrückung durch die äußere Situation; den Ausgleich dazu sucht er bei der Geliebten. Bald schon nach der Zeit des absoluten Glücks, in der kein Mißklang das Verhältnis trübt, ziehen wieder *Dunckelheiten* auf.

Ein Beispiel: Am 16. Juli 1782 schickt Goethe der Geliebten den Druck seiner »Fischerin«: *hier ist das Stück, zeig es noch nicht weiter.* Er berichtet ihr von der Probe in Tiefurt, die *gut ausgefallen* sei. Charlotte reagiert nicht. Das bedrückt ihn. Am 18. die Bitte: *Gieb L. L.* (liebe Lotte) *ein Zeichen des Lebens und der Liebe von dir. Gestern konnte mir den ganzen Tag nicht wohl werden.*

Dieses *Zettelgen* ist wohl vom Morgen, im Lauf des Tages begegnen sie sich, Charlotte muß abweisend gewesen sein, denn am 19. Juli klagt er: *Du glaubst nicht was mich dein Zustand gestern geängstigt hat. Das einzige Interesse meines Lebens ist daß du offen gegen*

*mich seyn magst. Das Eingeschlossene halt ich nicht
aus.* Er dringt in sie: *Sag mir ist es phisisch oder hast
du etwas in der Seele was dich kränckt.*

Sie schweigt. Er bittet: *Laß mich nicht so. – Ich bin
dir viel schuldig das weis ich wohl, aber du bist mir's
auch.* Die Spannung hält an. Erst einige Tage später die
Aufklärung, nun ist von einem *Mißverständniß* die Rede. Wie sehr Goethe unter dem Liebesentzug litt, wie
existentiell er ihn traf, bezeugen seine Briefe. *Ich bin
noch betäubt davon,* heißt es am 23. Juli. *Es war wie
der Todt man hat ein Wort und keinen Begriff für
so etwas.* Am 24.: *mein ganzes Wesen ist in seinem innersten angegriffen ...; tief* habe *der Schmerz die Weege
gefunden.* Am 25.: *noch wie ein vom Bliz gestreifter
fühl ich eine kleine Lähmung ...* Alles Umschreibun-
gen des *Erdbeben⟨s⟩ in den innersten Festen der Tiefe*
seines *Herzens.*

Ein *Mißverständniß?* Es könnte sich um »Die Fischerin« handeln. Goethe schickt der Freundin den Text. Es
ist ein Privatdruck, den Anna Amalia finanziert hat.
Charlotte ist möglicherweise schockiert von der dü-
ster-unheimlichen Ballade »Der Erlkönig«, diesem ele-
mentaren Schrei des tödlichen Begehrens nach dem
Knaben in den Armen des Vaters. Sieht sie ihren Sohn
Fritz vor sich? Er ist nicht nur der Liebling seines Vaters, seiner Mutter und ihres Freundes, sondern der
ganzen Hofgesellschaft. 1778/79 modelliert ihn der
Weimarer Bildhauer Klauer als nackten Amor in Le-
bensgröße in Kalkstein, da ist er sechs. Stand die zau-
berhaft erotische Skulptur schon damals wie heute in
den Räumen Anna Amalias im Tiefurter Schloß?

Goethes Hingezogensein zu dem Knaben, dem *Unterpfand* seiner Liebe zu dessen Mutter. Der »Erlkönig« basiert auf einem dänischen Volkslied, das Herder übersetzt hat. Die Erinnerung Goethes vielleicht auch an jenen nächtlichen Ritt nach Tiefurt im April 1779, bei dem er Fritz von Stein vor sich im Sattel sitzen hatte. *Abends nach Tiefurt geritten nahm Fritz aufs Pferd*, steht in seinem Tagebuch.

Der »Erlkönig«, diese bildmächtige Ballade, ist erfüllt von einer grauenvollen Erotik, die in Goethes Werk ihresgleichen sucht.

Als Eingang zur »Fischerin« sollen die Verse im Ton eines naiven Volksliedes vorgetragen werden. Dem Verfasser selbst ist die dunkle Seite seines »Erlkönigs« bewußt, sie sprengt den heiter-naiven Charakter des Singspiels.

Sein Briefgedicht an Karoline Herder belegt es. Ihr sendet Goethe ein zweites Exemplar der »Fischerin«: *Dies Stück gehört Euch beyden zu ...* Er lädt sie und ihren Mann zur Aufführung ein, denn er hat weitere Lieder aus Herders Volksliedsammlung für sein Singspiel verwendet. Im beigelegten Vers warnt er Karoline, sie solle sich *dem feuchten Reich / Des Erlenkönigs ... bei kühler Nacht / Nicht anvertrauen ...* Nicht der todesschwangeren Natur des »Erlkönigs« solle sie folgen, sondern: *entschäd'ge dich / Ein Zauberschatten, zeige dir im Bild / Den schönen Blick, wie Wald und Fluß im Tal / Auf einmal rege wird und wie die Nacht / Von Feuern leuchtet ...*

Goethe spielt auf die Idylle an: Eine Freilichtaufführung im Tiefurter Park am Ufer der Ilm wird es wer-

den, nachts bei Fackelschein mit reizvollen Lichteffek-
ten.

In der Sommernacht vom 21. zum 22. Juli findet das
lang erwartete und vielbesprochene Ereignis statt. Die
Zuschauer sitzen in Mooshütten, beobachten von da
aus das Geschehen.

Frau von Stein bleibt der Aufführung fern. Ob der
»Erlkönig« der Grund war, bleibt dahingestellt.

Vielleicht ist es auch Corona Schröter, die sie abhält?
Diese hat die Lieder zur »Fischerin« vertont, sie spielt
die Hauptrolle, singt eingangs den »Erlkönig«. Bereits
als der Freund zur Uraufführung der Prosafassung der
»Iphigenie« mit ihr auf der Bühne stand, zog Frau von
Stein es vor, zu Hause zu bleiben. Die Zusammenarbeit
des Freundes mit Corona Schröter in Sachen Liebhabertheater. Hatte er sie nicht beim Kennenlernen in
Leipzig im Brief an Charlotte als *Engel* bezeichnet?
Goethes Bewunderung, seine Sympathie. Oder mehr?
Ein einziger überlieferter Brief Goethes an Corona
Schröter – *Crone* nennt er sie – gibt Rätsel auf. Er zeigt
eine zeitweise große Nähe der beiden, die er nunmehr
für beendet erklärt, den Umgang auf Freundschaft be-
schränkend. Goethes Beziehung zu der Schauspielerin,
um die der Herzog ebenfalls vergeblich warb, bleibt
für immer im dunkeln.

Was auch immer die Motive Frau von Steins für ihr
Fernbleiben in jener Sommernacht im Tiefurter Park
waren ... Die bejubelte Aufführung der »Fischerin«.
Am 23. Juli schreibt Goethe ihr – der Tiefpunkt ihrer

Krise liegt schon hinter ihnen –: *Von meinem gestrigen Stück, das sehr glücklich ablief, bleibt mir leider nichts als der Verdruß daß du es nicht gesehn hast.* Dann seine Bitte: *Öffne mir dein Herz wieder l. L.* (liebe Lotte).

Die Episode zeigt die Fragilität der Beziehung, Goethes völlige Abhängigkeit von der Zustimmung der geliebten Frau zu seiner Existenz. Noch Tage nach dem Streit heißt es: *nur ein Hauch nur ein Laut der nicht stimmend von dir zu mir herüber kommt verändert die ganze Athmosphäre um mich.*

Harmonie, die ihm die Welt verweigert, will er bei Charlotte finden. Es sei *unaussprechliche Glückseeligkeit wenn Gesinnungen und Empfindungen zwischen zwey Wesens wechseln ohne irgend anzustosen, zurückgehalten oder geschröckt zu werden.* Ein Rückzug ins Private? Eine gefährliche Überfrachtung der Liebe?

Goethes an Charlotte gerichtete Bitte: *hilf mir leben*, durchzieht seine klagenden Briefe im zweiten Halbjahr 1782 in unzähligen Varianten.

Da braucht er ihre *Liebe täglich mehr um den bösen Geistern zu widerstehn die* ihn *anfallen.* Da will er ihr Bekenntnis: *Sage mir daß du mich liebst, auf daß ich eigner und fremder Noth vergesse.* Da dankt er für ihr *Mitleid*, feiert sie als *Schlaftrunck* seiner *Leiden.*

Am 7. November 1782 die Notiz: *Heute sind es sieben Jahre daß ich herkam.* Am 17. dann ein Brief der Ratlosigkeit: *und begreife immer weniger was ich bin und was ich soll.* Er macht am Morgen einen Gang in den Park zu seinem *verlassen Häusgen,* denkt *an die Vergangenheit, von der ich nichts verstehe, und an die Zukunft von der ich nichts weis.* Er hadert mit seinem Umzug in das repräsentative Stadthaus. *Wie viel hab ich verlohren da ich ienen stillen Aufenthalt verlassen muste! Es war der zweyte Faden der mich hielt, ietzt hänge ich ganz allein an dir, und Gott sey danck ist dies der stärckste.*

Seit einigen Tagen sehe er Briefe durch, die *seit zehen Jahren* an ihn *geschrieben worden,* berichtet er Charlotte; im Ergebnis der Lektüre dann jenes ratlose: *und begreife immer weniger was ich bin und was ich soll.* Nach einem Absatz fügt er an: *Bleibe mir l. Lotte du bist mein Ancker zwischen diesen Klippen.*

Auf dem Höhepunkt seiner politischen Karriere sieht er sich in Weimar zwischen Klippen, an denen er zerschellen kann. Es werde *von außen um ihn dürr,* beobachtet Luise von Göchhausen, eine der Hofdamen der Herzogin-Mutter, es fehle ihm *ein männlicher Freund.* Eine versteckte Kritik an Charlotte von Stein? Mißgunst über den Rückzug der beiden in die Zweisamkeit oder eine zutreffende Beobachtung?

Karl Ludwig von Knebel, den Goethe später seinen *Urfreund* nennt, hat den Dienst am Weimarer Hof quittiert. Ihm vertraut sich Goethe an. Zehn Tage nach jenem ratlosen Brief an Charlotte der Versuch, seine Situation zu objektivieren: *ich sehe fast niemand,* heißt es am 21. November an Knebel, *ausser wer mich in Geschäfften zu sprechen hat, ich habe mein politi-*

sches und gesellschafftliches Leben ganz von meinem
moralischen und poetischen getrennt (äusserlich ver-
steht sich) und so befinde ich mich am besten. Alle Woche gebe er einen *grosen Tee* am Frauenplan, *entledige*
sich *dadurch* seiner *Pflichten gegen die Sozietät aufs*
wohlfeilste.

Auch die Hintergründe für seinen Rückzug deutet er
an. Dem Freund, mit dem er sich einig weiß im kriti-
schen Abstand zum Weimarer Hof, schreibt er: *Der*
Herzog hat seine Existenz im Hezen und Jagen. Noch
Jahre wird er brauchen, bis er – im Sommer 1786 –
seine amtliche Tätigkeit grundsätzlich und radikal in
Frage stellt: *wer sich mit der Administration abgiebt,*
ohne regierender Herr zu seyn, wird es da heißen, *der*
muß entweder ein Philister oder ein Schelm oder ein
Narr seyn. Schon jetzt aber konstatiert er seine weitge-
hende Desillusionierung über seinen Handlungsspiel-
raum, wenn er Knebel gesteht: *Der Wahn … himmli-*
sche Juwelen könnten in die irdischen Kronen dieser
Fürsten gefaßt werden, hat mich ganz verlassen und
ich finde mein iugendliches Glück wiederhergestellt.

Mit dem *iugendlichen Glück* spielt er auf die Zeit vor
Weimar an, die der großen literarischen Produktivität,
die Zeit des »Werthers« und des »Götz«.
    Aber das erhoffte *Glück* stellt sich nicht ein. Weder
am »Faust« schreibt er weiter noch am »Egmont«,
den er doch schnell zu beenden glaubte. Seine Prosafassung der »Iphigenie« verwirft er, der Versuch, sie
in rhythmische Prosa zu bringen, scheitert. Sowohl

»Iphigenie« als auch »Egmont« wird er nach mehrfa-
chen Anläufen auf dem Weg nach Italien beziehungsweise in Rom vollenden. Die Arbeit am »Faust« wird
er erst nach der Rückkehr aus dem Süden wiederauf-
nehmen.

Und »Tasso«? Das Drama, an dem er *schreibend* Charlotte *angebetet* hat. Auch hier stockt die Arbeit. Eine
Prosafassung der ersten beiden Akte ist fertig, mehr
nicht. Jahre später, in Italien, auf der Überfahrt nach
Sizilien, notiert er einige Verse. Am 1. Februar 1788,
noch in Italien, heißt es: »Tasso« *muß umgearbeitet*
werden, was da steht, ist zu nichts zu brauchen, ich
kann weder so endigen noch alles wegwerfen. Vom
»Urtasso«, mit dem Frau von Stein vertraut war, ist
nicht eine einzige Zeile überliefert, sein Schöpfer hat
die zweiaktige Prosafassung vernichtet. Vollenden wird
er den »Tasso« erst nach seiner Rückkehr nach Weimar,
schon mit einer neuen Geliebten, mit Christiane Vulpius, an seiner Seite. 1790 erscheint »Torquato Tasso«
bei Göschen in Leipzig.

Die *Disproportion des Talents mit dem Leben* wird
er seinen »Tasso« nennen. Womöglich stockt die Arbeit, weil der Konflikt zwischen Talent und Leben noch
nicht ausgereift ist.

1782 die vergebliche Hoffnung, sein *iugendliches Glück*
wieder herzustellen. Das Versiegen der poetischen Quellen. Die Aufspaltung seiner Persönlichkeit in ein politisch-gesellschaftliches Wesen einerseits und ein moralisch-poetisches andererseits trägt nicht.

Später wird er es ausdrücklich widerrufen, dieses Konzept des Doppellebens: *ich habe nur Eine Existenz* und *die ganz*, schreibt er aus Italien an die zurückgebliebene Geliebte.

Jetzt aber erscheint ihm die Idee der Trennung der verschiedenen Lebenssphären noch als Ausweg aus der Krise. Aber das Gegenteil geschieht. Zumal Goethe für seine Person eine einheitliche Selbsterfahrung erwartet. Hier kommt Frau von Stein ins Spiel. Seit er aufgehört hat, Tagebuch zu schreiben, ist sie das einzige Medium seiner Selbstreflexion, ist ihm, wie er es vor Jahren beschwor, die alleinige *süse Unterhaltung* seines *innersten Herzens*.

Immer hymnischer werden seine Preisungen. Ohne sie kann er nicht leben: … *die lebendige Gegenwart deiner süsen Liebe macht mich auch wieder lebendig. – Sage mir Liebste wie du lebst damit ich auch wieder lebe. – Mich kann nun Leben und Todt, Dichtung und Acktenlesen nicht von dir trennen. – Eigentlich bin ich nirgends wenn ich nicht bey dir bin.*

Für sie dichtet, arbeitet, lebt er. Sie ist der einzige *Faden*, der ihn in Weimar hält. *Ich bin ganz auf dich beschränkt.* Er schreibt dieser Frau eine Rolle zu, die sie nicht erfüllen kann, denn sie selbst ist bereits unwiderruflich Teil seiner Lebenskrise. Goethes Beschwörungen seiner Liebe zu ihr verhüllt, verdeckt, verschleiert sie. Für eine Zeit zumindest. Aber schon reißt der Schleier. In der Christnacht 1782 – er ist auf einer Reise – offenbart er ihr: *O liebe Lotte, wenn ich dich nicht hätte, ich ging in die weite Welt.*

Er schreibt ihr das aus Leipzig, seinem einstigen Studienort. Die Stadt ist ihm *eine neue kleine Welt.* Wieder die Anknüpfung an die Vor-Weimar-Zeit. Leipzig, eine freie Stadt wie Frankfurt?

Ein Gegenbild zum engen weimarischen Fürstenhof? Fast will es so scheinen, wenn man liest: *Die Leipziger sind als eine kleine moralische Republick anzusehn. Jeder steht für sich, hat einige Freunde und geht in seinem Wesen fort, kein Obrer giebt einen allgemeinen Ton an, und ieder produzirt sein kleines Original, er sey nun verständig, gelehrt, albern oder abgschmackt ... Reichthum, Wissenschafft, Talente, Besitztühmer aller Art geben dem Ort eine Fülle die ein Fremder wenn er es versteht sehr wohl geniessen und nutzen kann.*

Er fühlt sich wohl in der Stadt, lebt auf. Zunächst will er *einige Tage* bleiben, dann heißt es: *Ich wünschte mich ein Vierteljahr hier aufhalten zu können.* Und das Eingeständnis, daß er *zuletzt* in Weimar *unleidlich* gewesen sei, *es wollte gar nicht mehr fort. Wenn ich nicht immer neue Ideen zu bearbeiten habe werde ich wie kranck.*

Die Schlußfolgerung: Seine Reise geschehe, schreibt er der Geliebten, *auch um deinetwillen.* Hier taucht erstmals die Liebesfloskel auf, die er später von Italien aus mehrfach wiederholt: ob er an- oder abwesend ist, alles geschieht um ihretwillen. Und so schließt er seinen Brief aus Leipzig, in dem erstmals das Fluchtmotiv anklingt, mit der doppeldeutigen Versicherung: *O liebe Lotte ich bin dir mein Glück zu Hause, und mein Vergnügen auswärts schuldig ...*

Das Jahr 1783. Goethe wird *von Arbeiten gesotten und gebraten ...*, er *lese ... alte Ackten aus denen er zwar klüger aber nicht glücklicher werde ..., – es stürmt wieder einmal scharf auf mich zu. – Ich bin fleißig und bekümmre mich um irdische Dinge um der Irrdischen willen ... Das ganze Jahr sucht mich kein angenehmes Geschäfft auf und man wird von Noth und Ungeschick der Menschen immer hin und wieder gezogen.*

Er hat kein geringeres Ziel, als die *Disharmonie der Welt in Harmonie zu bringen.*

Im Februar ein freudiges Ereignis im Fürstenhaus. Am 3. *morgens um drei Uhr* kommt der Erbprinz Friedrich zur Welt, Frau von Stein ist bei der Geburt zugegen.

Den *Tauff Actus* zwei Tage später zelebriert Herder; seine »Kantate auf den Höchstbeglückten Kirchgang der Frau Herzogin« wird aufgeführt. Wieland verfaßt ebenfalls eine Kantate zu einer Feier bei Hofe. Goethe setzt die Arbeit an »Elpenor« fort. Und ist wohl – wie alljährlich – der Spiritus Rektor des am 13. März zu Ehren der jungen Herzogin Louise veranstalteten venezianischen Karnevals. Angeführt wird der Zug von Carl August, 100 Pferde sind aufgeboten, 139 Personen nehmen teil. Goethe, so ist überliefert, *als Ritter in altdeutscher Tracht, im weißen Atlaskostüm mit Purpurmantel, auf dem Kopf ein Barett mit Federn, reitend auf einem weißen Pferd.*

Auch das ist Goethe in Weimar. *Mein innres Leben ist bey dir, und mein Reich nicht von dieser Welt,* gesteht er wenig später Charlotte. Seinen Pflichten bei

Hofe kommt er dennoch nach, nicht immer freudig: *man wird Abend auf dem Picknick erscheinen müssen*, heißt es einmal, ein andermal: *Leider bin ich zur Herzogin Mutter zur Tafel gebeten und verliere die schönste Zeit des Nachmittags.*

Im Mai dann eine Veränderung in seinem Leben. Am 18. bittet er Charlotte: *sprich mit Steinen wegen Fritzen ich wollt es geschähe bald.* Sechs Tage später nimmt er den Elfjährigen in sein Haus auf. Der leibliche Vater muß dem zugestimmt haben. Gibt es einen Zusammenhang mit dessen sich verschlechterndem Gesundheitszustand? Wir wissen es nicht. *Stein wird schwer geheilt werden können, du dauerst mich*, so Goethe an Charlotte. Sie selbst ist froh über seine Hilfe. Knebel teilt sie Anfang Juli mit: *Er hat Fritzen zu sich genommen und hat eine vortreffliche Art, mit ihm umzugehen. Sie können sich vorstellen, wie mich das beruhigt.* Und an Sophie von Schardt heißt es, Goethe sei *verständig und gütig in seiner Erziehung.*

Der Knabe fungiert als Liebesbote, hat der Mutter Nachrichten seines nunmehrigen Erziehers zu überbringen; *unser liebes Band* nennt Goethe ihn, versichert Charlotte: *Du weist doch wie sehr ich dich auch in ihm liebe und wie ich mich freue dies Pfand von dir zu haben.* Und sich wiederholend: ... *ich liebe dich in ihm und ihn in dir.* Am 2. Juni berichtet er: *Frizen hab ich umquartirt ... In der duncklen Kammer war böse Lufft, die er nicht einathmen muß.* Und einmal heißt es: *Gute Nacht Liebste. Fritz tanzt im Hemde zu Bette, ich hab ihn herzlich an mich gedrückt und fühle daß ich nur gern um seinet und deinetwillen lebe.*

Goethes Verhältnis zu dem Knaben gestaltet sich eng, er nimmt den Elfjährigen mit auf Reisen, nach Jena, Ilmenau und im Herbst für vier Wochen in den Harz, abschließend halten sie sich in Göttingen und Kassel auf. Aus dem Harz berichtet er der Mutter: *Friz ist gar lieb und gut … An ihm geniese ich ieden Augenblick im Stillen des Glücks daß ich ganz dein bin.* Vom Gipfel des Brockens zurückgekehrt, schreibt er aus Zellerfeld: *Fritz ritt auf einem kleinen Pferdgen so gerade hin als wenn er ganz damit bekannt gewesen wäre, er ist sehr glücklich und hat nur kleine Anfälle von Laune und Unart.*

Und Josias von Stein? Ein einziger Beleg findet sich bei Goethe, daß er über Charlotte die Zustimmung des leiblichen Vaters einholt. Als sie einen Ausflug nach Kötschau macht, soll sie den Sohn in ihrer Kutsche mitnehmen, der Freund wird reiten; zurück aber will er mit Fritz tauschen, dieser soll auf Goethes *gedultigen Pferde mit Götzen nach Hause reiten.*

Frage Steinen ob es ihm recht ist. Dem Knaben wäre es Bewegung und grose Freude.

Anlässe für Goethes Reisen 1783 sind stets dienstliche Verpflichtungen. In Jena die *Besorgung einiger Wasser und Weegebau Geschäffte,* in Ilmenau das Bergwerk, die Wiedereröffnung eines alten Schachtes steht bevor. Seine Forschungen zu Geologie, Mineralogie und Bergbau. Er sei *höchst unwissend in allen Naturstudien* nach Weimar gekommen, wird er später sagen, erst *das Bedürfnis dem Herzog bei seinen mancherlei Unternehmungen ... praktische Ratschläge geben zu können*, hätte ihn zum *Studium der Natur* getrieben. Intensiv beschäftigt er sich auch mit anderen Phänomenen der Naturwissenschaft. Dafür spricht seine Kontaktaufnahme zu dem Physiker Georg Christoph Lichtenberg in Göttingen und in Kassel zu dem Arzt und Physiologen Soemmering. Er erlebt dessen Versuche mit »Blasen«, Vorläufer der Ballon-Experimente der Brüder Montgolfier, die ihn dann stark beschäftigen. Am 1. Juni läßt er in seinem Garten *einen Ballon auf Montgolfierische Art steigen ... 42 Fuß hoch und 20 im größten Durchschnitt,* berichtet er Soemmering. Fast scheint es, als bewahrheite sich sein Wort, er werde *wie kranck,* wenn er nicht immer *neue Ideen zu bearbeiten* habe.

Und seine *Schriftstellerey,* zu der er doch *eigentlich geboren sey,* wie er Charlotte im Herbst des Vorjahres klagt? Die Arbeit an den Dramen »Tasso« und »Egmont« ruht. Er hat einen Roman begonnen, den er »Wilhelm Meisters theatralische Sendung« nennen wird. Bis zum sechsten Buch kommt er, dann bricht er auch dies ab.

Seine Briefe an die Geliebte, vor allem die *Zettelgen,* sind nicht mehr von der Innigkeit der Glücksjahre, oft werden nur Nachrichten ausgetauscht, wann und wo man sich sehe, mit wem man zusammentreffe. Die Briefe von seinen Reisen erscheinen in ihrer Gesamtheit ebenfalls eher nüchtern.

Gleichwohl sind es noch immer Liebesbriefe, die Goethe im Jahr 1783 an Frau von Stein richtet. Vielleicht sollte man sie eher Liebesbeschwörungen nennen. *Liebe mich, denn das ist der Grund worauf mein ganzes Schicksaal gestickt ist*, notiert er *vor Himmelfarth*. Am 5. Juni dann: *Mein Glück und Wohlseyn besteht in dem deinigen und in deiner Liebe*. Am 12. Juni – er ist in Erfurt –: *Ich gehe zu Bette, und kehrte lieber mit den Pferden zurück und brächte dir dies Blat selber*. Tage später schreibt er aus Gotha: *Ich kann dir nicht ausdrücken, welche Neigung, welches Verlangen mich zu dir zieht*. Und aus Wilhelmsthal: *... dein Bild ist mir viel lebhaffter als die Gegenstände die mich umgeben, ich bin eingeschränckter als iemals*. Dann, als Schlußfolgerung, daß er ihrer Gegenwart bedürfe, ein ungewöhnlicher Halbsatz, er lautet: *denn ich habe nichts eignes mehr*.

Hatte Goethes Aufspaltung seiner Persönlichkeit in ein politisch-gesellschaftliches und ein moralisch-poetisches Wesen, in den *Geheimderath* und sein *andres selbst* nicht gerade das Ziel, sich *selber wieder zu leben und* sich *wieder zu erkennen*? Und nun dieses ratlose *ich habe nichts eignes mehr*.

Zu beobachten ist, Goethes bedingungslose Offenheit der Geliebten gegenüber scheint zu schwinden. Er klammert ihn existentiell betreffende Probleme seines politisch-gesellschaftlichen Lebens nun – im Gegensatz zu früher – aus.

Zwei Beispiele: Wie nebenbei erwähnt er in einem Brief, daß er dem Herzog zu dessen sechsundzwanzig-

stem Geburtstag am 3. September Verse schenken wolle. Es ist jenes große Gedicht »Ilmenau«, in dem er
Rechenschaft ablegt und seine Verantwortung als Erzieher Carl Augusts für beendet erklärt; nicht ohne
mahnende Forderungen an den Herrscher zu richten.
Das Gedicht ist eine deutliche Zäsur im Verhältnis der
beiden. Kein Wort darüber zu Charlotte, die er doch
einst bei allen Freuden und Ärgernissen mit Carl August ins Vertrauen zog, sogar ihre Vermittlung erbat,
als er nicht mehr mit ihm reisen wollte. Wir erinnern
uns: *Mach es nach deiner Klugheit und Sanftheit ...*
Nun Schweigen.

   Das zweite Beispiel. Der Prozeß gegen die Kindsmörderin Anna Catharina Höhn. Tod durch das Schwert
oder lebenslange Freiheitsstrafe. Für letztere plädiert
Carl August. Mehrfach tagt das Geheime Consilium dazu. Goethe reicht, wie die anderen, schriftlich sein Votum (*Aufsatz* nennt er es) zu der Sache ein. Es ist nicht
überliefert. Am 4. November aber gibt er zu Protokoll:
*daß auch nach meiner Meinung räthlicher seyn mögte
die Todesstrafe beyzubehalten.*

   Am 28. November 1783 wird Anna Catharina Höhn
vor dem Erfurter Tor hingerichtet. Zuvor findet auf
dem Marktplatz das »Halsgericht« statt, die Delin-
quentin hat öffentlich ihre Schuld einzugestehen. Ein
Brettergerüst ist aufgebaut, das Husarenregiment mit
hundert Soldaten ist angetreten, um die andrängende
Menge in Schach zu halten.

Das Stiedenvorwerk liegt nicht weit vom Marktplatz
entfernt. Auch der Frauenplan nicht. Der Herzog hat

Weimar verlassen, Goethe und Charlotte sind geblieben. Vielleicht das Streifen des Ereignisses im Gespräch? In Goethes Briefen an Charlotte jedoch wird es ausgeblendet. Oder sind indirekte Äußerungen darauf zu beziehen?

Fünf Tage vor der Hinrichtung schreibt Goethe seiner Geliebten: *auch das entferntste duld ich weil du bist, und wenn du nicht wärst hätt ich alles lange abgeschüttelt. Du aber machst mir alles süse. In allen und bey allen Dingen fühl ich deine Liebe.* Und: *Liebe mich das ist warrlich fast das einzige was mich noch halten mag.*

In der Zeit, da das Urteil über die junge Kindsmörderin noch offen ist, entsteht das Gedicht »Das Göttliche« mit den Zeilen: *Edel sei der Mensch, / Hülfreich und gut!* Und: *Nach ewigen, ehrnen, / Großen Gesetzen / Müssen wir alle / Unseres Daseins / Kreise vollenden. / – Nur allein der Mensch / Vermag das Unmögliche: / Er unterscheidet, / Wählet und richtet; / Er kann dem Augenblick / Dauer verleihen. – Er allein darf / Den Guten lohnen, / Den Bösen strafen ...* Am 19. November bittet Goethe Charlotte: *Schicke mir doch die Ode wieder ich will sie ins Tiefurter Journal geben.* Eine Rechtfertigung seines Handelns?

Herder nennt das Gedicht hellsichtig den *Antiprometheus.* Oft ist Goethe in der Zeit mit ihm zusammen, endlich haben sich *die leidigen Wolcken die Herdern solange von* ihm *getrennt haben ... auf immer* verzo-

gen. Auch zu viert trifft man sich. Herders Frau Karoline, eine kluge Beobachterin, berichtet von *angenehmen Abendstunden* ... Und: *Goethe ist herzlich gut
gegen meinen Mann, und diese Gemütsverfassung
ist beiden Balsam aufs geknickte Herz – denn Goethe
leidet noch mehr als mein Mann.* Die einst hochfliegenden Pläne der beiden in Straßburg, die des Sturm
und Drang, sind den bitteren und engen Realitäten
des winzigen thüringischen Fürstentums gewichen.

5

Von einer *Crisis* spricht Goethe in der Folge Charlotte
gegenüber. Diese *Crisis* bezieht sich keineswegs allein
auf seine Erkältung – noch am 11. Dezember ist von
Zahnfluß die Rede –, sondern wohl auch auf die seelische Belastung; *man* sieht, schreibt er, *daß allerley im
Cörper stickt das nicht weis wohin es sich resolviren
soll.*

Im Brief vom 7. Dezember 1783 an seine Mutter thematisiert Goethe diese *Crisis*, wehrt sie zugleich ab.
Auf Nachrichten über sein schlechtes Aussehen – er
sei dünn geworden – antwortet er: *Sie haben mich nie
mit dickem Kopf und Bauche gekannt, und daß man
von ernsthafften Sachen ernsthafft wird, ist auch natürlich, besonders wenn man von Natur nachdenck-*

lich ist, und das Gute und Rechte in der Welt will.
Dann kommt er verräterisch auf den *bösen Winter
von 69* zu sprechen. Nach einem Blutsturz war der
Leipziger Student krank in seine Heimatstadt zurückgekehrt. Seine Mutter schlug *in der äußersten Noth ihres Herzens ihre Bibel auf* ... und traf auf den Spruch
des Propheten Jeremias: *Du sollst wiederum Weinberge pflanzen an den Bergen Samariäs, pflanzen wird
man, und dazu pfeifen.* Nun, fast ein Vierteljahrhun-
dert später, erinnert der Sohn die Mutter an diese Bi-
belstelle, darin habe sie 1769 *für den Augenblick Trost*
gefunden.

Dann verteidigt er zum wiederholten Mal vehement
seine Existenz in Weimar: *Ich wüsste nicht mir einen
bessern Plaz zu dencken oder zu ersinnen* ... Die Mutter solle sich keine Sorgen machen: *vergnügen Sie Sich
an meinem Daseyn ietzt*, drängt er sie. Um sie dann
vollends in Angst zu versetzen, denn der Satz geht weiter: *und wenn ich auch vor Ihnen aus der Welt gehen
sollte.*

Der Tod durchgeistert in jener Zeit vielfach seine
Äußerungen. *Ich bin schon weit in Jahren vor, und
vielleicht bricht mich das Schicksaal in der Mitte* ...,
heißt es an Lavater. Da ist er einunddreißig Jahre. Auch
den Gedanken der Selbsttötung spielt er durch. Als er
am Gothaer Hof den Schmerz des Herzogs über seine
sterbenskranke Geliebte erlebt, schreibt er Charlotte,
sei er in einem solchen Fall, würde er, um das Leiden
der Geliebten abzukürzen, ihr Gift geben und es selber
nehmen, um mit ihr in den Tod zu gehen. Auch in der
ersten Italienzeit ist der Todesgedanke noch in ihm

mächtig. *Komm ich um, so komm ich um*, kann Charlotte lesen und in bezug auf ihren Schmerz, er *kämpfte selbst mit Todt und Leben*. Auch im übertragenen Sinne gebraucht er die Todesmetapher, wenn er im Rückblick auf die allerletzte Zeit in Weimar Charlotte gegenüber die harte Aussage macht, daß der *Todt* ihm lieber sei, als so mit ihr zu leben.

... wenn ich auch vor Ihnen aus der Welt gehen sollte ..., im Brief vom 7. Dezember 1783 an die Mutter. Die Prophezeiung des Jeremias bedeutet die Überwindung des Todes durch ein erfolgreiches Leben. *Die Weinberge an den Bergen Samariä, pflanzen wird man, und dazu pfeifen ...* Der Gedanke der Umsetzung der Todeserfahrung in Handlungsenergie spielt in Goethes Leben bis ins hohe Alter eine große Rolle. Selbstvergewisserung im unausgesetzten Tätigsein ist ihm das Komplementärphänomen zur Todeserfahrung.

In Italien erlebt er seine Wiedergeburt – er gebraucht das archaisierende Wort *Widerburt* –, er *legitimirt* sich wieder *als Lebendig*. Im Brief an die Mutter nimmt er es vorweg, fängt den Todesgedanken auf, schließt sein Schreiben: *vielleicht giebt uns das Schicksal noch ein anmutiges Alter zusammen das wir denn auch mit Danck ausleben wollen.*

Der folgenreiche Herbst und Winter 1783/84. Goethes Verantwortung als Minister, eine ihn bedrückende Last. Zuflucht zur Geliebten: *Ich bin ganz auf dich beschränkt ..., ich habe nichts eignes mehr.*

Am 19. November macht er Charlotte gegenüber eine ungewöhnliche Äußerung, die allen seinen Beteuerungen, einzig ihre Nähe mache ihn glücklich, entgegensteht: Er bittet um *Urlaub*. Schreibt: *Meine Lotte sollte mir würcklich auf einige Zeit Urlaub geben und mich nicht immer enger und enger an sich ziehen und befestigen.*

Im Mai 1784 wiederholt er sein Anliegen, nun drängender. *Recht feyerlich liebe Lotte mögt ich dich bitten vermehre nicht durch dein süses Betragen täglich meine Liebe zu dir. Ach meine Beste warum muß ich dir das sagen! Du weist doch wohl wie voll Dancks mein Herz für dich ist.*

Im November dann: *... wenn eine Bitte bey dir statt findet so wecke den Amor nicht wenn der unruhige Knabe ein Küssen* (Kissen) *gefunden hat und schlummert.*

Die dreimalige Wiederholung. War sie es in der ersten Zeit, die ihn von sich fernhielt, ihn zu ihrem *Heiligen* machte, so daß er ihr ironisch schrieb: *Hier auch eine Urne, wenn allenfalls vom Heiligen nur Reliquien überbleiben sollten,* so ist nun er es, der um Abstand fleht. Und zwar in einem verzweiflungsvollen Ernst; *feyerlich* bittet er.

Wenn wir uns vergegenwärtigen, daß er später von *Gewalt* spricht, die er sich antun mußte, davon, daß der *Gedancke,* sie *nicht zu besitzen ...* ihn *aufreibt und aufzehrt ...,* wird die Grenze sichtbar, an die er immer wieder gelangt. Eine Grenze, deren Übertretung offenbar ihr Verhältnis existentiell gefährden, ja zerstören würde. Es ist kein Zufall, daß er gerade in jener Zeit von seiner *Liebe* als *Leidenschaft* spricht, die eine *Krankheit* sei, von der er *nicht genesen* wolle.

Senden seine Briefe zunehmend solche Warnsignale aus, so bezeugen sie gleichzeitig weiterhin einen harmonisch gelebten Alltag. Am 21. Dezember heißt es: *Diesen Abend bin ich wie gewöhnlich bey dir ...*, am 23.: *... laß mich wenn ich zu Tische nach Haus komme ein heilsames Wort von dir finden.*

Im November, wenige Tage nach der Hinrichtung der Kindsmörderin, bittet Goethe Charlotte: *Schicke mir doch den Theil des Atlas worinne die Carten von Italien sich befinden ...* Am 14. Dezember kann sie lesen: *Wir wollen in ferne Länder gehen und zusammen überall glücklich sein.* Ein Gedankenexperiment? Gemeinsame Reisen mit den Fingern auf den *Carten von Italien?* Sehnsucht nach Ausbruch, Fluchtüberlegungen?

Goethe schließt das Jahr 1783 mit der Bemerkung an seinen Freund Knebel, es habe *sich zu Ende des Jahrs noch viel phisische und politische krüde Materie* um ihn *versammelt ...*

Am 5. Januar 1784 urteilt Wieland in einem Brief an Merck über Goethe: *Er leidet aber nur allzusichtlich an Seel' und Leib unter der drückenden Last, die er sich zu unserm Besten aufgeladen hat ... wie er bei dem allen Contenance hält, und den Gram gleich einem verborgnen Wurm an seinem Inwendigen nagen läßt. Seine Gesundheit schont er soviel möglich, auch hat sie es sehr vonnöten.*

Charlotte als Trösterin? Und zugleich als Gefahr? Sie scheint auf sein Urlaubsbegehren nicht eingegangen zu sein. Wie könnte sie auch. Der Freund fordert Abstand, und zugleich steigert er seine brieflichen Liebesbeteuerungen. Ein seltsamer Widerspruch.

Zu Beginn des Jahres 1784 seine Aussage: *Ja ich werde wie du mir es geweissagt hast immer glücklicher werden. Am glücklichsten durch dich.* Er erhöht die Geliebte ins Unendliche. *Durch dich habe ich einen Maasstab für alle Frauens ia für alle Menschen, durch deine Liebe ein Maasstab für alles Schicksal*, schreibt er ihr am 17. Juni. Am 28. dann sein Geständnis: *Ich bin kein einzelnes kein selbstständiges Wesen. Alle meine Schwächen habe ich an dich angelehnt, meine weichen Seiten durch dich beschützt, meine Lücken durch dich ausgefüllt. Wenn ich nun entfernt von dir bin so wird mein Zustand höchst seltsam. Auf einer Seite bin ich gewaffnet und gestählt, auf der andern wie ein rohes Ey, weil ich da versäumt habe mich zu Harnischen wo du mir Schild und Schirm bist.*

Und am 7. Juli, während er mit Carl August am Hof in Eisenach weilt, schreibt er ihr: *Die Artigkeit, Anmuth, Gefälligkeit der Frauen, die ich hier sehe, selbst ihre anscheinende Neigungen, sie tragen alle die Zeichen der Vergänglichkeit an der Stirne, nur du bist auf der beweglichen Erde bleibend und ich bleibe dir.*

Ein emphatischer, hochartifizieller, fast religiöser Ton.

Und immer wieder das Bekenntnis: *Ich bin kein einzelnes kein selbstständiges Wesen. – Du glaubst nicht wie schreibfaul ich bin, an dich allein mag ich schrei-*

ben wie ich allein mit dir reden mag. Wenn ich mit an-
dern selbst vernünftigen Menschen spreche, wie viel
Mittel Töne fehlen die bey dir alle anschlagen. Alles
was die Menschen suchen habe ich in dir. – Ich lebe
für dich und mein beständiger fortdaurender Wunsch
ist dir zu leben dir Freude zu machen, dir zu nützen,
dein zu seyn.

Unübersehbar aber wird er in allen seinen liebenden Bekenntnissen von einer inneren Unruhe getrieben.

Charlotte dagegen scheint in sich zu ruhen. *Wie be-*
neid ich dich daß du mich so sehr, und so viel ruhiger
und glücklicher lieben kannst. Er dagegen gerät, fehlt
sie ihm, in einen Zustand, *daß* ihm – so am 24. Juni –
wieder einmal für seinen *Kopf bange wird.* An anderer Stelle heißt es, er sei *nach Lavaters Terminologie*
so gut wie wahnsinnig, wenn er von ihr *abgeschnitten*
leben müsse. Schließlich die aufblitzende Erkenntnis,
daß er sie *lieber habe als* ihm *gut ist.*

Das neue Jahr ist wie die vergangenen voller amtlicher
Verpflichtungen. Wieder ist er viel unterwegs. Im Januar kann Charlotte lesen: *nun ist schon wieder der Hen-*
cker bey mir los. Im Februar: *ich habe böse Ackten von*
denen ich nicht abkommen kann.

In seinen Briefen aus dieser Zeit, etwa an Herder, Knebel oder Lavater, wird deutlich, da existiert neben dem
Liebenden, der seine Selbstbestätigung einzig von der
Geliebten zu erhalten vorgibt, ein anderer Goethe,
der sich durch vielfältige Interessen und Tätigkeiten

– außerhalb der Dichtkunst – der Welt verbindet, in ihr seine Bestätigung sucht.

So als er am 24. Februar 1784 in Ilmenau einen Schacht des Bergwerks feierlich wiedereröffnet. Nicht der Herzog, er tut es, steht im Mittelpunkt, hält die Rede, denn bereits 1780 hat ihm Carl August die *Direction über alle Bergwercks-Angelegenheiten in Unseren sämtlichen Fürstlichen Landen* übertragen. Enorm viel Zeit und Kraft hat er investiert, um den Bergleuten, den *armen Maulwurfen,* zu *Brod und Arbeit* zu verhelfen. Sein großes soziales Projekt. *Nicht leicht habe* er *etwas mit soviel Hoffnung, Zuversicht und unter so glücklichen Aspeckten unternommen, als diese Anstalt eröffnet,* teilt er dem Gothaer Herzog mit.

Im März wünscht er sich *ein Wort* von Charlotte, *damit es mir wie ein Salzkörnlein den ganzen Ackten und Rechnungs Brey durchsalze und schmackhafft mache.*

Selten scheint Frau von Stein mit Goethe zufrieden zu sein; *wie freu ich mich daß ich so bin daß du mich lieben kannst,* heißt es einmal. Des öfteren aber werden Vorwürfe laut, denen er sogleich mit Liebesbekundungen begegnet. *Ich erhalte deinen letzten Brief, er macht mich betrübt. Glaubst du daß meine Sehnsucht nach dir in der Ferne sich verlieren oder vermindern könnte. Wo ist irgend etwas zu finden, das deiner Liebe gleicht.* Stets bittet er sie um Nachrichten; enttäuscht vermerkt er, sie schreibe ihm nur, wenn er sie dazu auffordere. Ein Widerspruch zu seinem Urlaubsbegehren? Oder bezieht sich dies nur auf ihr Zusammensein, auf Nähe, Gesten, Berührungen?

Goethes viel Zeit einnehmende naturwissenschaftliche Studien. Im Frühjahr 1784 stellt sich ein erster Erfolg bei seiner Beschäftigung mit der Osteopathie ein; in Jena entdeckt er den Zwischenkieferknochen. Vom 2. bis 6. Juni ist er am Gothaer Hof, reist nach Wilhelmsthal und Eisenach weiter.

Bei diesen Reisen sind ihm äußere Zeichen der Verbundenheit mit der Geliebten wichtig. Von Gotha schreibt er ihr: *heute werde ich deinen Ring anstekken*. Ein Geschenk von ihr mit ihren Initialen. Tage später dann, er ist bereits in Wilhelmsthal bei Carl August: *Deinen Ring hatte ich in Gotha angesteckt, und die Leute konnten glauben ich freute mich darüber als Kleinod. Es war dein lieber Buchstabe meine Lotte der meine Lust und mein Stolz war. Hier muß ich ihn verborgen halten* ... Ende des Monats gibt sie ihm ein *neues Zeichen* ihrer *Liebe – Ich habe es zu deinen Haaren gethan und trage es nun bey mir.*

Im Juli ist er erneut für acht Tage im Thüringer Wald. Widmet sich geologischen Studien, treibt *Felsenspekulationen*. In Ilmenau erfordert das Bergwerk seine Anwesenheit, und er prüft – erfolgreich – das Amt Ilmenau hinsichtlich seiner Steuereinnahmen, deckt dabei Veruntreuungen und Steuerhinterziehungen auf.

Am 7. August 1784 bricht Goethe zusammen mit dem Maler und Zeichner Kraus zu seiner dritten Harzreise auf. Von dort ruft ihn der Herzog bereits eine Woche später an den Braunschweiger Hof. Sechzehn Tage wird er da festgehalten. Unter dem Deckmantel von Feierlichkeiten wird geheim verhandelt; über einen *Fürstenbund*, einen Zusammenschluß deutscher Mittel- und Kleinstaaten, gerichtet gegen die Expansionspläne Josephs II. und Friedrichs des Großen. Wie schon vor Jahren in Berlin fühlt sich Goethe im Umkreis der Mächtigen unwohl.

Charlotte vertraut er sich an. Berichtet, es müßten *lange Abende in der Oper und bei Tisch* überstanden werden, *es sind besonders die Letzteren, die mich fürchterlich langweilen.* Auf Charlottes Wunsch hin verfaßt er seine Briefe auf französisch. Er hat Angst, bespitzelt zu werden, vermeidet *zu viel in* seinen *Briefen zu sagen*, aus *Furcht, man könnte* seine Post *öffnen. Von einem Fürsten, welcher so politisch traktiert wie der Braunschweigische, ist alles zu erwarten.*

Erst als Josias von Stein nach Weimar geht, kann er *ein wenig offener reden*; der Ehemann wird zum Liebesboten.

Goethes hochgestimmter Ton. Endlose Schwüre. *Mein Dasein empfinde ich nur wegen dir, du hast mir beigebracht, mich selbst zu lieben, du hast mir mein Vaterland gegeben, eine Sprache, einen Stil ...* Und: *Alle Augenblicke meines Lebens, die ich verbrachte ohne Dich zu kennen, ohne Deine Liebe zu besitzen, erscheinen mir vergebens, ich kann weder leben noch atmen ohne dich.*

Auch Charlotte muß Goethe glühende Liebesbriefe

nach Braunschweig geschickt haben. *Die süßen Ausdrücke Deines Herzensgefühls ließen mich aufleben ...,*
dankt er, möchte mehr und mehr: *Hättest Du mir dazu noch Dein Tagebuch geschickt, wäre mein Glück
vollkommen gewesen.* Dann nochmals in bezug auf
die Zusendung ihrer intimen Aufzeichnungen: *Ich
bitte Dich darum, es zu tun, ich flehe Dich bei allem,
was unserer Liebe heilig ist, darum an.*

Eine Steigerung scheint kaum möglich. Und dann
notiert er – wie alles auf französisch – jenen Satz,
den wir bereits kennen: *Nein, meine Liebe zu Dir ist
keine Leidenschaft mehr, sie ist eine Krankheit, eine
Krankheit, die mir kostbarer ist als die vollkommenste Gesundheit und von der ich nie genesen will.*

Am 30. August 1784, zwei Tage nach seinem fünf-
unddreißigsten Geburtstag, schreibt er ihn nieder. Er
legt den Finger in die Wunde, bringt es auf den Punkt.
Eine ungeheuerliche Aussage. Gefährliche Selbstver-
leugnung.

Als er endlich Braunschweig verlassen kann, setzt er
seine Reise durch den Harz fort, ist am 3. September
auf dem Brocken, übernachtet da. Drei Tage später
heißt es aus Elbingerode an Charlotte: *Von den Fesseln
des Hofs entbunden in der Freyheit der Berge ... Vor
sieben Jahren schrieb ich dir auch von hier ...* Damals
hatte ihm der *Geist des Himmel⟨s⟩* seine Liebe und sein
Bleiben in Weimar bestätigt. Und jetzt? Er schweigt.

*Wir sind den ganzen Tag unter freyem Himmel,
hämmern und zeichnen,* erfährt Herder. Goethe treibt
geologische Studien, der Maler Kraus steht ihm zur

Seite. Der Reisende hat es nicht eilig mit der Rückkehr, er besucht noch *die schöne Frau*, die Marquise von Branconi, auf Schloß Langenstein.

Am 15. September ist er wieder in Weimar. Charlotte weilt auf ihrem Landgut. Aber ihren Sohn kann er in die Arme nehmen. *Heute war ich in Jena, und ich hatte meinen Fritz bei mir. Ich verstehe Deinen Wunsch gut, daß er der meine werde.*

Am 27. ist er erneut in der Universitätsstadt, in Gesellschaft von Wieland, Matthias Claudius, dem Ehepaar Herder, Jacobi und dessen Schwester. Goethe – so überliefert Karoline Herder – *erzählte uns vom Zustand der Seele nach dem Tode ... Nur ein wenig nicht schwärmerisch genug.*

Am 2. Oktober reist er mit Fritz nach Ilmenau. Steuersachen halten ihn dort fest. Zweimal besucht er Charlotte auf ihrem Landgut. *Auch in der Art wie du die Kochberger Wirthschafft angreifst lieb ich dich aufs neue. Was kannst du thun worinne nicht dein köstliches Wesen erscheine.*

Er ist durch Amtspflichten gebunden, sie wird in Kochberg festgehalten. Er fände, klagt er, die *Gründe* ihrer Trennung *gewichtig genug ... und dennoch bin ich unzufrieden mit Dir und mir, daß wir so vernünftig sind ... Wir erfüllen unsere Pflicht so gewissenhaft, meine liebe Lotte, daß man am Ende beinahe an unserer Liebe zweifeln könnte.*

Am 28. Oktober wieder der hochgestimmte Ton: *Ohne dich ist mir das Leben nur eine Träumerey.*

Der November führt beide in Weimar zusammen. Am 11. berichtet er Herder: *Ich lese mit der Frau v. Stein die Ethick des Spinoza. Ich fühle mich ihm sehr nahe obgleich sein Geist viel tiefer und reiner ist als der meinige.*

Anfang Dezember bittet Goethe die Freundin um Rat, er sei in *Verlegenheit.* Der Herzog, in Sachen Fürstenbund unterwegs, ruft ihn nach Frankfurt am Main. Goethe lehnt ab. Charlotte muß ihn in seinem Nein bestärkt haben.

Eine wichtige Entscheidung, diese Verweigerung. *Mich heist das Herz das Ende des Jahres in Sammlung zubringen*, antwortet er seinem Mäzen. Er *fürchte* sich *vor neuen Ideen die ausser dem Kreise* seiner *Bestimmung liegen ... Es kostet mich mehr mich zusammen zu halten als es scheint*, gesteht er. Eine ähnliche Selbstbeobachtung findet sich Wochen zuvor in einem Brief an Charlotte: *Mein innerstes will nicht mehr zusammenhalten ...*

Der Bruch. Eine Zeitlang konnte er durch vermeintliche Trennung in ein politisch-gesellschaftliches und ein moralisch-poetisches Wesen seine Krisensituation überspielen, in der Natur und der Liebe sich tröstend, vor den Stürmen in seinem Inneren Beruhigung suchend. Nun bricht der *Kreis* seines *daseyns* auf, in dem er sich, wie er sagt, *klüglich verschanzt habe.* Die Zweiteilung in Politiker und Poet scheitert.

Am 3. Dezember ist in einem Brief an Jacobi zu lesen: *Zwar werde ich für meine Person wohl balde zur Dichtkunst zurückkehren.* Carl August gegenüber begründet er seine Reiseweigerung mit einer neuen Lebensweise; er nennt sie *passive Diät.* Die *Überzeugung der Nothwendigkeit und des unfehlbaren Nutzens,* kann Carl August lesen, *hat mich zu der passiven Diät bringen können der ich jetzo so fest hange.*

Noch wird die Rückkehr zur *Dichtkunst* auf sich warten lassen. Vorerst bewirkt diese *passive Diät* einen stufenweisen Rückzug von seinen Amtsgeschäften. Der Grund ist keineswegs allein die Überlastung, sondern vor allem die Desillusionierung über seine Einflußmöglichkeiten. Das Land ist zu klein und zu arm, um notwendige tiefgreifende Veränderungen bewirken zu können.

Bereits am 20. Juni hatte er vor der Ausschußtagung Rechenschaft über die Finanzen gegeben; seit nunmehr zwei Jahren führt er diese Geschäfte; die *Kammerschulden* minimieren sich trotz aller Anstrengungen nicht. Am Tag seines Berichts zieht er ein Fazit, schreibt an Herder: *Übrigens ist da keine Freude zu pflücken. Das arme Volck muß immer den Sack tragen und es ist ziemlich einerley ob es ihm auf der rechten oder lincken Seite zu schweer wird.*

Am 28. Oktober dann teilt er seinem noch in Sachen Fürstenbund abwesenden Herrn mit, er gehe *das Cammerrechnungswesen durch* und nach seiner Rückkehr werde er ihm *einige Vorschläge wegen dieses Departements thun.* Erstmals lobt er Johann Christoph Schmidt, der bereits seit jungen Jahren als Sekretär im Geheimen Consilium arbeitet, jetzt geht er auf die Sechzig zu, hat lange Erfahrungen. Herder nennt ihn *die nied-rigste, geizigste Seele von Weimar.* Goethe dagegen sieht in ihm wohl den Mann, der ihn in seinen Dienst-geschäften entlasten könnte.

Seine Strategie des Rückzugs. Bereits am 15. Februar 1785 tritt eine spürbare Erleichterung für ihn ein. Er wird von der Teilnahme an den Sitzungen des Gehei-men Consiliums befreit, hat zudem die Arbeitsvorgän-ge nicht mehr selbst im Kanzleiverfahren zu erledigen. Für beides ist nun der zum *Geheimen Assistenzrat* er-nannte Schmidt zuständig. (Nach Goethes Flucht wird Schmidt es sein, der die Geschäfte an seiner Stelle führt. Und nachdem der Italienreisende seinem Fürsten un-mißverständlich klargemacht hat, daß er fortan als *Künstler* und *Gast* in Weimar leben wolle, wird Schmidt 1788 in der Tat sein Nachfolger.)

Unverkennbar, Goethes Rückzug im Februar 1785 fällt zusammen mit Differenzen zu Carl Augusts Politik. Vor allem in Hinblick auf Preußen. Der Fürstenbund ist nicht, wie ursprünglich geplant, als Zusammen-schluß der kleinen Fürstentümer zustande gekommen, sondern unter der Dominanz Preußens. Am 28. August 1785 wird der Beitritt des kleinen thüringischen Her-zogtums in Weimar ratifiziert. Ausdrücklich wünscht der preußische König auch Goethes Zustimmung, gibt seinem Gesandten die Instruktion: *Indessen muß er auch den Geheimen Rat Goethe nicht ganz vorbeige-hen, sondern auch sein Vertrauen und Zuneigung zu der Sache zu gewinnen suchen.* Böhmer, der Gesandte, berichtet Friedrich II., daß er von dem *Geheimen Rat von Goethe* empfangen worden sei. Und: *mit welchem ich dann heute den Beitritt seiner Herzoglichen Durchlaucht völlig, und wie ich mir schmeichele, instruktionsgemäß berichtigt habe.*

Von Anfang an sieht Goethe die Sympathien seines Herzogs für Preußen kritisch – erinnert sei an sein negatives Urteil nach seinem Berlin-Besuch –, jetzt aber, da sich Carl Augusts Streben nach einer Militärkarriere in preußischen Diensten abzuzeichnen beginnt, verstärkt sich die Skepsis seines Favoriten. Enttäuscht und resigniert schreibt der seit sieben Jahren für die Kriegskommission verantwortliche Goethe in einem privaten Brief an seinen Freund Knebel, die Kriegslust sitze seinem Herzog *wie eine Krätze unter der Haut.*

Carl August gegenüber wagt er das vorerst nicht zu thematisieren, übt dagegen Kritik an einer anderen seiner *Leidenschafften,* der Jagd. In einem langen, am zweiten Weihnachtstag verfaßten Brief äußert er die dringliche Bitte, daß *Sie … die Ihrigen von der Sorge eines drohenden Übels befreyen werden.*

Seit Jahren unterhält Carl August in seinem Hofrevier nördlich von Weimar Wildschweine ohne Gatter. Um *die wühlenden Bewohner des Ettersbergs* geht es. *Vergeblich,* schreibt Goethe, habe er *gleich Anfangs gegen deren Einquartierung protestirt.* Und: *Noch habe ich nichts so allgemein mißbilligen sehn, es ist darüber nur Eine Stimme. Gutsbesitzer, Pächter, Unterthanen, Dienerschafft, die Jägerey selbst alles verei-*

nigt sich in dem Wunsche diese Gäste vertilgt zu sehn. Er führt auch die *Regierung zu Erfurt* ins Feld, von der *ein Communicat deswegen an die unsrige ergangen* (die Fluren der Kurmainzischen Statthalterei von Erfurt grenzen an den Ettersberg).

Carl Augusts Handeln in dieser Sache – so Goethe ihm gegenüber vorsichtig – würde seiner *übrigen Denckens und Handlens Art,* seinen *bekannten Absichten und Wünschen geradezu* widersprechen. Als *Neujahrsgeschenk* wünscht Goethe sich, daß *diese Erbfeinde der Cultur, ohne Jagdgeräusch, in der Stille nach und nach der Tafel aufgeopfert, daß mit der zurückkehrenden Frühlingssonne die Umwohner des Ettersbergs wieder mit frohem Gemüth ihre Felder ansehen könnten.*

Der Brief, so der Schreiber diplomatisch, basiere auf einem *scherzhaften Einfall.* Er habe *die neun Jahre Zeit,* die er *hier zugebracht,* überdacht und sich, *um klaren Begriff vom gegenwärtigen zu fassen,* vorgestellt, er träte erst jetzt in fürstliche Dienste. Ein Wink, daß er nach neun Jahren wieder am Anfang steht? Ein Jahr später wird es resigniert heißen: *Der Herzog ist in seiner Meute glücklich ... Er schafft die Hofleute ab und die Hunde an, es ist immer dasselbe ...*

Am Abend jenes Weihnachtstages, an dem er den mahnenden Brief an seinen Fürsten schreibt, beschäftigt sich Goethe mit Spinoza. Am 27. heißt es an Charlotte: *Gestern Abend war ich nur wider Willen fleisig und las noch zuletzt in unserm Heiligen und dachte an dich.* Er spielt auf dessen »Ethik« an, die beide in diesem Winter gemeinsam lesen. Bereits am 19. November kündigt der Freund an: *Ich bringe den Spinoza lateinisch mit wo alles viel deutlicher und schöner ist …* Herder schenkt Charlotte zu ihrem Geburtstag am 25. Dezember sein eigenes lateinisches Exemplar, nennt sie in einem beigelegten Begleitgedicht: *Schülerin des Spinoza und Schwester des heiligen Christ.*

Die Winterabende mit Charlotte, mit Herder. *Die Stein und Herder sind mir vom grösten Werth und sind beynahe meine einzigen hiesigen Capitale von denen ich Zinsen ziehe,* äußert Goethe Knebel gegenüber, beneidet diesen, der sein Höflingsdasein gekündigt hat, als Privatmann lebt; er *wünschte zu Zeiten* dessen *Abgeschiedenheit theilen zu können,* schreibt er und schränkt ein: *ob ich gleich ausser Geschäfften fast eben so einsam lebe.*

Abgeschiedenheit: die *passive Diät; Sammlung.* Hatte er in den ersten Weimarer Jahren seine *Schriftstellerey … dem Leben subordinirt* und in Anspielung auf den preußischen König etwas kokett hinzugefügt, daß er *einige Stunden des Tags drauf verwende,* so kann selbst davon jetzt nicht mehr die Rede sein.

Es ist die Naturwissenschaft, die seine Zeit absorbiert. Er, der sein Leben so bewußt zu steuern vorgibt, ist, *ohne es … selbst zu bemercken* in diese Richtung gedrängt worden. *Es kommt mir zwar selbst wunderbar vor,* gesteht er dem Gothaer Herzog, *wie ich nach und nach ohne es gleichsam selbst zu bemercken in dem Stein und Gebeinreiche ansässig geworden bin.*

Es hängt in natürlichen Dingen alles so nah zusam-
men daß wenn man sich einmal eingelassen hat man
vom Strome immer weiter und weiter geführt wird.

Im *Gebeinreiche* seine Studien zur osteologischen
Zusammengehörigkeit von Mensch und Tier, die Entdeckung des *Os intermaxillare*, des Zwischenkiefer-
knochens. Ihm widmet er seine Abhandlung »Versuch
aus der vergleichenden Knochenlehre«. Möchte das Urteil der Fachleute. An Merck heißt es: *Noch wünschte*
ich, daß mein Opus auf der Reise zu Campern bey
Sömmeringen durchginge ... Mercks Reaktion wie
auch die der Wissenschaftler ist zurückhaltend, wenn
nicht ablehnend.

Goethe dagegen sieht sich in einer *neu betretenen*
Laufbahn, er *möchte gar zu gerne eine vollständige*
Suite von Zeichnungen dieses Knochens beysammen
haben. Zu diesem Zweck sammelt er Tierschädel. Da
ist vom *Skelet der Giraffe*, vom *Oberkopfe vom Cass-*
ler Eleph(anten) die Rede. Einem Brief vom Dezember
1784 legt er ein *Verzeichnis* bei, was schon *gezeichnet*
sei, darunter *vom Elephanten der ganze Schädel.* Auch
den Gothaer Herzog bittet er, ihm *auf einige Zeit den*
Wolfschädel von dem Scelet das in Ihro Kunstkammer
steht zukommen zu lassen.

Weitere Phänomene der Naturwissenschaft beschäftigen ihn. Er macht Versuche mit Samen: *In meiner*
Stube keimt Arbor Dianae und andre metallische Ve-
getationen ... Unter dem Mikroskop beobachtet er In-
fusionstierchen; alles geschieht mit einer gewissen ner-
vösen Besessenheit.

Charlotte teilt alle diese Interessen. Wie sie durch Goethe eine *Erdfreundinn* geworden ist, verfolgt sie nun die Vorgänge unter dem Mikroskop ebenso wie die Bewegungen am Himmel. So beobachtet sie mit einem Fernrohr vom Observatorium der Universität Jena aus am 4. Mai 1786 den alle acht Jahre stattfindenden Durchlauf des Planeten Merkur vor der Sonne. Am 2. Mai schreibt Goethe ihr von Ilmenau, er wünsche ihr *Glück zum schönen Wetter ... so wird sich Merkur gar schön präsentiren.* Und unter den Brief setzt er: *Nimm doch ja Fritzen mit.* Als über Siebzigjährige noch – wir erinnern uns – äußert Charlotte ihrem Altersfreund Knebel gegenüber den Wunsch, den *Ring des Saturn* zu erleben.

Auffällig ist, daß sein im Geiste Spinozas betriebenes Interesse an der Naturwissenschaft mit der Schwierigkeit zusammenfällt, die literarischen Werke dieser Zeit zu vollenden. Er scheint von den Quellen seiner Poesie so gut wie abgeschnitten. Seit 1783 kämpft er mit einer Phase zunehmender dichterischer Unfruchtbarkeit.

Ist die Naturwissenschaft ein Ersatz für die geistige Leere hinsichtlich seiner literarischen Produktivität? Am 15. Juni bekennt Goethe Charlotte aus Ilmenau: *Wie lesbar mir das Buch der Natur wird kann ich dir nicht ausdrücken, mein langes Buchstabiren hat mir geholfen, jetzt ruckts auf einmal, und meine stille Freude ist unaussprechlich.* Seine rastlose Seele findet offenbar eine gewisse Ruhe in der Objektivität der Natur: *Die Consequenz der Natur tröstet schön über die*

Inconsequenz der Menschen, gesteht er Knebel. *Steine und Pflanzen* sind es, die ihn *mit Menschen zusammengehängt haben.* Und resümierend heißt es 1829 Eckermann gegenüber: *Ohne meine Bemühungen in den Naturwissenschaften hätte ich ... die Menschen nie kennen gelernt wie sie sind.*

Nicholas Boyle spricht in seinem 1995 erschienenen, bis heute unübertroffenen Buch über Goethe von dessen *extremen, um nicht zu sagen pathologischen Dualismus.* Dessen *objektiver Pol* sei seine Beschäftigung mit der Natur in der Zeit vor der Flucht nach Italien, der *subjektive* dagegen seine *Obsession* für Frau von Stein.

In einem verhängnisvollen Übermaß hat er sich an sie gefesselt. *Eigentlich bin ich nirgends wenn ich nicht bey dir bin,* klagt er. Mit anderen Menschen *rede* er *bloß um nicht zu schweigen ... Ich sehe niemand und wenn ich iemand sehe ist nur eine Gestalt von mir in der Gesellschafft. – Jedermann beruft mich über meine Einsamkeit, sie ist iedermann ein Rätzel und niemand weis mit welcher köstlichen Unsichtbaren ich mich unterhalte.* Ohne Frau von Stein kann er nicht sein, weil er *nichts Eigenes* mehr hat.

6

Die Einsamkeit als Voraussetzung schöpferischer Prozesse, sucht Goethe sie? Sein dichterisches Schaffen ist das eigentliche Medium des unendlichen Gesprächs seiner Seele.

Charlotte ist an diese Stelle getreten, hält sie besetzt. Ist seine Liebe längst ins Ideenreich geflüchtet, sind die Schriftzeichen Wortbeschwörungen, die auf dem Papier etwas längst Verlorenes suggerieren, sind sie bunte Farben, mit denen er, wie einst Werther, die Wände bemalt, zwischen denen er gefangen sitzt?

Seine Liebe als *maladie*, als *Krankheit*. Ist diese Anamnese vielleicht ein erster Schritt, sich zu heilen? Ebenso wie sein Begehren um *Urlaub*, seine flehentliche Bitte, *vermehre nicht täglich … meine Liebe zu dir*. Die *Crisis*, das Gefühl, unaufhaltsam einem emotionalen und geistigen Bankrott zuzutreiben. Die Indizien: sein schlechtes Aussehen, seine – mehrfach von Zeugen belegt – ausgezehrte Gestalt und das Versiegen seiner poetischen Quellen.

Noch wird alles überspielt. Das Jahr 1785 beginnt, als sei alles Harmonie. *Jeder sucht seinen Himmel ausserwärts, wie glücklich bin ich daß ich meinen so nah habe*, kann Charlotte lesen. Wenn sie *ferne* sei, fühle er einen *Mangel*, den er nicht überwinden könne: *Was ich ohne dich habe und geniese ist mir alles nur Verlust … – Warum kannst du nicht bey mir sizen indem ich arbeite.*

Die gefährliche Sehnsucht nach einer vollständigen

Symbiose; als ob er seine *Krankheit* auf die Spitze treiben wolle.

Im März wird er tatsächlich krank. Das *Übel vermehrt
sich*, er muß das Haus hüten. *Ich habe nur zwey Götter
dich und den Schlaf. Ihr heilet alles an mir was zu heilen ist und seyd die wechselsweisen Mittel gegen die
böse Geister.* Im April verschlechtert sich sein Zustand, von *Zahnweh*, das *nur ein Zeichen und nicht
das Übel selbst* sei, ist die Rede; von einem *Geschwür-
gen: ich fürchte eine Art Flußfieber wie ich es manchmal in dieser Jahrszeit gehabt habe.*

Sein körperliches Leiden ist zweifellos Ausdruck ver-
drängter seelischer Spannungen. Ende April tritt eine
Besserung ein: *Ich bin wohl aber nicht freudig …* Es
fehle ihm eine *gewisse Elastizität des Gemüths.*

Seiner angegriffenen Gesundheit wegen entschließt er
sich zu einer Kur. Sein Blick geht nach Karlsbad, dem
Ort in Böhmen, der für sein Leben so wichtig werden
wird. *Täglich und stündlich freu ich mich auf unsre
Carlsbader Reise*, schreibt er Charlotte am 7. Juni.

Dann aber läßt er sie vorausfahren, bittet: *Sorge daß
wir nicht weit auseinander wohnen und daß wir zusammen essen können.* Am 20. Juni schickt er ihr
einen Gruß: *Dieses Blat soll dich in Carlsbad bewillkommen … – Hierbey ein Liedgen von Mignon …*
Es sind jene Zeilen: *Nur, wer die Sehnsucht kennt, /
Weiß, was ich leide!* Erneut das Thema Süden, Italien.
Er fügt an: *Ein Lied das nun auch mein ist.*

Am 23. Juni verläßt er Weimar. Noch am selben Tag

wird die Fahrt in Neustadt an der Orla unterbrochen, Goethe muß sich *zu Bette legen ... mit einem besonders krampfhaften Zustande, der ihm starken Schmerz erregte.* Er klagt: *Diese Tage sind fast ganz für mich verlohren. Ausser daß ich Hamlet viel studirt habe.* Und: *Wird die Sonne doch schön leuchten wenn wir im Grabe liegen, warum sollt es uns verdriesen daß sie ihre Schuldigkeit thut, wenn wir Stube und Bette hüten müssen.* Erst sieben Tage später ist die Weiterreise möglich.

Am 5. Juli erreicht er das böhmische Bad. Die heißen, schwefelhaltigen Quellen kommen gerade in Mode. Eine illustre Gesellschaft, vorwiegend Adel und Hochadel. Aber nicht nur Titel und Geburt, sondern auch Berühmtheit zählt. Der Autor des »Werthers«, der noch kurz zuvor Charlotte gesteht: *Ich kann dir versichern daß ausser dir Herders und Knebeln ich ietzt gar kein Publikum habe,* sieht sich – nach langer Abstinenz – seinem deutschen Publikum gegenüber, fühlt, daß er eine über die ganze Nation verbreitete Anhängerschaft hat. Er ist beglückt, lebt auf; sein fast misanthropisches Weimarer »Eingezogensein« mit seinen persönlichen und sozialen Verfestigungen löst sich. *Auch ich habe von den Leiden des jungen Werthers manche Leiden und Freuden dieser Zeit gehabt,* heißt es.

Er verzichtet darauf, mit Charlotte zurückzureisen, bleibt allein in Karlsbad; *ich bin dieser Quelle eine ganz andre Existenz schuldig,* frohlockt er. Und sein Herzog kann lesen: *Die Wasser bekommen mir sehr* wohl, und auch die Nothwendigkeit immer unter Menschen zu seyn hat mir gut gethan. Manche Rostflecken die eine zu hartnäckige Einsamkeit über uns bringt schleifen sich da am besten ab. – Vom Granit, durch die ganze Schöpfung durch, bis zu den Weibern, Alles hat beygetragen mir den Aufenthalt angenehm und interessant zu machen.

Der Plural: *Weiber*. Von russischen und polnischen Fürstinnen ist die Rede. Von einer *Fürstin Lubomirska*, deretwegen er – so an Carl August –, *weil sie zuletzt fast ganz allein blieb*, seinen *Aufenthalt um 8 Tage verlängert* habe, *sie ist eine interessante Frau*. Weiter spricht er von einer *schönen Tina* (die Gattin des Grafen Moritz von Brühl); *sie schien am Ende mehr Antheil an mir zu nehmen als ich um sie verdient habe.*

Und Charlotte? Haben wir nicht noch Goethes Worte: *was ich ohne dich habe und geniese ist mir alles nur Verlust* im Ohr? Nun heißt es seltsam unterkühlt: *Die liebe Stein war meist wohl hier, und iedermann wollte ihr wohl.*

Die wichtigste Erfahrung seines Karlsbad-Aufenthaltes ist zweifellos die Konfrontation mit seinem Publikum. Es tut ihm gut, bestätigt ihm, daß seine Leser Erwartungen an ihn haben. Von einer *ganz andre⟨n⟩ Existenz* spricht er. Noch in Böhmen wohl faßt er den Entschluß, seine Dichtung erstmals in einer von ihm selbst edierten Sammlung seinen Lesern zur Verfügung zu stellen.

Zurück in Weimar, bittet er am 22. August den Buchhändler Philipp Erasmus Reich, ihm, wie er schreibt, die *beste Ausgabe meiner Schrifften in vier Bänden* – es ist ein Raubdruck des Berliner Druckers und Verlegers Himburg –, *in schönen englischen Band, mit grünem Schnitt binden zu lassen und mir solche wohlgepackt zu übersenden.*

Offenbar will er diese Ausgabe als Grundlage einer eigenen Edition nutzen. In der Folge entwirft er den Plan für eine achtbändige Ausgabe seiner Werke, nimmt Kontakt zu dem Verleger Georg Joachim Göschen in Leipzig auf.

Der Beginn der Durchsicht seiner in der Vor-Weimar-Zeit entstandenen Dichtung. Die Beschäftigung mit neu Entstehendem. Die Rückkehr zur *Schriftstellerey,* zu der er doch *eigentlich geboren sey,* wie er vor Jahren schrieb. Absorbiert das neben seinen deutlich reduzierten Amtspflichten seine Zeit? Das Fehlen der Tagebucheinträge. Wir sind auf seine Briefe angewiesen. Vor allem auf die an Frau von Stein.

Da es scheint als ob unsre mündliche Unterhaltung sich nicht wieder bilden wolle, so nehme ich schriftlich Abschied um dir nicht völlig fremd zu werden, schreibt er ihr, als sie 1785, wie in jedem Jahr zu Herbstbeginn, auf ihr Landgut nach Kochberg geht.

Spannungen zwischen den beiden wegen seines Rückzugs auf die Arbeit? Es ist zu vermuten. Am 1. September heißt es: *Heute bin ich den ganzen Tag zu Hause geblieben, auch hab ich niemanden nichts zu sagen.* Und auf ein *liebes Briefgen mit gelinden Vorwürfen* Charlottes, das ihn am 3. September erreicht,

erfolgt Beruhigung: *Du süse! lass dich nicht irre ma-*
chen denn ich bin doch dein. Gleich nach dem Bekenntnis: *Alles befestigt sich nur mehr an dich,* kommt
er auf seine Arbeit am fünften Buch von »Wilhelm Meisters theatralischer Sendung« zu sprechen. *Könnte ich*
nur indessen meinen Wilhelm ausschreiben! das Buch
wenigstens, ich habe das Werck sehr lieb, nicht wie es
ist, sondern wie es werden kann. Am 16. Oktober
kann er der Geliebten melden: *Wilhelms fünftes Buch*
ist fertig.

Sechs Wochen bleibt Charlotte in Kochberg. Einsam-
keit für seine Arbeit, *Sammlung.* Der Widerspruch.
Ist Charlotte in seiner Nähe, will sich die *mündliche*
Unterhaltung nicht *bilden,* ist sie aber fern, wünscht
er sie sofort in seine Nähe. Aber nicht mehr die ruhige
Dankbarkeit der glücklichen Jahre bestimmt seine
Briefe; er ergeht sich in Klagen, es wirkt fast wie ein
Rückfall in den Ton des »Werthers«: *Rette mich vor*
mir selbst.

Bereits nach zwölf Tagen bedrängt er sie: *Wüsstest*
du liebste Seele wie sehr du mir fehlst du würdest we-
nig Ruhe in deiner Einsamkeit haben, du würdest jede
Stunde wünschen zu mir herüber zu fliegen und ein
Leben mit mir zu theilen das mir ohne dich ganz und
gar abgeschmackt und unerträglich wird. Deine Ent-
fernung ist mir ein rechter Probstein meiner Selbst.
Ich sehe wie wenig ich für mich bestehe und wie noth-
wendig mir dein Daseyn bleibt daß aus dem meini-
gen ein Ganzes werde. Tage später: *Wenn du doch bal-*
de wieder kommen könntest. da mir auch Fritz fehlt

möcht ich kranck werden für Sehnsucht. Ich kann dir nicht beschreiben wie mir zu Muthe ist. Was ich thue verschwindet mir und was ich schreibe scheint mir nichts. O komm wieder damit ich wieder mein Daseyn fühle.

Seine ihn gefährdende völlige Abhängigkeit. Viel Besuch hat er in dieser Zeit, Prinz August von Gotha, das Ehepaar Franckenberg, die Fürstin von Gallitzin, Georg Forster mit seiner jungen Frau. Aber niemand kann ihm Charlotte ersetzen. Als er Anfang Oktober in Jena ist, will er zu ihr reiten, aber auf dem Buttstädter Jahrmarkt findet er kein Pferd, *endlich wollte ich gar zu Fuse fort, aber es fing an zu regnen* ... Er bittet sie: *Mögte doch das Gefühl wie nötig du mir bist recht lebendig in dir werden und dich bald zu mir führen.*

Am 14. Oktober ist sie zurück. *Liebe mich, denn das ist der Grund von allem meinem Glück*, schreibt er ihr. Und: *Wenn es meinen Wünschen nachginge du dürftest keinen Augenblick von meiner Seite.*

Bereits am 7. November aber verläßt Goethe sie, reist in Sachen Bergbau und Revision des Steuerwesens nach Ilmenau. Er schickt ihr *vom allerschönsten Moos* und kündigt an, *gute esbare Schwämme ... getrocknet* mitzubringen. *Es geht mir ganz gut hier, nur daß ich dich Abends immer vermisse. Es ist die Art der Geschäffte daß sie sich vermehren wie man tiefer hineindringt. Sie machen mir Freude, weil ich auf vielen Seiten würcken kann und wenn man nur Licht wohin bringt schon viel gethan ist.*

Auf dem Rückweg besucht er den Gothaer Hof,

bleibt länger als geplant. Er will ein in Rom entstande-
nes Gemälde Tischbeins bei Tageslicht betrachten: *Der
Anblick dieses, jenseits der Alpen gefertigten Wercks*
werde ihm *den Thüringischen Winter stärcken helfen.*
Nach dem Sehnsuchtslied Mignons, *das nun auch mein
ist*, ein weiteres Zeichen, daß seine Gedanken nach Italien gehen.

Das Jahr 1785 endet mit der Bitte an Charlotte: *Laß
uns einander auch im neuen Jahre bleiben.* Vier Tage
zuvor schrieb er ihr: *Es schmerzt mich nur so immer
von dir getrennt zu seyn.* Am ersten Tag des neuen Jahres wiederholt er: *bleibe mir wenn auch ietzt getrennter als sonst, das mir offt fast zu schweer wird.*

Er spielt auf die Tatsache an, daß der Herzog die
Fürstliche Tafel, an der alle Hofleute, auch der Oberstallmeister Josias von Stein, ihre Mahlzeiten gemeinsam einnehmen, abgeschafft hat. Jetzt wird in Carl
Augusts Räumen im kleinen Kreis gespeist, eine besondere Einladung dazu ist notwendig. Das heißt, Charlotte hat ihren Ehemann zu Hause zu versorgen, sich
täglich um sein leibliches Wohl zu kümmern. Hinzu
kommt die schwere Krankheit des Sohnes Ernst.

Die fast seit einem Jahrzehnt zwischen Charlotte
und Goethe, dem *ehmännischen Liebhaber*, eingeüb-
ten und praktizierten Rituale – gemeinsame Mahlzeiten, kurzfristige Absprachen mittels *Zettelgen*, befördert von hin- und hergehenden Boten – werden nun
empfindlich gestört.

Dennoch scheint dies nur eine äußerliche Barriere zu sein. Die inneren Spannungen zwischen den beiden nehmen zu. Goethes Briefen sind sie schwer zu entnehmen, wenngleich zu Beginn und in der ersten Hälfte des Jahres 1786 einerseits eine gewisse Versachlichung und Abkühlung zu beobachten ist, anderseits seine Beteuerungen leicht aufgesetzt erscheinen. So wenn er ihr am 14. Januar schreibt: *Meiner lieben schicke ich hier Zuckerwerck und Blumen damit sie ein Bild habe wie süs und schön meine Liebe zu ihr sey.*

Ihre Beziehung muß bereits seit 1784 in eine eigentümliche Erstarrung geraten sein, jeder scheint sich im anderen befreien zu wollen, beide streben zueinander hin und weichen voreinander zurück, bleiben in sich gefangen. Die komplizierten Gefühlslagen sind nicht zu entwirren. Goethes schriftliche Äußerungen verdecken sie eher.

Und Charlotte? Ihre vernichteten Briefe. Nur vereinzelte Äußerungen an Dritte, vor allem an den gemeinsamen Freund Knebel, lassen vermuten, daß auch für sie ein Tiefpunkt ihrer Liebe erreicht ist. Noch ist sie die geduldige Zuhörerin, teilt Goethes Interessen, liest mit ihm Spinoza, ist die *Erdfreundinn*, die er sich wünscht, verfolgt seine Forschungen im *Stein und Beinreiche*. Sie ist die Verständige, weiß um die tieferen Schichten seines Wesens. An ihn, das *Genie*, sind andere Maßstäbe anzulegen. Seit neun Jahren wird ihr bestätigt, was sie einst nach ersten Gesprächen mit ihm ahnte: *jemehr ein Mensch fassen kann, deucht mir,*

*je dunckler anstößger wird ihm das Ganze je eher
fehlt man den ruhigen Weg ...*

Nun schreibt sie an Knebel: *Goethe hat viele Freuden, ernste Freuden, welche die Welt nicht begreift.*
Ob sie selbst diese *ernsten Freuden* begreifen und teilen kann, wird offensichtlich immer fraglicher.

Die sie einst beglückende Phase seiner unablässig geäußerten Dankbarkeit, daß sie *ihr Werck* an *ihm vollende*, ist längst Vergangenheit. Der Lernprozeß, in dem
es um äußere Dinge, höfisches Verhalten, Selbstbeherrschung, Contenance ging, ist beendet. Da war Charlotte die Helfende, Überlegene.

Jetzt aber in Hinblick auf seine Verzweiflungsrufe,
er habe *nichts Eigenes* mehr, nur mit ihrem *Daseyn* werde aus dem seinigen *ein Ganzes*, nur mit ihr sei er *ganz*,
kommt sie wohl an ihre Grenzen.

Wie könnte sie auch bei seinen nicht endenden Liebesbeteuerungen begreifen, daß sie selbst einen wesentlichen Anteil an seiner Krise hat. In der Überliebe zu
ihr versucht Goethe eine Zeitlang, das Versiegen seiner schöpferischen Produktivität aufzufangen; vergeblich, in ihrer komplizierten Beziehung entfalten sich
immer stärker zerstörerische Kräfte.

Tatenlos sieht Charlotte den Rückzug des Freundes
ins Schweigen. Bereits im Oktober 1784 schreibt sie
ihrer Schwägerin: *Du kennst seine Art; er denkt viel,
ohne etwas zu sagen; man könnte unter sein Bild setzen: El penseroso.* Im Januar 1786 ist von seiner Ver-
schlossenheit die Rede: *er ist immer der Schweigende.*

Sie weiß um seine innere Bedrängnis, fühlt sich hilf-
los. Knebel gegenüber ist vom *armen Goethe* die Rede.

Auf sein Schweigen, das sie verstört, reagiert sie ihrerseits mit Schweigen. Knebel gesteht sie: *Mir versagt leider manchmal die Sprache aus doppelten Ursachen, weil ich nichts weiß und weil ich leide.*

Der Tiefpunkt ihrer Beziehung. Vom Programm ihrer Liebe in *Warum gabst du uns die Tiefen Blicke*, dem Gedicht vom 14. April 1776, scheinen nichts als Trümmer geblieben, vielleicht haben in diesen Trümmern einzig die Zeilen noch Gültigkeit: *Nur uns Armen liebevollen beyden / Ist das wechselseitge Glück versagt / Uns zu lieben ohn' uns zu verstehen ...*

Als Zeichen seiner zunehmenden Entfernung von ihr lassen sich Stellen in Goethes Briefen aus dem ersten Halbjahr 1786 lesen: *Mein Herz ist dir zärtlich ergeben was auch mein Auge für einen Blick haben mag ...* Seine Bitte: *Habe du nur mit mir Geduld und laß dich nicht irren wenn mir's manchmal fatal wird.* Oder sein: *Werde nicht müde ich bitte dich und glaube daß ich dich herzlich liebe.*

Ahnt Charlotte die Selbsttäuschung, in der Goethe seine Liebe zu ihr lebt, fraglos ist sie letzlich die Bedingung seiner Identität. Weiß sie um seine unausweichliche Abkehr von ihr?

Erst später, aus der Ferne, aus Italien, wird er sich und der Geliebten schroff die Wahrheit eingestehen: *Ich habe bisher im Stillen gar mancherley getragen,* heißt es, *und nichts so sehnlich gewünscht als daß unser Verhältniß sich so herstellen möge, daß keine Gewalt ihm was anhaben könne. Sonst mag ich nicht*

*in deiner Nähe wohnen und ich will lieber in der Ein-
samkeit der Welt bleiben, in die ich jetzt hinausgehe.*
An anderer Stelle schreibt er ihr: *Wie das Leben der
letzten Jahre wollt ich mir eher den Todt gewünscht
haben ...*

Ist das die Realität? Mit Feder und Tinte aber zelebriert er weiter unermüdlich Liebesbekundungen.

Im Februar 1786 ist Goethe wieder krank. *Ich muß zu
Hause bleiben, es will mir gar nicht recht werden.*
Vom Gebrauch von *Arzeney*, berichtet er. Ende März
heißt es: *Liebe mich obgleich meine Gestalt sich verändert hat.* Ist es wieder ein *Flußfieber* wie im Vorjahr? Der körperliche Zustand des Sechsunddreißig-
jährigen ist äußerst fragil. Über Monate zieht sich
die Krankheit hin. Sein *Backen* ist geschwollen, das
Gesicht verquollen. Von einer *Geschwulst* ist am 10.
April die Rede, und erst am 21. Mai meldet er: *Mein
Mund ist besser, ich hoffe bald wieder menschlich auszusehn.* Aber Tage später ist seine *Lippe ... noch nicht
in ihre‹n› Gränzen zurück.*

Er verbringt viel Zeit allein, sucht die Einsamkeit:
Übrigens halt ich mich stille und treibe mein Wesen.
Am 10. März heißt es an Charlotte: *Dieser Tag ist vorbey gegangen ohne daß ich etwas von dir gesehen
noch gehört hätte.* Zwei Tage später: *Daß ich dich
nicht besuche wirst du nicht tadeln wenn ich dir sage
daß mich ein guter Geist anweht ...*

Er arbeitet. *Ich bleibe nur zu Hause um dir Freude
zu machen.* Der Gebrauch des alten Klischees: Er tut
alles für sie.

Er versucht sich in einem neuen Genre, der Opera buffa. Das Singspiel »Scherz, List und Rache« entsteht. Eine *rhythmische Schnurre* nennt er es. Der mit der italienischen Operntradition vertraute, mit ihm befreundete Komponist Kayser soll die Musik dazu schaffen.

Goethe denkt an ein deutschlandweites Publikum, nimmt in Sachen Aufführung bereits Kontakte nach München und Wien auf.

Hoffnungsfroh beginnt er eine weitere *Operette*: »Die ungleichen Hausgenossen«. *Wahrlich bin ich an der Operette kranck, denn ich habe schon heute früh dran schreiben müssen*, gesteht er Charlotte am 24. Januar. Die Anregung dazu kommt von Beaumarchais' »La folle Journée, ou Le Mariage de Figaro«. Das Stück mit seiner sozialen und gesellschaftspolitischen Brisanz hat ihm im Vorjahr Sylvius von Franckenberg aus Gotha gesandt.

Als Goethe in der Winterkälte des Januar 1786 auf Schloß Friedenstein weilt, blättert er den von Reichard herausgegebenen »Theaterkalender« durch und ist entsetzt über die Misere des deutschen Bühnenwesens. Die Hoffnung schwindet. Er sieht wenig Chancen für sein Engagement in der Opera buffa.

Unerwartet aber entsteht ihm Konkurrenz durch Mozarts überragende Leistung. Am 1. Mai 1786 wird in Wien dessen Oper »Le Nozze di Figaro« mit einem Libretto von da Ponte nach Beaumarchais mit sensationellem Erfolg uraufgeführt. Goethe arbeitet an den »Ungleichen Hausgenossen« nicht weiter; später resümiert er: *Alles unser Bemühen ... ging verloren, als Mozart auftrat ... und es ist auf dem Theater von un-*

serm so sorgsam gearbeiteten Stück niemals die Rede gewesen.

1786 zieht sich Goethe, um allein zu sein, mehrfach nach Jena in Knebels *Stübgen* zurück. ... *lebe ich auch in einer Einsamkeit und Abgeschiedenheit von aller Welt die mich zuletzt stumm wie einen Fisch macht*, berichtet er Jacobi. Er bestätigt damit Charlottes Beobachtung über seinen Rückzug ins Schweigen, sein Verstummen ihr gegenüber.

Am 4. Mai ist erstmals von einer erneuten Reise nach Böhmen die Rede; *eh uns Carlsbad vereinigt*, heißt es an Charlotte.

Am selben Tag dankt er Kayser für die Übersendung der Komposition zu seiner Opera buffa »Scherz, List und Rache«. Er schildert ausführlich, was ihm an der Musik besonders gefällt; *die Arie: ›seht die Blässe‹* werde eine seiner *Favoritten werden.* Mit dem *Duett* sei er *sehr zufrieden*, das *Rondeau* sei *allerliebst.*

Am Ende des Briefes heißt es: *Hätt ich die Italiänische Sprache in meiner Gewalt wie die unglückliche Teutsche, ich lüde Sie gleich zu einer Reise ienseits der Alpen ein und wir wollten gewiß Glück machen.*

Ein Gedankenspiel zunächst. Aber Goethe beginnt, den angeblichen Hinderungsgrund, seine schlechten Italienischkenntnisse, aus dem Weg zu räumen. Von *Übungen zur italiänischen Sprache* ist die Rede, in Jena nimmt er Ende Mai Stunden. Dies kann unmißverständlich als erste Vorbereitung auf seine Reise gelten.

In dem Moment, da für ihn der Entschluß feststeht, nach Italien zu gehen, scheint sein Rückzug ins Schweigen vorsätzlich und eisern zu werden.

Als alter Mann wird er Eckermann gegenüber äußern, seit seiner Kindheit, genährt von den Erzählungen des Vaters, sei eine Italienreise sein brennender Wunsch gewesen, und die Angst habe ihn schweigen lassen, die Angst, den Übergang über die Alpen nicht zu schaffen, denn bereits zweimal habe er umkehren müssen: 1775, als ihn Carl August nach Weimar rief, 1780, als er sich auf der Reise mit dem Herzog mit einem Blick von den Schweizer Bergen nach Süden begnügen mußte. Gewiß hat dies eine Rolle gespielt.

Aber es erklärt nicht, warum Goethe die vorausseh-baren tiefen Konflikte sowohl mit Charlotte als auch mit seinem Mäzen in Kauf nimmt. Genau diese beiden waren es, denen er vor Jahren, bei der winterlichen Brockenbesteigung, sein *Geheimniß* anvertraute.

Jetzt sein Rückzug, einzig seinen Diener und Sekretär Seidel macht er zum Mitwisser.

Damals schrieb er Charlotte über das Zwiegespräch auf dem Gipfel des Brockens: *Sie wissen wie simbolisch mein Daseyn ist.*

Ist es das, was ihn die Reise mit einem Geheimnis umgeben, sie fast mythisch als Flucht inszenieren läßt? Daß er allein und unter falschem Namen reisen und Karlsbad als Ort des Absprungs nehmen wird, steht wohl von Anfang an für ihn fest.

Sein Entschluß zur Flucht ist keineswegs ein von Vernunft geleitetes Beginnen, sondern ein verzweifeltes unbewußtes Gegensteuern gegen einen drohenden Selbstverlust am Ende des Weimarer Jahrzehntes. War er zu Anfang des Jahrzehnts, in den ersten Monaten in Weimar, als er sich *eingeschifft auf der Woge der Welt* glaubte, *voll entschlossen: zu entdecken, gewinnen, streiten, scheitern,* oder sich *mit aller Ladung in die Lufft zu sprengen,* so hat er nun entdeckt, hat gewonnen, gestritten und ist gescheitert; statt sich *in die Lufft zu sprengen,* katapultiert er sich aus seiner festgefahrenen Situation hinaus.

Hätte der Weimarer Herzog letztlich Goethes Reisewunsch toleriert, Charlotte ihn verstanden? Erst als er bereits auf dem Weg nach Süden ist, gesteht er Charlotte: *Hätte ich nicht den Entschluß gefaßt den ich jetzt ausführe; so wär ich rein zu Grunde gegangen und zu allem unfähig geworden ... Jetzt darf ich's sagen, darf meine Kranckheit ... gestehen.* Wenig später schon bekennt er die heilende Wirkung seines Italien-Aufenthaltes, von einer *ungeheuren Leidenschafft und Kranckheit* sei er *geheilt ...*

Die auffällige Übereinstimmung der Wortwahl. Wir erinnern uns seiner Aussage in seinem französisch geschriebenen Brief, daß seine *Liebe keine Leidenschaft* mehr sei, sondern eine *Krankheit,* von der er niemals *genesen* wolle.

Zu dieser Liebeskrankheit hat sich in den letzten Weimarer Jahren längst eine andere *Krankheit* gesellt. Ihre Symptome zeigen sich, als Goethe sich mit der Herausgabe seiner Schriften zu beschäftigen beginnt. Fieberhaft arbeitet er daran, unterstützt von Herder und Wieland, beide lesen, raten, schlagen Korrekturen vor.

Die fatale Erkenntnis: Fast alles ist schon gedruckt. Anderes liegt nur in Bruchstücken vor. Die Konfrontation mit soviel Unfertigem, Fragmentarischem. Für *todt* habe er sich gehalten, als er sich entschlossen habe, seine *Fragmente* zu drucken, wird er, bereits in Italien, seinem Herzog gestehen. Später das Eingeständnis, daß er *in den ersten zehn Jahren in Weimar so gut wie nichts gemacht* habe.

Im Sommer 1786 aber, noch in Weimar, im Prozeß des Bewußtwerdens selbst, schreibt er Charlotte: *Ich korrigire am Werther und finde immer daß der Verfasser übel gethan hat sich nicht nach geendigter Schrifft zu erschiesen.* Nicht sich als Verfasser in seiner damaligen Situation der unerschöpflich sprudelnden poetischen Kräfte meint Goethe, sondern den jetzigen Autor in seinem nicht mehr abzuweisenden Dilemma der erstickten Produktivität im ersten Weimarer Jahrzehnt.

Die verstörend bitteren Erkenntnisse bei der Arbeit an der Herausgabe seiner Schriften führen ihm die Dringlichkeit einer Lebenszäsur vor Augen, sein Fluchtplan nimmt endgültig Gestalt an: als existentielle Notwendigkeit.

Nicht zufällig konstatiert Goethe in dem oben genannten Brief an Charlotte, neben dem literarischen Scheitern auch das mögliche Scheitern ihrer Beziehung. Er beschwört sie: *Behalte mich nur lieb und laß uns ein Gut, das wir nie wiederfinden werden, wenigstens bewahren, wenn auch Augenblicke sind wo wir dessen nicht geniessen können.*

Hätte er ohne sie nicht längst Weimar verlassen? Einzig sie sei der *Ancker*, der ihn halte, *wenn du nicht wärst hätt ich alles lange abgeschüttelt* ... Nun, mit der Rückkehr zur Dichtung, ergießt sich sein gierig nach allen Seiten ausgreifendes Seelenleben nicht mehr einzig in sie. Seine Poesie wird wieder das Medium des unendlichen Gesprächs seiner Seele. Mit der Wiederaufnahme seiner literarischen Arbeit beginnt er, sich von der privaten Innerlichkeit abzukehren, die ihn zehn Jahre in Bann gehalten hat.

Er *begreife nicht wie* ihn *das Schicksal in eine Staatsverwaltung und eine fürstliche Familie hat einflicken mögen*, klagte er vor Jahren. Nun handelt er, setzt unter seine amtliche Tätigkeit entschieden einen Schlußstrich. Zieht sich aus der *Staatsverwaltung* zurück. Von den 147 Sitzungen des *Geheimen Conseils*, die zwischen September 1785 und Juli 1786 stattfinden, nimmt er nur an zwei Zusammenkünften teil. Reduziert auch seine Tätigkeit in den verschiedenen Kommissionen. Er nabelt sich von seinem Dasein als Hofmann ab. Löst – endlich – den Konflikt zwischen Minister und Dichter. Im Juli 1786 lautet das Fazit seiner zehnjährigen politischen Tätigkeit, wir haben es bereits zitiert: *wer sich mit der Administration abgiebt, ohne regierender Herr zu seyn, der muß entweder ein Philister oder ein Schelm oder ein Narr seyn.* Ein radikaler, befreiender Satz, der die erzwungene Enge Weimars hinter sich läßt und den Raum nach Süden weit öffnet.

Könnte es nicht auch einen solchen befreienden Satz Charlotte gegenüber geben? Es gibt ihn nicht. Durch

Wortfesseln hat Goethe sich an die Geliebte gebunden. All seine Beteuerungen, er könne *weder leben noch atmen* ohne sie, all seine Bekenntnisse müßte er Lügen strafen. Und so kann er sich nur in Stummheit und mit Gewalt – gleichsam ohne zurückzublicken – von ihr losreißen.

Am 15. Juni noch schreibt er ihr, sobald er von Ilmenau und Gotha zurückkäme: *Dann wollen wir uns zur Reise* (nach Karlsbad) *bereiten.* Dann aber drängt er sie, allein vorauszufahren. Der Grund kann nur sein: Im Geheimen, ohne sie will er seine Reisevorkehrungen für Italien treffen.

Am 1. Juli verläßt Frau von Stein Weimar. Er, der doch vor der Abreise das Gespräch mit ihr kaum suchte, eher *stumm wie ein Fisch* war, einzig die Brücke des Schriftlichen nutzte, fällt sofort, ist sie fern, wieder in seinen alten Ton. Die Künstlichkeit ist unübersehbar. *Ich wünschte du könntest sehen wie du mir überall fehlst. Wem soll ich sagen was ich dencke? Wem soll ich meine Bemerckungen vertrauen*, schreibt er ihr am 6. Juli.

Vorwurfsvoll heißt es nach Karlsbad: *Du hast mir die Epigramme nicht abgeschrieben, noch den Brief, vielleicht hast du sie mitgenommen.* Auch sie wird für seine Werkausgabe eingespannt. Sie hat die Handschriften seiner 1784 entstandenen Epigramme; die Abschriften werden für die Ausgabe benötigt. Dann informiert er sie: *Mit Göschen bin ich wegen meiner Schrifften einig* ... Bertuch, der in Sachen Werkausgabe vermittelt, habe den Verleger gebeten, zwischen dem 11. und dem 20. Juni die Verhandlungen zu führen, da er *am 23. ins Carlsbad* gehe. Göschen verschlagen die Bedingungen, die sein Autor stellt, den Atem. Aber er stimmt zu.

Goethes Sorge um Charlottes Söhne Ernst und Fritz. Josias von Stein ist mit Karl, dem ältesten Sohn, nach Bad Pyrmont gereist, um ihn dem Herzog von Mecklenburg für den Dienst am Hof zu empfehlen. Fritz sei *lustig und wohl,* berichtet Goethe der Mutter. Aber: *Mit Ernsten geht es nicht besser... – Seine Leidenskrafft geht über alle Begriffe.* Ernst, wir haben es eingangs erzählt, leidet an *Auszehrung,* vermutlich ist es Knochentuberkulose. Seine Mutter fürchtet, *er wird noch lange mit Schmertzen zu kämpfen haben,* das *schneidet* ihrem *Hertzen* ein, *der Tod wäre mir das erträglichste vor ihm ...* Goethe kümmert sich um Ernst, redet mit den ihn behandelnden *Chirurgi.* Seine Bitte, den kranken Sohn mit ins böhmische Bad zu nehmen, erfüllt Charlotte nicht, was zu Spannungen führt, *da mein Wunsch ihn im Carlsbad zu wissen nicht erfüllt worden,* schreibt er, *so habe ich für den armen Jungen keinen mehr zu thun.*

Seinen Brief vom 6. Juli 1786 an Charlotte schließt Goethe mit: *Liebe mich! Ich komme bald.*

Aber er hat es nicht eilig, Weimar zu verlassen. Der offizielle Grund, der ihn hält, ist die zu erwartende Niederkunft der Herzogin Louise. Wäre es tatsächlich als ein Affront angesehen worden, wenn er als hoher Staatsbeamter die Geburt nicht abgewartet hätte? Oder ist sie ihm ein willkommener Vorwand, ohne Zeugen, in aller Stille seine zunächst wohl auf acht Monate geplante Abwesenheit vorzubereiten. Vieldeutig heißt es an Charlotte: *Ich bin von tausend Vorstellungen getrieben, beglückt und gepeinigt.*

Auch in Karlsbad will Goethe weiter arbeiten, dort »Iphigenie« vollenden. *Heut über acht Tage hoff ich nicht weit von dir zu seyn*, kann Charlotte lesen. Goethe bittet sie, wenn sie den Brief erhalte, *ein Quartier in deinem Hause etwa vom 16ten an zu akkordiren, ich bringe Vogeln mit und brauche zwey Betten* (Christian Georg Carl Vogel, Schreiber und Sekretär). Am 14. dann: *Richte dich ia ein, daß du mit mir noch bleiben kannst.*

Die Geburt des Kindes verzögert sich; dadurch sei er *gebunden*, heißt es. Wie er einst seinen geheimen Aufstieg auf den Brocken als Zeichen der Götter nahm, so sieht er nun in der Ankunft des Kindes ein solches: er *habe* sich *auf diese Entbindung wie auf einen Orackelspruch kompromittirt.*

Er läßt diesen Brief liegen, in Erwartung, die Niederkunft mitteilen zu können. Zwei Tage später schickt er ihn ab, fügt hinzu: *So geht ein Tag nach dem andern hin und Geburt stockt mit der Wiedergeburt. Diese Tage sind noch an Begebenheiten schwanger, der Himmel weis ob es gute Hoffnungen sind.*

Erstmals taucht hier das Wort *Wiedergeburt* auf, das er dann in seinen Briefen aus Italien verwenden und auch später in seiner »Italienischen Reise« sehr be-

wußt einsetzen wird. Ein erster verschlüsselter Hin-
weis auf seine durch die Reise erhoffte Erneuerung
der eigenen Lebenssituation.

Am Abend des 18. Juli bringt die Herzogin ihr Kind
zur Welt. *Endlich meine liebe ist das Kindlein angekommen, ein Mägdlein ...*, meldet er nach Karlsbad.

Umgehend trifft er letzte Vorkehrungen. Datiert auf
den 23. Juli 1786 ist ein Schriftstück für seinen Diener
Philipp Seidel: *Aufträge an Seideln.* Er ermächtigt den
im Haus am Frauenplan Zurückbleibenden, alle *unter
meiner Adresse ankommenden Briefe* zu öffnen. Bei
den amtlichen Schreiben Kriegskommission, Wegebau,
Bergbau und Steuerwesen in Ilmenau betreffend, bestimmt er namentlich, an wen Seidel sie weiterleiten
soll; *in besondern Fällen an Frau Oberstallmeister
von Stein*, fügt er an. Um seine Reise auch finanziell ab-
zusichern, soll Seidel die *Gelder, welche von dem
Buchhändler Göschen an mich kommen* dem *Herrn
Kommerzienrath Paulsen auf Rechnung übermachen.*
Paulsen ist der Mittelsmann, über den der unter dem
Pseudonym *John. Philipp Möller* reisende Goethe an
sein Geld herankommen kann. Selbst Seidel weiß zu
diesem Zeitpunkt noch nicht das Reiseziel Rom, aber
er ist der einzige, der den Decknamen seines Herrn
kennt.

Vor seiner Abreise trägt Goethe Sorge für seine
Handschriften: Werke, Entwürfe, Tagebuch-Notate,
Briefe. Er weist Seidel an, die Sachen zur Aufbewah-
rung ins Fürstliche Archiv zu bringen: *2 Kasten und
1 Paket gegen Schein auf das Archiv.* Der erste Kasten

enthält – Goethe selbst notiert es auf einem Foliobo-
gen – unter anderem Charlotte von Steins Briefe.

Die Reise nach Karlsbad. Am 27. Juli kommt er an.
Schnell wird er von der mondänen Gesellschaft aufge-
sogen, alte und neue Bekannte drängen sich um ihn. In
seinem Gepäck befinden sich tausend Exemplare der
Verlagsankündigung seiner auf acht Bände konzipier-
ten Werkausgabe. Von *herumfliegenden Nachrichten*
ist die Rede. Der Werbeaufwand seines Leipziger Verlegers Göschen ist enorm, in mehreren Journalen schal-
tet er Anzeigen, verschiedenen Zeitungen legt er die in
einer Auflage von 20 000 Exemplaren gedruckte Verlagsankündigung bei; dennoch tragen sich – wie ent-
täuschend! – nur 500 Kaufinteressenten in die Sub-
skriptionsliste ein.

Goethe liest in Karlsbad in illustren Kreisen aus seinen Dichtungen. Er arbeitet, unterstützt von Herder,
an »Iphigenie«. Wenig Zeit bleibt wohl für eine Zweisamkeit mit Charlotte, vielleicht sucht er sie auch
nicht, da *Vertraulichkeit* ausgeschlossen ist. *Stumm
wie ein Fisch* ist er hinsichtlich seines *Plans*.

Am 14. August tritt Charlotte die Heimreise an. Goethe begleitet sie bis Schneeberg. Er trägt ihren Ring
am Finger.

Am 15. August der Abschied. Die Trennung. Danach
schreibt er ihr: *daß unsre letzte Fahrt nach Schneeberg
mich recht glücklich gemacht hat und daß deine Versicherung: daß dir wieder Freude zu meiner Liebe aufgeht, mir ganz allein Freude ins Leben bringen kann.*

Am Tag nach ihrer Abreise fährt er ins Bergwerk in Schneeberg ein; über Dresden hat er die im Vorjahr verweigerte Erlaubnis erwirkt. Charlotte berichtet er: *Heute früh lies ich beym Einfahren in die Grube deinen Ring vom Finger, es fehlte mir immer etwas, so ist mir's auch da mir deine Gesellschafft fehlt und ich dir immer etwas zu sagen habe.* Wiederholt er nur eine eingeübte, inzwischen entleerte Formel, ist sich seiner Unaufrichtigkeit bewußt? Wir wissen es nicht.

Am 17. August ist er in Karlsbad zurück. Erneut Bade-trubel, Arbeit an der Werkausgabe. *Ich lese alle Aben-de vor, und es ist ein recht schönes Publikum geblie-ben.* Am 28. August, seinem Geburtstag, läßt er sich feiern. Und immer der Gedanke an den *Absprung.* Am 30. schreibt er Charlotte, er sei *fleisig, Herder hilft treulich und bis den Sonnabend ist alles fertig; mir wird recht wohl seyn wenn ich im Wagen sitze.* Und am 2. September: *Morgen Sonntags d. 3ten Sept. geh ich von hier ab, niemand weiß es noch, niemand ver-muthet meine Abreise so nah.*

An diesem 2. September ist er bis *Nachts eilfe* mit Briefeschreiben beschäftigt. Carl August, mit dem er in Karlsbad intensive Gespräche hatte, ohne ihn in seine Fluchtpläne einzuweihen, gesteht er Wochen später: *Daß ich in Ihrer Gegenwart gleichsam Rechen-schafft von einem großen Theil meines vergangnen Lebens ablegen mußte* ... Am 2. September aber bittet er ihn um *unbestimmten Urlaub.* Die Begründung: Er *wünsche* seine *Existenz ganzer zu machen.*

Der nächste Brief geht an seinen Verleger. Er informiert Göschen, daß *der Cammer-Calculator Seidel von allem unterrichtet sei*, er solle sich an ihn wenden. Goethe wünscht ein *dem Auge angenehmes Druckbild*; *schöne, größere Schrift* für Dramentexte, *kleinere* für Regieanweisungen. Er überläßt Göschen die Entscheidung. Falls aber ein Zweifel auftrete, *so ersuch ich sie deshalb, direckt bey ... Herder in Weimar anzufragen*.

Der dritte Brief ist an den Hüter des Hauses am Frauenplan, an Philipp Seidel, adressiert. Ihm schickt Goethe seinen wohl erst in Karlsbad unterzeichneten Verlagsvertrag mit Göschen; *erhältst du ein Exemplar des von mir unterschriebenen Contracktes*. Seidel, dem bisher einzigen Mitwisser einer mehrmonatigen Abwesenheit, schreibt er am 13. August, einen Tag vor Frau von Steins Abreise: *Noch hat sich nichts zugetragen, das mich an Ausführung meines Plans hindern könnte*. Am 2. September dann vertraut er ihm auch sein Reiseziel an: Rom. Er gibt ihm – wiederum geht es um Geldanweisungen – die Adresse eines Bankiers in Rom: *A Monsieur Joseph Cioja pour remettre a Mr. Jean Philippe Möller*.

Zugleich mahnt er ihn zur Verleugnung seiner geheimen Mitwisserschaft: *Verwahre diesen Brief wohl, und läugne übrigens alles gegen alle; aus meinem Munde weis niemand ein Wort*.

Ein weiteres Schreiben geht an Herder. Dieser hat einen Ruf nach Hamburg erhalten und ist unentschieden, ob er ihm folgen soll. Goethe schreibt ihm: *Die zehen Weimarische Jahre sind dir nicht verlohren wenn du bleibst ... ich weis daß bey uns viel, wie überhaupt, auch dir unangenehm ist, indessen hast du doch einen gewissen Fus* ... Sein Ratschlag wirkt wie ein Selbstgespräch; Herder wird bleiben und auch er wird nach Weimar zurückkehren. Er bittet den Freund, der ihm in den Karlsbader Wochen so uneigennützig geholfen hat, mit dem er noch am Vortag zusammen war, um Verzeihung, daß er *im Stillen scheide,* und wünscht sich, er solle *den Überbleibenden ... etwas Vernünftiges* in seinem *Nahmen* sagen, *damit sie mir den heimlichen Abschied verzeihen.*

Denkt er an Charlotte, an Fritz, seinen Ziehsohn? Für den Heranwachsenden, den er in seinem großen Haus am Frauenplan allein zurückläßt, ist sein wortloses Verschwinden ein besonders gravierender Vertrauensbruch. Was ließe sich da *Vernünftiges* sagen? Auch Fritz erhält einen Abschiedsbrief von seinem Ziehvater. *Ich wollte, ich hätte dich bei mir, auch jetzt, da ich noch meinen Weg weiter mache,* heißt es. Die Unaufrichtigkeit; als ob Goethe sie spüre, empfiehlt er dem Vierzehnjährigen als Ersatz Herders zehnjährigen Sohn: *Der August soll dir viel erzählen ... er ist ein gar gutes Kind.* Und sich an das, was Fritz gern mag, erinnernd, weist er Seidel an: *Sage Sutorn* (Diener Goethes), *er soll Fritzgen Holz geben wenn er im Camin oder sonst Feuer anmachen will.*

Sein letzter Brief gilt Frau von Stein. Ihn hat er am Vortag begonnen mit der bereits zitierten Bemerkung: *Sonst mag ich nicht in deiner Nähe wohnen.* Seine Bedingung, daß sich ihr *Verhältniß ... so herstellen möge, daß keine Gewalt ihm was anhaben könne.* Und das Eingeständnis, daß er *im Stillen gar mancherley getra-*

gen habe. Dagegen steht ihr Vorwurf, er sei *immer ein Schweigender.*

Am 23. August – wenige Tage nach dem Abschied in Schneeberg – schreibt er ihr, ohne sein Reiseziel Italien zu offenbaren, er bleibe noch *eine Woche* in Karlsbad. *Und dann werde ich in der freyen Welt mit di r leben und in glücklicher Einsamkeit, ohne Nahmen und stand, der Erde näher kommen aus der wir genommen sind.*

In dem am 1. September begonnenen Brief an Charlotte mahnt er sie: *laß niemand mercken daß ich länger aussenbleibe.* Einen Tag später, *Nachts eilfe* – alle Briefe sind geschrieben – wendet er sich letztmalig an die Geliebte: *Morgen Sonntags d. 3ten Sept. geh ich von hier ab, niemand weiß es noch, niemand vermuthet meine Abreise so nah.* Und er endet seinen Brief: *Lebe wohl du süses Herz! ich bin dein.*

Um drei Uhr morgens verläßt er Karlsbad in Richtung Süden.

7

Während Goethes eineinhalbjährigen Aufenthaltes in Italien, in Rom, Neapel und Sizilien, beharrt er auf seinem: *ich bin dein.* Die Trennung von Charlotte ist für ihn undenkbar.

Die Rückkehr nach Weimar, die Bindung seiner Existenz – auch finanziell – an einen Fürstenhof, steht für ihn von vornherein fest. Eine Alternative dazu sieht er nicht. Da ungewiß ist, wie Carl August auf seine wortlose Abreise reagieren wird, zieht er zeitweilig auch das ihn hofierende Gothaer Fürstentum in Betracht.

(Jüngst ist, nach der Behauptung, Goethe habe einzig Anna Amalia geliebt, eine neue These aufgetaucht: Goethe habe mit Frau von Stein und ihrem Sohn Fritz fliehen und in Italien mit den beiden unter fremden Namen leben wollen. Dies ist ebenso abwegig, denn es läßt völlig außer Acht, daß Goethe damit die Rückkehr nach Weimar verwehrt gewesen wäre. Und die stand für ihn außer Frage. Goethe war kein Abenteurer. Mit diesem Schritt hätte er den Bruch mit allen Konventionen vollzogen, hätte Carl Augusts Mäzenatentum aufs Spiel gesetzt. Abgesehen davon wäre es fraglich gewesen, ob er in einem fremden Land Frau und Kind ein standesgemäßes Leben hätte bieten können. Seine Worte an die Geliebte: *Wir wollen in fremde Länder gehen und überall glücklich seyn*, waren Phantasien, Reisen mit den Fingern auf der Landkarte, ebenso seine Versicherung an Fritz, daß er ihn auf seinem Weg gern bei sich hätte.)

Nachweisbar ist, daß Goethe sich schon bald nach seiner Flucht bewußt wird, daß er sein Verhältnis zu seinem Mäzen auf eine radikal neue Grundlage stellen muß. Bereits im Mai 1787 legt er ihm von Rom aus nahe, ihn *nur das thun ⟨zu⟩ lassen was niemand als ich thun kann.* Je entgegenkommender Carl August sich gibt – er zahlt das Gehalt weiter, gewährt ihm einen ansehnlichen Reisezuschuß –, desto entschiedener äußert Goethe seine Wünsche; als *Künstler* und *Gast* will er künftig in Weimar leben.

Eine Veränderung seiner Beziehung zu Frau von Stein dagegen zieht er nicht in Betracht. Er glaubt, das Gefüge seines Lebens mit ihr so zu erhalten, wie er es über ein Jahrzehnt aufgebaut hat, und hofft, die Spannungen der letzten Zeit zu überwinden.

Goethe habe *stets zuviel in die Weiber gelegt*, wird Carl August über seinen Freund äußern, er habe *seine eigenen Ideen in ihnen geliebt.* Steckt darin eine Wahrheit? Goethe scheint sich längst von der realen, lebendigen Person Charlottes gelöst zu haben; als *Idee* der Liebe lebt sie in seinem Kopf. Die leibliche Anwesenheit der Geliebten ist nicht vonnöten. Im Gegenteil: *werde ich in der freyen Welt mit d i r leben, und in glücklicher Einsamkeit …*

mit d i r leben … Wie mag die in Weimar Zurückgebliebene das aufgefaßt haben? Die wortlose Abreise des Geliebten, doppelte Kränkung. Zum einen ihre innere Not des Verlassenseins. Zum anderen die Demütigung vor den gemeinsamen Freunden, vor der gesamten Weimarer Hofgesellschaft. Alle Augen sind auf sie gerichtet. Aber sie, Goethes Vertraute, ist zum Schweigen verurteilt: Sie weiß nichts.

mit d i r leben …, heißt dagegen für den entflohenen Freund die Fortsetzung seines Zwiegesprächs mit der Geliebten auf dem Papier. Bereits in den ersten Tagen beginnt er mit Aufzeichnungen für sie. Die Fülle der faszinierend neuen Sinneseindrücke, Erlebnisse und Erfahrungen mit ihr zu teilen ist die Form seiner Nähe zu ihr, das bedeutet für ihn, mit ihr zu *leben*.

Bereits am 18. September berichtet er aus Verona von einem Tagebuch: *Es ist vorerst ganz allein für dich*. Am 14. Oktober präzisiert er in einem Brief aus Venedig: *Anfangs habe er gedacht, sein Tagebuch allgemein zu schreiben, dann es an dich zu richten und das Sie zu brauchen damit es kommunikabel wäre, es ging aber nicht es ist allein für dich*.

Aber mit dem *allein für dich* kann er nicht leben. Zu gewichtig erscheinen ihm seine Aufzeichnungen. Und so äußert er einen Gedanken, der davon zeugt, daß er wieder ganz bei sich ist, er hat den Egoismus, den sein Werk fordert, zurückgewonnen.

Nun will ich dir einen Vorschlag thun, heißt es zum Tagebuch. *Wenn du es nach und nach abschriebst, in Quart, aber gebrochne Blätter, verwandeltest das Du in Sie und liesest was dich allein angeht, oder du sonst denckst weg; so fänd ich wenn ich wiederkomme gleich ein Exemplar in das ich hinein korrigiren und das Ganze in Ordnung bringen könnte*.

Er mutet der Geliebten zu, all das, was ihr gilt, zu löschen, macht sie zur Abschreiberin, zur Erfüllungsgehilfin. Ist es Gedankenlosigkeit? Eine große Härte spricht aus in diesem Ansinnen. Deutlich wird, wie schwer er sich – entfernt von ihr – in ihre Lage versetzen kann; der Liebende erweist sich gegenüber der Frau, von der er beteuert, sie sei ihm alles, alles andere als einfühlsam.

Um das Maß voll zu machen, verurteilt er sie, die seit vielen Jahren Mittlerin zwischen ihm und den gemeinsamen Weimarer Freunden und dem Fürstenhof ist, zum Schweigen über sein Tagebuch: *Du müßtest aber doch daraus nicht vorleßen, noch kommuniciren, denn sonst hab ich nichts zu erzählen wenn ich zurückkomme.*

Er wünscht: *Möge doch bald mein Packet das ich von Venedig abschickte ankommen, und dir ein Zeugniß geben wie sehr ich dich liebe.*

Aus unerklärlichen Gründen wird Seidel das empfangene *Packet* nicht öffnen und Charlotte das Tagebuch demzufolge nicht übergeben. Erst zum Ende des Jahres wird es in ihren Händen sein.

Goethe aber hofft auf eine Reaktion Charlottes. Er fiebert ihrer Post entgegen. *Nun warte ich sehnlich auf einen Brief von dir ...,* heißt es am 7. November. Am 24.: *Du wirst doch auch nun fleisig schreiben daß ich eine Reihe von Briefen erhalte. Bald muß nun der erste von dir ankommen.*

Aber kein Brief kommt. Am 2. Dezember klagt er: *Wie verlangt mich wieder ein mal von Hause ein Wort zu hören da ich nun morgen drey Monate in der Fremde bin, ohne eine Sylbe von den meinigsten zu haben.*

In seinem Vorwärtsstürmen und in der Fülle der neuen Eindrücke keinerlei Argwohn, daß sie, die Geliebte, bewußt und aus Kränkung schweigen, daß sie sich von ihm lossagen könnte. Nur Selbstgewißheit. Sehnsucht. Und Optimismus.

Letztlich werde seine Flucht ihr zugute kommen,

drängt er ihr auf. *Laß dich's nicht verdrießen meine Beste daß dein Geliebter in die Ferne gegangen ist, er wird dir beßer und glücklicher wiedergegeben werden*, heißt es aus Rom am 7. November. Am 2. Dezember dann: *Auch wirst du den deinigen wenn er zurückkommt noch mehr lieben, denn wills Gott wird er einige Fehler ablegen mit denen du unzufrieden warst.*

Da erreicht ihn am 8. Dezember Post aus Weimar. Der Absender ist Philipp Seidel. Eingeschlossen in den *Brief von Seideln* findet Goethe *ein Zettelgen drinnen von deiner Hand*, wie er Charlotte schreibt.

Der Inhalt ihrer wenigen Zeilen wiegt schwer. Die Geliebte muß ihre Beziehung zu ihm für beendet erklärt haben. Für sie scheint die Trennung bereits vollzogen. Sie fordert ihre Briefe zurück.

Goethes erste Reaktion: Vorwürfe. *Das war also alles was du einem Freunde, einem Geliebten zu sagen hattest, der sich so lange nach einem guten Worte von dir sehnt. Der keinen Tag, ja keine Stunde gelebt hat, seit er dich verließ ohne an dich zu dencken.*

Dann aber scheint er, unter dem Schock der Nachricht, erschrocken von ihrer Konsequenz und Bestimmtheit, sich – vielleicht tatsächlich erstmals – in die verlassene Geliebte hineinzuversetzen, wird sich bewußt, was er ihr angetan hat. Und eine Flut von Äußerungen aufrichtigen Bedauerns, von warmherzigen Bitten um Verzeihung setzt ein.

Dein Zettelchen hat mich geschmerzt aber am meisten dadrum daß ich dir Schmerzen verursacht habe.

Du willst schweigen? du willst die Zeugniße deiner Liebe zurücknehmen? Das kannst du nicht ohne viel zu leiden, und ich bin schuld daran.

Dein Blätgen hat mir das Herz zerrißen.

Einen berührend neuen Ton tragen seine Schuldbekenntnisse. Goethe wird der Wiederholungen nicht müde. 20. Dezember: *Noch ist kein Brief von dir angekommen, und es wird immer wahrscheinlicher daß du vorsätzlich schweigst, ich will auch das tragen und will dencken: Hab ich doch das Beyspiel gegeben, hab ich sie doch schweigen gelehrt ...* 23. Dezember: *Verzeih mir grosmütig was ich gegen dich gefehlt und richte mich auf ...* 6. Januar: *Ich kann zu den Schmerzen die ich dir verursacht nichts sagen als: v e r g i b!*

Offenbar lebt in seinen Gedanken sein hartes Verhalten gegenüber seiner Schwester Cornelia wieder auf, das sein Gewissen stark belastet haben muß. Am 17. Januar schreibt er Charlotte: *Seit dem Todte meiner Schwester hat mich nichts so betrübt, als die Schmerzen die ich dir durch mein Scheiden und Schweigen verursacht.*

Daß du kranck, durch meine Schuld kranck warst, engt mir das Herz so zusammen daß ich dirs nicht ausdrucke, gesteht er ihr.

Und spricht dann von sich. *Verzeih mir ich kämpfte selbst mit Todt und Leben und keine Zunge spricht aus was in mir vorging, dieser Sturz hat mich zu mir selbst gebracht. Meine Liebe! meine Liebe!* Hoch dramatisch unterzeichnet er seinen Brief vom 23. Dezember 1786 mit: *Im Leben und Todt der deine. G.*

Er beschwört sie, seine Flucht nach Italien als existentielle Notwendigkeit zu sehen, als Zäsur; von einer neuen *Hauptepoche* seines *Lebens* im Süden schreibt er, von *großer Erneuerung*, *Genesung*, von *Widerburt ..., die mich von innen heraus umarbeitet. Ob ich gleich noch immer derselbe bin; so meyn ich biß aufs innerste Knochenmarck verändert zu seyn.*

Und dahinein ihr Brief: *in die Zeit da sich manches zu setzen und aufzuklären schien, kam dein Zettelgen und brach mir alles ab.*

Indirekt ein Vorwurf, aber er hält sich nicht dabei auf, wie in ihren schönsten Zeiten folgt die Bitte, ihm beizustehen, zu helfen. *Viel erleichtern würde mir diese sonderbare Hauptepoche meines Lebens, wenn ich ein freundlich Wort von dir vernähme, da ich jetzt alles allein austragen muß.* Wiederum lenkt er sogleich ein, fährt fort: *Doch ich will dirs nicht abzwingen, folge deinem Herzen, und ich will meinen Weg im Stillen endigen.*

Goethe tut alles, um die Geliebte zu versöhnen.

So hebt er das Schweigeverbot im Hinblick auf sein Tagebuch auf. Gibt Charlotte damit ihre alte Rolle als Vertraute und Mittlerin zwischen ihm und den gemeinsamen Freunden sowie dem Fürstenhof zurück. Sie ist wieder diejenige, bei der aus erster Hand Nachrichten über den Freund im Süden zu erhalten sind. Als sie endlich das Tagebuch bekommt, heißt es: *Du siehst wie nah mein Herz bey dir war.* Zugleich versichert er ihr nochmals: *Ich wiederhohle daß du mit allem was ich dir schicke schalten und walten magst nach Gefallen.*

Auch auf ihre Forderung nach Rückgabe ihrer Liebesbriefe reagiert er umgehend. Vor seiner Abreise hat er sie – wir erinnern uns – von Seidel *gegen Quittung* ins *Fürstliche Archiv* bringen lassen. Nun schreibt er, und es kann sich nur um seine Reaktion auf ihr Ansinnen der Rückgabe der Briefe handeln: *Die Kasten auf dem Archive gehören dein ...*

Er knüpft daran die Bitte: *liebst du mich noch ein wenig; so eröffne sie nicht eher als biß du Nachricht von meinem Todte hast, so lang ich lebe laß mir die Hoffnung sie in deiner Gegenwart zu eröffnen.*

Und schließlich erfüllt er ihre Anweisung, alles Schriftliche von ihr, was ihn in Italien erreicht, sogleich zu vernichten. *Deine Briefe werden alle gleich verbrannt, wie wohl ungern. Doch dein Wille geschehe.*

Alles deutet darauf hin, daß Goethe den Ernst der Lage erkannt hat und alles tut, um Charlotte zu Willen zu sein. *Ich verstocke mein Herz nicht, und bin bereit alles dahin zu geben, um gesund zu werden für mich und die meinigen. Vor allen Dingen soll ein ganz reines Vertrauen, eine immer gleiche Offenheit mich aufs neue mit dir verbinden.*

Seine Schuldbekenntnisse verfehlen ihre Wirkung nicht. Charlotte neigt sich ihm wieder zu.

Bereits am 1. Februar schreibt er aufatmend: *Nun kann ich auch fröhlicher an das Werck gehn, denn ich habe einen Brief von dir in welchem du mir sagst, daß du mich liebst, daß du dich meiner Briefe und Nachrichten freust.* Im Mai 1787 heißt es aus Neapel:

da du wieder gefaßt bist. Und schließlich: *Unsre Cor-respondenz geht gut und regelmäßig, daß sie nun nicht wieder unterbrochen werde solang wir leben.*

Ein Alltagston zieht erneut in Goethes Briefe ein, er berichtet von all seinen Erlebnissen, versorgt Frau von Stein mit Nachrichten, erteilt ihr Aufträge, was sie Herder, der Herzogin und anderen gemeinsamen Be-kannten, zum Beispiel dem Ehepaar Franckenberg in Gotha, ausrichten solle.

Geht Charlotte auf diesen Alltagston ein? Oder ist wei-ter, wenngleich sie *wieder gefaßt* ist, von Wunden die Rede, die Goethe ihr zugefügt hat? Einzelne Formulie-rungen in Goethes Antworten lassen diesen Schluß zu. Von einem *bitter süßen Brief* ist die Rede, von *trauri-gen Zettelchen*, von *Schmerzen*, die ihm ihre Briefe ver-ursachen.

Zu einem der *traurigen Zettelchen* heißt es: *Du hast mir goldne Sachen über mich selbst und über meine nächsten Verhältniße gesagt, ich horche ganz still auf das Lispeln meines Schutzgeistes …*

Tut er das wirklich?

Die Zäsur. Viel Neues stürmt auf ihn ein. Wie ein Student lebt er in Rom in der Via del Corso zusammen mit Maler-Freunden. Die Karriere als führende politi-sche Gestalt am Weimarer Hof ist Vergangenheit. Die geistige Welt, in der er groß geworden ist, die antiken Mittelmeerkulturen, die künstlerischen Leistungen des klassischen Altertums liegen unmittelbar vor ihm aus-gebreitet, in sie taucht er ein, genießt mit allen Sinnen.

Statt der Arbeit an dem zu erstrebenden Guten – sein Ziel in der Liebe wie in der Amtstätigkeit im ersten Weimarer Jahrzehnt – steht nun in Italien das sichtbare Schöne vor ihm; an die Stelle einer Lebensführung der Sehnsucht tritt eine der Erfüllung.

Goethe weiß sich absolut sicher auf dem richtigen Weg; *schuppenweise fällt* es ihm *von den Augen*. Er sei von *einer ungeheuren Leidenschafft und Kranckheit geheilt*, sei *wieder zum Lebensgenuß, zum Genuß der Geschichte, der Dichtkunst der Alterthümer geneßen* ...

Und so entgegnet er auf einen von Charlottes Briefen, der offenkundig Vorwürfe enthält – er hat ihm *Schmerzen* verursacht –, hart und bestimmt: *Dazu kann ich nichts weiter sagen als: ich habe nur E i n e Existenz, diese hab ich diesmal g a n z gespielt und spiele sie noch. Komm ich leiblich und geistig davon, überwältigt meine Natur, mein Geist, mein Glück, diese Krise, so ersetz ich dir tausendfältig was zu ersetzen ist. – Komm ich um, so komm ich um, ich war ohne dies zu nichts mehr nütze.*

Wir erinnern uns an Goethes Wort, daß er *mitten im Glück in einem anhaltenden Entsagen lebe*, an seine Bitten um Abstand in den letzten beiden Weimarer Jahren: *vermehre nicht durch dein süses Betragen täglich meine Liebe zu dir*, an seinen Antrag auf *Urlaub*, seine Warnung, den *schlafenden Amor* nicht zu wecken.

Das Verdrängen des Begehrens, unablässige Spannung, die sich wiederholende Demütigung seines Körpers. Erst jetzt, aus dem zeitlichen und räumlichen Abstand kann er dem Sprache geben, was er sich in seinem Verhältnis zu Charlotte freiwillig angetan hat. Am 21. Februar 1787 schreibt er aus Rom jene Zeilen, die wir bereits kennen. *An dir häng ich mit allen Fasern meines Wesens. Es ist entsetzlich was mich oft Erinnerungen zerreisen. Ach liebe Lotte du weist nicht welche Gewalt ich mir angethan habe und anthue und daß der Gedancke dich nicht zu besitzen mich im Grunde doch, ich mags nehmen und stellen und legen wie ich will aufreibt und aufzehrt ...*

Er spricht von Vergangenheit und Gegenwart: *mir angethan habe und anthue.* Und er schließt: *Ich mag meiner Liebe zu dir Formen geben welche ich will, immer immer –*

Ein Gedankenstrich, der Schreiber bricht ab. Dieser Gedankenstrich markiert das Ende, hinter ihm öffnet sich der Abgrund; der Gedankenstrich enthält die ganze Ratlosigkeit, spricht von der Unlösbarkeit des Konfliktes, vom unausweichlichen Ende dieser Liebe: *welche ... Formen ... immer immer –*

Wer in der Nacht steckt, hält die Dämmrung schon für Tag, heißt es an die Geliebte, *und einen grauen Tag für helle, was ists aber wenn die Sonne aufgeht?*

Das Hören auf das *Lispeln* seines *Schutzgeistes* wird schwächer und schwächer ...

Dieser den Endpunkt markierende Brief vom 21. Februar 1787 ist ein Jahr vor der Erfahrung der sinnlichen Liebe geschrieben, die ihn beglückt, sein *Gemüth erfrischt* und den *Körper in ein köstliches Gleichgewicht* bringt, wie er seinem männlichen Freund Carl August am 16. Februar 1788 anvertraut.

Auch Charlotte gegenüber betont er etwa zeitgleich, ohne den Hintergrund zu nennen, sein körperliches Wohlsein. *Ich habe doch diese ganze Zeit keine Empfindung aller der Ubel gehabt,* schreibt er ihr, *die mich in Norden peinigten und lebe mit eben derselben Constitution hier wohl und munter, so sehr als ich dort litt.*

Im Prozeß seiner Heilung und *Widerburt* tauchen in den Schreiben an Charlotte oft die Worte *ganz* oder *Ganzheit* auf; er *habe nur Eine Existenz,* habe sie *diesmal ganz gespielt.* Diese *Ganzheit* ist als Einheit von Leib und Seele zu verstehen.

Das Streben nach *Ganzheit* verändert auch Goethes Blick auf die Menschen. In seinem Brief vom 8. Juni 1787 aus Rom kann Charlotte lesen: *Übrigens habe ich glückliche Menschen kennen lernen, die es nur sind weil sie ganz sind, auch der Geringste wenn er ganz ist kann glücklich und in seiner Art vollkommen seyn …*

Eine Erkenntnis, die die im Wertekanon ihrer adligen Welt, im Bewußtsein ihres Standes lebende Frau von Stein schwer nachvollziehen und kaum teilen kann.

… der Geringste. Deutet dieser römische Sinneswandel Goethes auf Christiane Vulpius voraus? Literarisch spielt er ihn in der Gestalt des Klärchens im »Egmont« durch. Dieses Klärchen trifft bei Charlotte kaum auf Verständnis, für sie ist es wohl eher die Apotheose eines leichtsinnigen Frauenzimmers. *Was*

du von Klärchen sagts, entgegnet Goethe ihr, *verstehe ich nicht ganz ... Ich seh wohl, daß dir eine Nuance zwischen der Dirne und der Göttin zu fehlen scheint.*

In jenem Juni-Brief aus Rom steht über ihre Liebe jener bittere Satz: *Wie das Leben der letzten Jahre wollt ich mir eher den Todt gewünscht haben ...* Er fängt ihn sofort auf, indem er sein Streben nach *Ganzheit,* seine Veränderung *bis ins innerste Knochenmarck* auf die Geliebte bezieht. Den Satz: *Wie das Leben der letzten Jahre ...,* schließt er mit der Versicherung: *und selbst in der Entfernung bin ich dir mehr als ich dir damals war.* Und er bekräftigt es noch: *Ich bin mir selbst wiedergegeben und nur umsomehr dein.*

Hartnäckig hält er an dieser Überzeugung fest. Eine Selbsttäuschung? Sein Dilemma besteht darin, daß er, der in Italien ein *andrer geworden* ist, überzeugt ist, sich für die Geliebte verändert zu haben, daß er glaubt, sie werde ihn daher *noch mehr lieben,* und daß sie somit ihr Verhältnis erneuern und ihre langjährige Beziehung weiterführen können.

Von Italien aus fleht er Charlotte an: *erleichtere mir meine Rückkehr zu dir,* ist besorgt, bittet sie: *sieh mich nicht von dir Geschieden an, nichts in der Welt kann mir ersetzen was ich an dir, was ich an meinen Verhältnißen dort verlöhre ...*

Die Rückkehr nach Weimar. Die zunehmende Entfremdung, das vor Charlotte verheimlichte Liebesverhältnis zu Christiane Vulpius, schließlich der Bruch.

Vom Ende haben wir bereits erzählt.

Die Natur widerspricht ihren Freunden zu keiner Zeit. Diesen Satz wird der achtundsiebzigjährige, lebensweise Goethe, auf den Dornburger Schlössern weilend, am 14. Juli 1828 an seinen Sohn August schreiben.

Dieser eine Satz enthält vielleicht das Geheimnis der zehn Jahre währenden, beglückenden und tragisch endenden ungewöhnlichen Liebe zwischen Charlotte von Stein und Johann Wolfgang von Goethe.

Anmerkungen zu den Briefen

1 *Einem Dache*: Fürstenhaus, nach dem Schloßbrand Regie-
   rungssitz.
2 *Herzog*: Carl August, seit 3. September 1775 Regent.
3 *Wedeln*: Jagdjunker in Weimar, Oberforstmeister.
4 *hier oben*: in der Wohnung des Fürstenpaares im zweiten
   Stock des Fürstenhauses.
5 *Ihrem Stuhle*: unten an der Hoftafel.
6 *Margreten*: Bezug auf »Egmont«, im ersten Aufzug sagt Mar-
   garete von Parma, Regentin der Niederlande: *Ich sehe auch
   viel voraus, ohne es ändern zu können.*
7 *das Volck*: Bezug auf die Hofgesellschaft, die sich Sonntag-
   abend nach der Cour stets zu einem Konzert traf.
8 *Schwester*: Cornelia Goethe.
9 *Hufeland*: Arzt in Weimar.
10 *Friz*: Charlotte von Steins jüngster Sohn Fritz.
11 24./25. März: Goethe bricht zu einer mehrtägigen Reise nach
   Leipzig auf, um Corona Schröter für das Weimarer Liebhabertheater zu gewinnen.
12 *gestrige Schwärmen*: vermutlich eine private Geselligkeit der
   Herzogin.
13 Am 16. April bittet Goethe Charlotte von Stein: ... *schreiben
   sie mir doch mein Gedicht ab, ich habs nicht mehr, möchts
   von deiner Hand – sollst auch Ruh vor mir haben.* Zu Lebzeiten veröffentlicht er das Gedicht nicht.
14 *Garten*: Am 22. April 1776 kauft Goethe Haus und Garten
   an der Ilm. Die Kaufsumme von 525 Gulden bekommt er
   vom Herzog geschenkt. Dieser Grunderwerb erlaubt ihm,
   am 26. April das Bürgerrecht in Weimar zu erwerben.
15 *Erdtulin*: Lesefehler, richtig ist Erdkülin. Goethe bezeichnet
   sich nach dem elsässischen Märchen »Eine schöne History«
   als *Erdkülin*. Das Elementarwesen Erdkühlein lebt im Wald

verborgen, von Mutter Erde ernährt, ganz einsam in seinem kleinen Häuslein und erquickt die guten Menschen mit seiner Milch.

16 *Steinen lahm*: vermutlich ein Reitunfall.

17 *Herzogin Mutter*: Anna Amalia.

18 Charlotte von Stein weilt zur Kur in Bad Pyrmont.

19 *Zimmermann*: Frau von Steins Badearzt.

20 Auf der Rückreise besucht Charlotte von Stein Goethe in Ilmenau. Sein Tagebuch vermerkt am 5. August: *Abends die Stein ...* Am Abend des 6. August reist sie ab, Goethes Tagebuch: *Trennung.*

21 *Falcken*: »Der Falke«, Dramenentwurf, blieb Fragment.

22 *Lili*: Lili Schönemann, kurzzeitig Goethes Verlobte.

23 *Schweiz*: Plan Charlottes, dorthin zu reisen.

24 *Hohenlohe*: Gräfin Hohenlohe-Kirchberg.

25 Statt Goethe lädt Frau von Stein den Dichter Jakob Michael Reinhold Lenz auf ihr Landgut ein. Vom 12. September bis 31. Oktober weilt er in Kochberg, erteilt ihr unter anderem Englischunterricht.

26 *ein Stück*: »Lila«, ein Singspiel. Goethes Tagebuch von 3. Januar 1777: *Heute in der Schwachheit meiner Sinne den ersten Ackt vorbereitet.*

27 *Conseil*: Geheimes Consilium, Beraterkollegium des Herzogs, höchste Landesbehörde. Am 11. Juli 1776 wird Goethe zum Geheimen Legationsrat ernannt und wird Mitglied des Geheimen Consiliums.

28 *d. 11. Febr. 76.*: Flüchtigkeitsfehler von Goethe, der Brief ist vom 11. Februar 1777.

29 *Schellen klingen*: Goethes Tagebuch vom 30. März: *Abends bey Hofe. Die Kochinn sang.*

30 Laut Goethes Tagebuch vom 2. Mai waren bei ihm zu Gast: *Crone* (Corona Schröter), *Mine* (Probst, deren Gesellschafterin), *Neuh.* (Marie Neuhaus, Kammersängerin), der Herzog und *Seckend* (Seckendorf).

31 *Nachbaarinn*: 1777 zog die Familie von Stein von der Scherf-

gasse in das Stiedenvorwerk an der Ackerwand am Rande des Ilmparks.

32 *Miseleyen*: Zeitvertreib mit jungen Mädchen; aus Goethes Straßburger Studentensprache, vom elsässischen misel=Mäuschen, miseln: liebeln, Liebelei.

33 *Waldnern Charlott*: vermutlich Mädchen der Weimarer Hofdame Adelaide von Waldner.

34 *Eisenach*: Eisenach, der jüngste Landesteil des Herzogtums, hatte einen Sonderstatus. Goethe nimmt dort an den Sitzungen des Geheimen Consiliums und an den Verhandlungen mit den Eisenachischen Landständen teil.

35 *Petern*: Peter im Baumgarten.

36 *Joseph*: Prinz von Sachsen-Hildburghausen.

37 *Lichtenberg*: Rittmeister im Dienste des Herzogs.

38 *Stadth*: Dalberg, Kurmainzischer Statthalter zu Erfurt.

39 *Steinen*: Charlottes Ehemann.

40 Vom 29. November bis 15. Dezember 1777 unternimmt Goethe eine Reise in den Harz, sie dient bergbaulichen Erkundungen; ihr geheimes Ziel ist aber die Besteigung des Brockens, die ihm am 10. Dezember gelingt.

41 *Representation*: Goethe trat als Alcest in seinem Lustspiel »Die Mitschuldigen« auf.

42 *Friz*: der jüngste Sohn von Charlotte, Fritz; weilte oft bei Goethe, am 25. Mai 1783 nimmt er ihn in sein Haus auf, vertritt Vaterstelle bei ihm.

43 *Reise*: Frau von Stein reist nach Kalbsriet, zum Gut der Familie von Kalb bei Allstedt/Thüringen, um an der Hochzeit Sophie von Iltens mit dem Rittmeister von Lichtenberg teilzunehmen.

44 *Herzoginn*: die regierende Herzogin Louise.

45 *Gras und Wasser Affen*: Charlottes Söhne; *Mit Fritz und Carl gebadet*, vermerkt Goethes Tagebuch am 14. Februar 1779.

46 *Ehehafften*: Für verheiratete Männer gab es die Möglichkeit, vom Militärdienst befreit zu werden.

47 *Drama*: »Iphigenie«.

48 Vom 28. Februar bis 12. März 1779 ist Goethe auf einer Dienstreise, unter anderem in Dornburg und Apolda; die Reise dient der Straßeninspektion und der Rekrutenaushebung. Während dieser Zeit arbeitet er an »Iphigenie«.

49 *kleine Lust ohne mich*: Frau von Stein besucht mit Herzogin Louise ein Konzert auf Schloß Belvedere.

50 *meiner Alten*: Goethes Mutter.

51 *Schule der Liebhaber*: Lustspiel von Whitehard, Hamburg 1772.

52 Vom 12. September 1779 bis 13. Januar 1780 unternimmt Goethe mit Herzog Carl August seine zweite Schweiz-Reise. Für Charlotte von Stein schreibt er ein Reisetagebuch, auf dessen Grundlage er später seine »Briefe aus der Schweiz« veröffentlicht.

53 *Tarock*: Kartenspiel, das neben den Farbkarten noch eine Serie von 21 durchnumerierten Trümpfen hat. Beim »Tiertarock«, auf das sich Goethe hier wohl bezieht, sind die traditionellen Motive der Trümpfe durch Tierdarstellungen ersetzt.

54 *gesprächig*: Am 13. April speist Goethe an der Fürstlichen Tafel, zu Besuch ist Dalberg.

55 *Hymne*: möglicherweise die aus »Iphigenie«: *Es fürchte die Götter* ...

56 *Schweinstall*: Auf der Rückseite des Briefes befindet sich die Tuschzeichnung eines Schweinekobens.

57 *Meulern*: Rauchsäulen aus den Meilern der Köhler.

58 *schönen Frau*: Frau von Branconi.

59 Vom 5. September bis 3. Oktober 1780 ist Goethe mit Herzog Carl August und Josias von Stein im Thüringer Wald bis zur Rhön unterwegs. Am 6. September ist er auf dem Kickelhahn, einem Berg bei Ilmenau. Das Gedicht »Über allen Gipfeln ist Ruh« entsteht, mit Bleistift schreibt er es an die Bretterwand der Jagdhütte, in der er übernachtet.

60 *meinem Roman*: Goethe schrieb an einem Roman über das Weltall.

61 *Mirza*: persischer Ehrentitel (Fürstensohn).

62 *Lexikon*: »Englisches Lexikon«, verfaßt von Christian Ludwig 1763.

63 *Seidel*: Goethes Diener.

64 *Wasers Ende*: Bericht über die Hinrichtung Johann Heinrich
Wasers.

65 *Knebel*: Karl Ludwig Knebel, Goethes Urfreund.

66 *Schrötern*: Corona Schröter.

67 *Lingen*: Caroline von Ilten.

68 *Laboratorio*: Josias von Stein war für die Instandhaltung der
herzoglichen Kutschen zuständig, er experimentierte mit Farben und Lacken.

69 *Graf v. d. Lippe*: Philipp II. von Lippe-Schaumburg.

70 *Candia*: alter Name für Kreta.

71 *II^ten Ackt*: des Dramas »Tasso«.

72 *Packetgen*: enthielt unter anderem das erwähnte *Büchsgen*.

73 *Hofrath*: der Mediziner Hufeland.

74 *Ausschweifung*: Fastnachtsredoute, vermutlich nach der Aufführung des Singspiels »Erwin und Elvira« durch das Liebhabertheater am 27. Februar 1781.

75 *Frau v. Oertel*: Johanna Freifrau von Oertel, lebte zu der Zeit
in Weimar.

76 Vom 7. bis 15. März 1781 weilt Goethe mit dem Herzog in
Neunheilingen bei Langensalza, sie besuchen Graf und Gräfin von Werthern-Beichlingen.

77 *Wirthin*: Gräfin von Werthern-Beichlingen.

78 *Ewerdingen*: Allaert van Everdingen, niederländischer Maler.

79 *Stadthalter*: Karl Theodor von Dalberg.

80 *Schwarze*: Schwarza, Dorf zwischen Rudolstadt und Blankenburg.

81 Vom 25. Juni bis 11. Juli 1781 ist Goethe in Dienstangelegenheiten in Ilmenau, u. a. um Streitfragen hinsichtlich des Ilmenauer Bergwerks mit den Vertretern von Sachsen-Gotha und
Kursachsen zu klären. Vom 2. bis 4. Juli macht er mit Knebel
Ausflüge nach Schwarzburg, Blankenburg und Rudolstadt.

82 Vom 22. bis 30. September 1781 reist Goethe über Merseburg nach Dessau und Leipzig, Charlottes jüngster Sohn Fritz
begleitet ihn.

83 *Lingen*: Caroline von Ilten.

84 *Schleusingen*: Frau des Kochberger Gerichtshalters.

85 *Helmershausen*: Besitzer des Hauses am Frauenplan, in das
Goethe 1782 einzieht und das er später vom Herzog als Geschenk erhält.

86 *Hendrich*: Vormieter Goethes im Haus am Frauenplan.

87 *lebe wohl*: Am 7. Dezember 1781 reist Goethe über Erfurt
und Gotha nach Eisenach, Wilhelmsthal und Barchfeld, wo
er auf Wunsch Carl Augusts an der herzoglichen Jagd teilzunehmen hat.

88 *Coocks*: James Cook, englischer Weltumsegler, Entdecker
Australiens.

89 *das Buch*: »Leben des Weltumseglers und Entdeckers James
Cook«, anonym, Frankfurt und Leipzig 1781.

90 *Everdingens und Dietrichs*: Grafiken, Radierungen oder
Zeichnungen der Maler Everdingen und Dietrich.

91 *Schirm*: Geschenk für Herzogin Louise, Goethes Tagebuch
vom 27. 1. 1782: *Den Schirm der Herzogin gemahlt.*

92 *Mephistopheles*: Knebel.

93 *einnehmen*: Medikamente einnehmen.

94 *bald zu entfernen*: Vom 14. bis 24. März 1782 ist Goethe
dienstlich zu Rekrutenaushebungen unterwegs, u. a. in Jena,
Dornburg und Buttstätt.

95 *Carolingen*: Caroline von Ilten.

96 *Diplom*: Goethe erhält sein Adelsdiplom von Kaiser Joseph
II., ausgestellt am 4. Mai 1782.

97 *was dich kränckt*: möglicherweise Eifersucht auf Corona
Schröter, die die Musik zu Goethes Singspiel »Die Fischerin«
komponiert und die Hauptrolle spielt; Goethe ist in diesen
Tagen mit den Proben beschäftigt.

98 *Stück*: erste Aufführung des Singspiels »Die Fischerin« im
Freien im Tiefurter Park.

99 *Prinzen*: Prinz August von Gotha. Am 24. September 1782 schreibt Goethe an Frau von Stein: *Der Prinz ... ist weg und hat noch bey mir sein Frühstück eingenommen. Ich bin ihm herzlich gut ... Er hat die Kenntnisse und das Intresse das unsern fürstlichen Personen fehlt, um das in Bewegung zu setzen und zu erhalten was so reichlich bey uns vorräthig ist ...*

100 *Schrötern*: Corona Schröter, Schauspielerin.

101 *Probsten*: Wilhelmine Probst, Gesellschafterin Corona Schröters.

102 *führe ich die Mädgen an*: Bei einen Frühstück im Zeughaus belebte sich zum Schrecken der Frauen einer der vielen dort aufgestellten Harnische.

103 *gestern*: Am 15. September besuchte Goethe Frau von Stein in Kochberg.

104 *Mährgens*: »Die Neue Melusine«.

105 *Fischerinn*: Nach der Erstaufführung wurde es am 17. September 1782 wiederholt, darauf bezieht sich Goethe.

106 *Vorschlag*: sich in Blankenhain zu sehen; am 22. September treffen sie sich dort.

107 *Götze*: seit 1778 Goethes Diener.

108 *Schleusing*: Gerichtshalter von Kochberg, ab 1782 in gleicher Funktion in Blankenhain.

109 *Lengefelds*: Frau von Lengefeld und ihre Töchter.

110 *Gräfinn*: Emilie von Bernstorff.

111 *Boden*: Johann Bode, Geschäftsführer der Gräfin.

112 *verlassen Häusgen*: das Gartenhaus, nach Goethes Umzug an den Frauenplan.

113 *Schach*: Diener im Hause der Steins.

114 *Obermarschalls*: Witzleben, Leiter der herzoglichen Hofhaltung in Weimar, und seine Gattin Martha Eleonore.

115 Vom 11. bis 13. Dezember 1782 ist Goethe mit Carl August in Neunheilingen. Am 20. Dezember reist er mit ihm nach Dessau, den Christabend verbringt er in Leipzig, bleibt dort allein noch bis zum 3. Januar 1783.

116 *Ilmenau*: Vom 14. bis 18. April 1783 reist Goethe mit Carl August und Gefolge sowie Fritz von Stein nach Ilmenau.

117 *Sutor*: Diener und Schreiber Goethes.

118 *Klauer*: Bildhauer in Weimar, Lehrer am Freien Zeichen-institut, das auch Frau von Stein besucht.

119 *Ernst*: Charlottes zweiter Sohn.

120 *Ich reise*: Am 12. Juni 1783 reist Goethe über Erfurt nach Gotha, nach einem zweitägigen Aufenthalt am Gothaer Hof fährt er nach Wilhelmsthal bei Eisenach, wo ihn Carl August erwartet. Am 19. Juni ist er in Weimar zurück.

121 *englische*: »The Sorrows of Werther« erscheint 1779 anonym; Daniel Malthus, der Übersetzer, benutzte als Vorlage eine französische Ausgabe.

122 *HE. Stände*: Herren Stände, der in Weimar tagende Land-stände-Ausschuß.

123 *ganzen Reise!*: Vom 6. September bis 6. Oktober 1783 unternimmt Goethe in Begleitung von Fritz von Stein und seinem Diener Sutor seine zweite Harzreise.

124 *schönen Frau*: Einige Tage ist er zu Gast bei der Marquise von Branconi auf ihrem Gut Langenstein bei Halberstadt.

125 *Herzoginn*: Anna Amalia.

126 *Schwägerinn*: Sophie von Schardt.

127 *Fritzgen Voß*: vermutlich Amalie Friederike von Voß, Frau des Generalmajors von Voß, Stiefkusine von Herzog Carl August.

128 *Herzog*: von Braunschweig, Bruder von Anna Amalia.

129 *Götzen*: Johann Georg Paul Goetze, Diener Goethes.

130 *kl. Frau*: Sophie von Imhoff.

131 *Seidel*: begleitete Nanette Darseincour, die Pariser Geliebte des Prinzen Constantin von Sachsen-Weimar-Eisenach, Bruder Herzog Carl Augusts, zurück nach Paris.

132 *Wilh.*: Roman »Wilhelm Meisters theatralische Sendung«.

133 *Fritze*: jüngster Sohn Charlottes, wohnt seit 8. Mai 1773 bei Goethe.

134 Vom 29. Februar bis 4. März 1784 ist Goethe in Jena, die

Saale ist über die Ufer getreten, er leitet die Hilfsmaßnah-
men für die Hochwassergeschädigten.

135 *anatomische Entdeckung*: Zwischenkieferknochen beim
Menschen, der die osteologische Zusammengehörigkeit
von Mensch und Tierreich belegen soll.

136 *Deianirens*: Deianeira (Dejanira), Tochter des Oileus, Ehefrau des Herakles, gab ihrem Ehemann aus Eifersucht das
im Blut des Kentaurs Nessos getränkte Untergewand
(»Nessoshemd«), das dieser zwar anlegen, aber nicht mehr
ablegen konnte, ohne sich die Haut abzureißen. Das Gewand bereitete Herakles solche Schmerzen und Qualen,
daß er sich auf einem Scheiterhaufen lebendig verbrennen
ließ.

137 *Abschied*: Vom 2. Juni bis 20. Juli 1784 ist Goethe auf einer
Dienstreise durch den Thüringer Wald; er hält sich zunächst zwei Tage am Gothaer Hof auf, fährt dann nach Eisenach, an den Nebenhof des Weimarer Fürstentums. Mit
Fritz von Stein besteigt er den Inselsberg, über Kochberg
kehrt er am 19. Juli nach Weimar zurück.

138 *Stolbergs*: Die Brüder Stolberg, Jugendfreunde Goethes,
weilten mit ihren Ehefrauen zu Besuch in Weimar.

139 *Improvisator*: der in Eisenach gastierende Italiener Pellegrini.

140 *Wedel*: Hofdame der Herzogin.

141 *Wilhelmsthal*: Lustschloß der Weimarer Herzöge bei Eisenach.

142 *Fritsch*: Amtskollege Goethes.

143 *Bechtolsheim*: Schriftstellerin in Weimar.

144 *Fritz Stolberg*: Jurist, Schriftsteller und Übersetzer, Freund
Goethes.

145 *Hexametern*: Stolbergs »Der Traum, an meine Freundin v.
Reventlow, geb. v. Beulwitz«, 1784.

146 *Niebecker*: Major a.D. in Eisenach.

147 *Commödie*: Die in Weimar spielenden Komödianten unter
Bellomo kamen zu Gastspielen nach Eisenach.

148 *Tableau de Paris*: Merciers »Tableau de Paris«, Sammlung von Feuilletons und sozialkritischen Schilderungen, 12 Bände (1781-1789).

149 *Campern*: Merck hatte Campern in Amsterdam besucht, wo dieser Vorlesungen in der Zeichenakademie hielt.

150 *Ausschußtags Abschied*: Herzog Carl August gab den Vertretern der Landstände eine Abschiedsaudienz mit anschließender Fürstlicher Tafel.

151 *die Kleine*: Charlottes Schwägerin Sophie von Schardt.

152 *Plan des Gedichtes*: Stanzen-Epos »Die Geheimnisse«, blieb Fragment.

153 *Operette*: »Scherz, List und Rache«, ein Singspiel.

154 Vom 7. August bis 5. September 1784 unternimmt Goethe seine dritte Harzreise, sie schließt einen längeren dienstlichen Aufenthalt in Braunschweig ein. Ziel der Harzreise sind geologische Forschungen, zu diesem Zweck begleitet ihn der Zeichner und Maler Georg Melchior Kraus. Am Braunschweiger Hof nimmt Goethe als Geheimsekretär Carl Augusts an den Verhandlungen über einen Zusammenschluß der kleinen Herzogtümer zu einem Fürstenbund teil.

155 *Langenstein*: Zum Abschluß seiner fünfwöchigen Harzreise besuchte Goethe Frau von Branconi auf ihrem Gut Langenstein.

156 Vom 18. bis 29. September 1784 sind Friedrich (Fritz) Jacobi, Jurist und Schriftsteller, und seine Schwester Charlotte zu Gast in Goethes Haus.

157 *Lebe recht wohl*: Charlotte von Stein reist am 20. Oktober wiederum auf ihr Landgut nach Kochberg, am 29. Oktober kehrt sie zurück. Goethe schreibt am 28. an Carl August: *Die Stein hat mich auch wieder verlassen, sie schleppt an dem Kochberger Wirtschaffts Kreuze, sie theilt blos das Übel ohne es heben zu können.*

158 *mit dir fahren*: Spazierfahrt in der Umgebung Weimars.

159 *Bruder*: Ernst von Schardt.

160 *Cahier*: Herders »Zerstreute Blätter. Erste Sammlung«, Gotha 1785.

161 *Ballon*: Der erste Heißluftballon wurde nach seinen Erfindern, den Brüdern Montgolfier, benannt. Der Hofapotheker Buchholz läßt auf der Neuen Terrasse im Welschen Garten in Weimar in Gegenwart des Hofes in montgolfierischer Art einen Freiballon steigen.

162 *Granit Berge*: Anspielung auf den bevorstehenden gemeinsamen Aufenthalt im böhmischen Kurort Karlsbad.

163 *Lebe wohl*: Vom 2. bis 16. Juni 1785 hält sich Goethe in Sachen Bergwerk in Ilmenau auf. Mit ihm reisen Knebel, Fritz von Stein und die Brüder Voigt.

164 *Liedgen*: *Nur wer die Sehnsucht kennt* aus »Wilhelm Meisters theatralischer Sendung«.

165 Am 23. Juni 1785 reist Goethe ab, noch am gleichen Tag muß er wegen Krankheit in Neustadt a. d. Orla die Fahrt unterbrechen, bis zum 29. Juni liegt er dort zu Bett, erst am 5. Juli trifft er in Karlsbad ein.

166 Vom 6. bis 12. November 1785 ist Goethe dienstlich in Ilmenau, anschließend bis 15./16. am Gothaer Fürstenhof.

167 *Wilh*: »Wilhelm Meisters theatralische Sendung«.

168 *die Wasser*: Berggraben, Wasserzufluß für den neu eröffneten Schacht.

169 *Albertingen*: Albertine Auguste von Staff, Hofdame in Karlsruhe.

170 *Linnées Botanische Philosophie*: »Philosophia botanica in qua explicantur fundamenta botanica«, Werk, in dem die Grundlagen der Botanik erklärt werden.

171 *getrennter als sonst*: Josias von Steins Mittagstisch verlagerte sich von der Fürstlichen Hoftafel in sein Privathaus. Der Grund: Carl August hatte im August 1785 die große Hoftafel abgeschafft, von nun an wurde in des Herzogs Zimmer im kleinen Kreis gegessen, die *Kavaliere*, unter anderem der Oberstallmeister von Stein, durften nur auf besondere Einladung erscheinen.

172 *Comödie*: »Die Liebe unter den Handwerksleuten« (1770) von Goldoni mit der Musik von Gaßmann.

173 *Ernsten*: Charlotte von Steins Sohn ist schwer krank, vermutlich Knochentuberkulose.

174 *Starckens Meynung*: Johann Christian Stark d. Ä., Mediziner in Jena.

175 *Engländer*: die schottischen Offiziere Kapitän Heron und Mister Ritchey sowie Lord Inverary.

176 *Valenti*: Sprachlehrer.

177 *Bey Imhofs*: Louise von Imhoff, Charlottes Schwester und zweite Ehefrau Christoph Adam Carl von Imhoffs.

178 *Güsfeld*: Güssefeld, Ingenieur in Weimar.

179 *Triumph der Empfindsamkeit*: Drama von Goethe.

180 *Ernst liegt mir am Herzen*: Goethe will den Schwerkranken mit zur Kur nach Karlsbad nehmen, Charlotte lehnt ab.

181 *Wielanden*: Bei der Vorbereitung von Goethes beim Verleger Göschen in Leipzig erscheinender Werkausgabe sehen Wieland und Herder die Manuskripte durch und helfen selbstlos.

182 *korrigire am Werther*: ebenfalls für die Werkausgabe bei Göschen.

183 *Geduldsprobe*: Die Niederkunft der Herzogin Louise verzögert sich, am 18. Juli 1786 kommt Prinzessin Caroline zur Welt.

184 *Stein*: Georg Wilhelm Stein, Arzt in Kassel, Geburtshelfer.

185 *Licht seyn lassen*: Vom 18. bis 20. Juli 1786 ist Lavater zu Gast in Goethes Haus, es kommt zum Bruch zwischen den einstigen Freunden. *Kein herzlich, vertraulich Wort ist unter uns gewechselt worden ... Ich habe auch unter seine Existenz einen großen Strich gemacht ...* schreibt Goethe am 21. Juli 1786 an Frau von Stein.

186 *Schneeberg*: Goethe begleitete Charlotte auf ihrer Heimreise nach Weimar bis Schneeberg, dort trennten sich die beiden am 15. August 1786, Goethe fuhr am 17. nach Karlsbad zurück.

187 *Asseburg*: Zu Goethes Geburtstag tritt die Tochter der Stiftsdame von Asseburg in Anspielung auf Goethes Drama »Die Vögel« (aus dem er am 20. August mit großem Erfolg in Karlsbad vorgelesen hatte) als Papagei auf.

188 *Lanthieri*: die Grazer Adelige Gräfin Lanthieri.

189 *Philinen*: Gestalt aus »Wilhelm Meisters theatralischer Sendung«.

190 Am 3. September 1786 früh 3 Uhr verläßt Goethe Karlsbad in Richtung Italien.

Zur Edition

Unserer Edition liegt die Ausgabe »Goethes Briefe an Charlotte
von Stein« in vier Bänden, erschienen in der Cotta'schen Buch-
handlung Stuttgart und Berlin ohne Angabe des Jahres zugrunde.

Personenregister

Ahlefeld, Charlotte Elisabeth Sophie Luise Wilhelmine von (1777-1849), geb. von Seebach, Schriftstellerin, 1821 nach Weimar zurückgekehrt, gehörte zum Kreis um Charlotte von Stein.

Asseburg, Amalia von der, Stiftsdame zu Heiligengrabe.

Asseburg, Comtesse Johanna Sidonie, Tochter von Amalia von der Asseburg.

Asseburg, Luise Sophie Helene (geb. 1759), Tochter von Amalia von der Asseburg.

Bechtolsheim, Juliane (Julie) Auguste Christiane Freifrau von (1752-1847), geb. Gräfin von Keller, Schriftstellerin.

Bernstorff, Charitas Emilie Gräfin von (1732-1820), geb. von Buchwald, Witwe des dänischen Staatsmanns Johann Hartwig Ernst Graf von Bernstorff, seit 1779 in Weimar.

Bode, Johann Joachim Christoph (1730-1793), Buchdrucker und Buchhändler in Hamburg, Schriftsteller und Übersetzer, Freimaurer, seit 1779 Geschäftsführer der Gräfin Charitas Emilie von Bernstorff in Weimar.

Branconi, Maria Antonia Marquise von (1751-1793), geb. von Elsener, seit 1776 Witwe, Geliebte des Herzogs Karl Wilhelm Ferdinand von Braunschweig.

Braunschweig, Karl Wilhelm Ferdinand von (1735-1806), seit 1780 Herzog von Braunschweig-Wolfenbüttel, Preußischer Generalfeldmarschall, Bruder von Anna Amalia.

Camper, Petrus (Pieter) (1722-1789), holländischer Anatom und Naturforscher, Professor in Leiden, Zeichner, hielt Vorlesungen in der Amsterdamer Zeichenakademie.

Cook, James (1728-1779), englischer Forschungsreisender, Welt-umsegler, Entdecker Australiens.

Dalberg, Karl Theodor Anton Maria Reichsfreiherr von und zu (1744-1817), 1772-1787 kurmainzischer Statthalter in Erfurt, 1800 Fürstbischof von Constanz, 1802 Kurfürst von Mainz, 1806 Fürst-Primas des Rheinbundes, 1810-1813 Großherzog von Frankfurt.

Dietrich, Christian Wilhelm Ernst (1712-1774), Maler, Kupfer-stecher, Akademischer Lehrer in Dresden.

Everdingen, Allaert van (1621-1675), niederländischer Land-schaftsmaler, Zeichner, Radierer und Kupferstecher.

Fritsch, Jacob Friedrich Freiherr von (1731-1814), Geheimrat, Jurist und Staatsbeamter, 1772-1800 Präsident des Geheimen Conseils in Weimar.

Goethe, Katharina Elisabeth (1731-1808), geb. Textor, seit 1748 Ehefrau von Johann Kaspar Goethe (1710-1782), Mutter von Johann Wolfgang von Goethe.

Götze, Johann Georg Paul (1761-1835), 1777-1794 Diener und Schreiber Goethes, 1794 Wegebauconducteur, 1803 Wegebau-commissär in Jena.

Güssefeld, Franz Ludwig (1744-1808), Ingenieur und Kartograph in Weimar, Kammerregistrator, 1780 Rentsekretär, 1782 Forst-sekretär.

Helmershausen, Paul Johann Friedrich (1734-1820), Dr., Rat und Garnisonsmedicus in Weimar, Vorbesitzer von Goethes Haus am Frauenplan.

Hendrich, Franz Ludwig Ernst Albrecht Carl Friedrich von (1754-1828), Offizier, 1784 Kammerherr, Landkammerrat in Weimar, 1802 Major und Kommandant von Jena, Vormieter von Goethes Haus am Frauenplan.

Hohenlohe-Kirchberg, Johanna Marie Friederike Fürstin von (1748-1816), geb. Gräfin Reuß.

Hufeland, Johann Friedrich (1730-1787), Arzt, seit 1765 Geheimer Hofrat und Leibmedicus in Weimar.

Ilten, Caroline von (Lingen) (um 1757-1789), jüngere Schwester von Sophie von Ilten, langjährige Hausgenossin Charlotte von Steins.

Ilten, Sophie Marie Caroline (1755-1794), Schwester von Caroline von Ilten, am 26. Juni 1778 verm. mit dem Rittmeister Friedrich Ernst von Lichtenberg.

Imhoff, Louise Franziska Sophie von (1750-1803), geb. von Schardt, Schwester der Charlotte von Stein, seit 1775 zweite Ehefrau von Christoph Adam Carl von Imhoff.

Jacobi, Friedrich (Fritz) Heinrich (1743-1819), Jurist, Kaufmann, Schriftsteller und Philosoph in Düsseldorf, 1807-1812 Präsident der Bayerischen Akademie der Wissenschaften in München.

Klauer, Martin Gottlieb (1742-1801), Bildhauer, seit 1774 Hofbildhauer in Weimar, 1778 Lehrer am Freien Zeicheninstitut.

Knebel, Karl Ludwig von (1744-1834), preußischer Offizier, seit 1774 als Hauptmann in sachsen-weimarischen Diensten und Erzieher des Prinzen Constantin in Weimar, 1781 als Major pensioniert, ab 1798 in Ilmenau, seit 1804 in Jena, Schriftsteller und Übersetzer, Goethes »Urfreund«.

Lanthieri, Aloysia Gräfin, geb. von Wagensperg, aus Graz.

Lavater, Johann Kaspar (1741-1801), Theologe und Schriftsteller in Zürich.

Lengefeld, Friederike Sophie Caroline Augusta von (1763-1847), 1784 Frau von Beulwitz, 1794 Frau von Wolzogen, Schwester

von Schillers Ehefrau Luise Antoinette Charlotte, Romanschrift-
stellerin, Biographin Friedrich Schillers.

Lenz, Jacob Michael Reinhold (1751-1792), Dichter, Hofmeister
in Straßburg, 1776 in Weimar.

Lichtenberg, Friedrich Ernst von (gest. 1790), Rittmeister beim
Husarencorps in Weimar, Adjutant des Herzogs Carl August.

Linné, Carl von (1707-1778), schwedischer Naturforscher, Bota-
niker und Mediziner, seit 1741 Professor für Botanik in Upsala,
in seinem Werk »Philosophia botanica in qua explicantur fundamenta botanica« werden die Grundlagen der Botanik erkärt.

Lippe-Schaumburg, Philipp II. von (1723-1787), Graf.

Mercier, Louis Sébastien (1740-1814), französischer Schriftsteller, Politiker in Paris.

Neuhaus, Marie Salome Philippine (geb. um 1755), Kammersängerin der Herzogin Anna Amalia, später Frau des Stallmeisters
K. A. W. von Böhme.

Niebecker, Benedict Christoph von (1716-1796), Major a. D. in
Eisenach, seit 1785 in Weimar.

Oertel, Johanna Caroline Freifrau von (1741-1809), geb. Lange,
lebte zu der Zeit in Weimar.

Pellegrini, italienischer Improvisationskünstler, Verfasser von
»Il conclave«.

Probst, Wilhelmine (Mine), Gesellschafterin von Corona Schröter.

Reden, Friedrich Wilhelm von (1752-1815), seit 1786 Graf, Fi-
nanzbeamter in Breslau, Direktor der schlesischen Bergwerke,
preußischer Staatsminister.

Sachsen-Gotha und Altenburg, August Prinz von (1747-1806),
seit 1804 Herzog, Bruder von Ernst II. Ludwig Herzog von Sach-

sen-Gotha und Altenburg, holländischer und sachsen-gothaischer Generalleutnant.

Sachsen-Hildburghausen, Joseph Friedrich Wilhelm Prinz von (1702-1787), Reichsgeneralfeldzeugmeister, ungarischer Feldmarschall, von 1779 an vormundschaftlicher Regent.

Sachsen-Weimar-Eisenach, Anna Amalia von (1739-1807), Herzogin, geb. Prinzessin von Braunschweig, Witwe des 1758 verstorbenen Herzogs Ernst August II. Constantin von Sachsen-Weimar-Eisenach, 1759-1775 Regentin, Mutter Carl Augusts.

Sachsen-Weimar-Eisenach, Carl August von (1757-1828), ab 1775 Herzog, seit 1815 Großherzog.

Sachsen-Weimar-Eisenach, Friedrich Ferdinand Constantin Prinz von (1758-1793), Bruder von Carl August.

Sachsen-Weimar-Eisenach, Louise Augusta von (1757-1830), Herzogin, seit 1815 Großherzogin, geb. Prinzessin von Hessen-Darmstadt, Gemahlin von Carl August Herzog von Sachsen-Weimar-Eisenach.

Schach, Johann Gottlob (gest. 1813), Hoflakai, Diener im Haus Charlotte von Steins.

Schardt, Concordia Elisabetha von (1724-1802), geb. Irving of Drum, Charlotte von Steins Mutter, Ehefrau von Johann Wilhelm Christian von Schardt.

Schardt, Ernst Karl Constantin von (1744-1833), ältester Bruder Charlotte von Steins, Kammerherr, Regierungs- u. Hofrat in Weimar, Großherzoglich Sächsischer Wirklicher Geheimer Rat in Weimar.

Schardt, Friederike Sophie Eleonore von (1755-1819), geb. von Bernstorff, Charlotte von Steins Schwägerin, seit 1778 verheiratet mit Charlottes Bruder Ernst Karl Constantin von Schardt.

Schardt, Johann Wilhelm Christian von (1711-1790), Charlotte von Steins Vater, Wirklicher Geheimer Rat, bis 1782 Reise- und Hofmarschall in Weimar.

Schardt, Ludwig Ernst Wilhelm (Louis) von (1748-1826), zweiter Sohn von Johann Wilhelm Christian von Schardt, Offizier in Eisenach, Hauptmann in den Koalitionskriegen 1792-1795, später Schloßhauptmann in Weimar, wurde 1809 in den Ruhestand geschickt. Kammerherr in Weimar.

Schardt, Sophie von (gest. 1804), geb. Freiin von Rheinbaben, Ehefrau von Charlottes Bruder Ludwig Ernst Wilhelm von Schardt.

Schönemann, Anna Elisabeth (Lili), (1758-1817), Goethes Braut, 1778 verh. mit dem Bankier Bernhard Friedrich von Türckheim in Straßburg.

Schröter, Corona Elisabeth Wilhelmine (1751-1802), Schauspielerin und Sängerin, ab 1776 in Weimar, zuletzt in Ilmenau.

Seckendorf-Aberdar, Karl Friedrich Sigismund Freiherr von (1744-1785), Offizier in österreichischen, dann in sardinischen Diensten, 1775-1784 Kammerherr in Weimar, Schriftsteller, Komponist Goethischer Lieder.

Seidel, Philipp Friedrich (1755-1820), aus Frankfurt a. M., 1775-1785 Goethes Diener, Sekretär und Vertrauter, 1785 Kammerkalkulator, 1789 Rentkommissar in Weimar.

Staff, Albertine Auguste von (1755-1836), Tochter von Johann Ernst Wilhelm von Staff, 1797 Hofdame in Karlsruhe, ab 1809 Hofdame der Herzogin Louise in Weimar.

Starck d. Ä. (Starcke), Johann Christian (1753-1811), seit 1779 Professor der Medizin in Jena, seit 1786 Leibarzt von Herzogin Anna Amalia und Herzog Carl August und weimarischer Hofrat, seit 1803 Direktor des Hebammeninstituts, 1804 Geheimer Hofrat.

Stein, Charlotte Albertine Ernestine Freifrau von (1742-1827), geb. von Schardt, seit 1764 verheiratet mit Josias von Stein, 1775-1786 Vertraute und Freundin Goethes.

Stein, Georg Wilhelm (1737-1803), Arzt in Kassel, Geburtshelfer, Lehrer der Entbindungskunst, Dozent am Collegium Carolinum in Kassel.

Stein, Gottlob Ernst Josias Friedrich von (1735-1793), Herr von Kochberg, seit 1775 Oberstallmeister in Weimar, verheiratet mit Charlotte von Stein.

Stein, Gottlob Ernst von (1767-1787), zweiter Sohn von Charlotte und Josias von Stein.

Stein, Gottlob Friedrich (Fritz) Konstantin von (1772-1844), dritter und jüngster Sohn von Charlotte von Stein, Goethes Zögling, Jurist, 1794 Kammerjunker in Weimar, seit 1795 in Breslau, 1798 preußischer Kriegs- und Domänenrat, 1810 Generallandschaftsrepräsentant.

Stein, Gottlob Karl Wilhelm Friedrich von (1765-1837), ältester Sohn von Charlotte und Josias von Stein, 1780 Schüler des Carolinums in Braunschweig, Hofjunker des Herzogs von Mecklenburg, 1796 Gutsherr auf Kochberg.

Stolberg-Stolberg, Christian Graf zu (1748-1821), Jurist, Dichter und Übersetzer, Amtmann in Tremsbüttel, dänischer Kammerherr, Bruder von Friedrich Leopold Graf zu Stolberg-Stolberg.

Stolberg-Stolberg, Friedrich Leopold Graf zu (1750-1819), Jurist, Schriftsteller und Übersetzer, fürstbischöfl. lübeckischer Gesandter in Kopenhagen, dänischer Gesandter in Berlin, Kammerpräsident in Eutin, Reisegefährte Goethes, Bruder von Christian Graf zu Stolberg-Stolberg.

Sutor, Christoph Erhard (1754-1838), 1776-1795 Diener und Schreiber Goethes.

Valenti, Giuseppe de (geb. 1768), Lektor der italienischen Sprache an der Universität in Jena.

Veltheim, August Ferdinand Graf von (1741-1801), Mineraloge, Geologe, Polyhistor, Vizeberghauptmann in Zellerfeld, Gutsbesitzer in Harbke bei Helmstedt.

Voigt d. Ä., Christian Gottlob von (1743-1819), Weimarer Jurist und Staatsbeamter, Bergrat und Kollege Goethes in der Bergwerkskommission, 1777 Regierungsrat in Weimar, 1783 auch Geheimer Archivar, 1791-1815 Mitglied des Geheimen Conseils, 1794 Geheimer Rat, 1807 Oberkammerpräsident, seit 1815 Präsident des Staatsministeriums.

Voigt, Johann Karl Wilhelm (1752-1821), Bruder von Christian Gottlob Voigt d. Ä., Mineraloge und Geologe in weimarischen Diensten, 1783 Sekretär der Bergwerkskommission, 1789 Bergrat in Ilmenau.

Waldner von Freundstein, Luise Adelaide (Laide) Gräfin (1746-1830), Hofdame der Herzogin Louise in Weimar, Stiftsdame zu Schacken.

Wedel, Johanna Marianne Henriette (1750-1815), geb. von Wöllwarth-Essingen, 1782 Ehefrau von Otto Joachim Moritz von Wedel, Hofdame der Herzogin Louise in Weimar.

Wedel, Otto Joachim Moritz von (1752-1794), Jagdjunker in Weimar, seit 1776 Oberforstmeister und Kammerherr.

Werthern-Beichlingen, Jakob Friedemann Graf von (1739-1806), auf Neunheilingen, ehemals sächsischer Gesandter am spanischen Hof.

Werthern-Beichlingen, Johanna (Jeanette) Louise Gräfin von (1752-1811), geb. Freiin vom und zum Stein, Ehefrau von Jakob Friedemann Graf von Werthern-Beichlingen.

Witzleben, Friedrich Hartmann von (1722-1788), Herr auf Martinroda und Elgersburg, Geheimer Rat, Obermarschall der herzoglichen Höfe in Weimar.

Zimmermann, Johann Georg Ritter von (1728-1795), Schweizer Mediziner, Philosoph und Schriftsteller.

Literaturverzeichnis

Quellenwerke

Goethe, Johann Wolfgang von: *Repertorium sämtlicher Briefe 1764-1832*. Hrsg. Klassik Stiftung Weimar. Darin enthalten Digitalisate der Briefe von Goethe an Frau von Stein.
http://www.klassik-stiftung.de/forschung/digitale-dokumente/digitalisierte-bestaende/briefe-von-goethe-an-charlotte-von-stein/

Goethe, Johann Wolfgang: *Briefe. Historisch-kritische Ausgabe. Band 3: 8. November 1775 – Ende 1779*. Hrsg. Georg Kurscheidt, Elke Richter. Berlin, Boston 2014.

Goethe, Johann Wolfgang: *Briefe. Historisch-kritische Ausgabe. Band 6: Anfang 1785 – 3. September 1786*. Hrsg. Volker Giel, Susanne Fenske, Yvonne Pietsch, Gerhard Müller. Berlin 2010.

Goethe, Johann Wolfgang: *Gedenkausgabe der Werke, Briefe und Gespräche. 28. August 1949*. Hrsg. von Ernst Beutler. Erg.-Bd. 2: *Tagebücher*. Hrsg. von Peter Boerner. Zürich 1964.

Goethe, Johann Wolfgang: *Gespräche. Eine Sammlung zeitgenössischer Berichte aus seinem Umgang*. Auf Grund der Ausgabe und des Nachlasses von Flodoard Freiherrn von Biedermann ergänzt und hrsg. von Wolfgang Herwig. 5 Bde. Zürich/Stuttgart/München 1965-1987.

Goethe, Johann Wolfgang: *Sämtliche Werke, Briefe, Tagebücher und Gespräche*. (Frankfurter Ausgabe) Erste Abteilung: 27 Bde. Zweite Abteilung: 13 Bde. Frankfurt a. M. 1985 ff.

Goethe, Johann Wolfgang: *Werke*. Hrsg. im Auftrag der Großherzogin Sophie von Sachsen. (Weimarer Ausgabe) Weimar 1887-1919.

Göthe's Briefe an Frau von Stein aus den Jahren 1776 bis 1826.
Hrsg. A. Schöll. 3 Bde. Weimar 1848-1851.

Goethes Briefe an Frau von Stein nebst einem Tagebuch aus Italien und Briefen der Frau von Stein. Mit einer Einleitung von K. Heinemann. 4 Bde. Stuttgart und Berlin o. J.

Goethes Briefe an Charlotte von Stein. Hrsg. Jonas Fränkel. Umgearbeitete Neuausgabe. Berlin 1960.

Lotte meine Lotte. Die Briefe von Goethe an Charlotte von Stein. 1776-1786. Mit einer Kommentierung und einem Nachwort von Jan Volker Röhnert. 2 Bde. Berlin 2014.

»Briefe der Frau von Stein an Knebel«. In: *Stunden mit Goethe. Für die Freunde seiner Kunst und Weisheit.* Hrsg. Wilhelm Bode. 10 Bde. Berlin 1905-1921.

Briefwechsel des Herzogs-Großherzogs Carl August von Sachsen-Weimar-Eisenach mit Goethe. Hrsg. von Hans Wahl. 3 Bde. Berlin 1915-1918.

Gesamtregister zu Goethes Weimarer Ausgabe. Hrsg. von Paul Raabe, Bearbeiterin Mechthild Raabe. München 1990.

Goethes Amtstätigkeit für den Ilmenauer Bergbau. Dokumentation zur Archivalienausstellung des Thüringischen Hauptstaatsarchivs Weimar in Verbindung mit dem Staatsarchiv Ilmenau. Bearbeitet von Claudia Fiala, Jens Riederer und Volker Wahl. Ilmenau 1998.

Herder, Johann Gottfried: *Briefe.* Hrsg. von W. Dobbeck und G. Arnold. Weimar 1984-1988.

Reichard, Heinrich August Ottokar (Hrsg.): *Theaterkalender (1775-1800).* Jahrgänge 1775, 1782, 1783.

Rohmann, Ludwig (Hrsg.): *Briefe an Fritz von Stein.* Leipzig 1907.

Steiger, Robert: *Goethes Leben von Tag zu Tag. Eine dokumentarische Chronik*. Zürich und München 1982 ff.

Steiger, Robert: *Goethes Leben von Tag zu Tag. Eine dokumentarische Chronik. Generalregister*. Hrsg. Siegfried Seifert. Berlin und Boston 2011.

Suphan, Bernhard (Hrsg.): »Briefe von Goethe und Frau von Stein an Johann Georg Zimmermann«. In: *Wartburgstimmen*. II. Jg. No. 3. 1904.

Unterberger, Rose: *Die Goethe-Chronik*. Frankfurt am Main und Leipzig 2002.

Zur deutschen Literatur und Geschichte. Ungedruckte Briefe aus Knebels Nachlaß. Hrsg. Heinrich Düntzer. 2 Bde. Nürnberg 1858.

Benutzte Literatur (in Auswahl)

Biedrzynski, Effi: *Goethes Weimar. Das Lexikon der Personen und Schauplätze*. Zürich 1992.

Bode, Wilhelm: *Charlotte von Stein*. Berlin 1920.

Boyle, Nicholas: *Goethe. Der Dichter in seiner Zeit*. 2 Bde. München 1995.

Bürgin, Hans: *Der Minister Goethe vor der Römischen Reise. Seine Tätigkeit in der Wegebau- und Kriegskommission*. Weimar 1933.

Düntzer, Heinrich: *Charlotte von Stein, Goethe's Freundin*. 2 Bde. Stuttgart 1874.

Eissler, Kurt R.: *Goethe. Eine psychoanalytische Studie. 1775-1786*. 2 Bde. München 1987.

Femmel, Gerhard (Hrsg.): *Corpus der Goethe-Zeichnungen*. Leipzig 1958-1973.

Flach, Willy: *Goetheforschung und Verwaltungsgeschichte. Goethe im Geheimen Consilium*. Weimar 1952.

Hacks, Peter: *Ein Gespräch im Hause Stein über den abwesenden Herrn von Goethe*. Berlin 2010.

Kaufmann, Hans: »Goethes Gedicht an Frau von Stein vom 14. April 1776«. In: *Weimarer Beiträge*, 3, 1964.

Klauß, Jochen: *Charlotte von Stein. Die Frau in Goethes Nähe*. Zürich 1995.

Koopmann, Helmut: *Goethe und Frau von Stein. Geschichte einer Liebe*. München 2002.

Kuhn, Dorothea: »Vertan und vertanzt. Zur Edition von Zeugnissen aus Goethes Rechnungsführung«. In: *Edition von autobiographischen Schriften und Zeugnissen zur Biographie*. Hrsg. von Jochen Golz. Tübingen 1995.

Maltzahn, Hellmuth Freiherr von: *Karl Ludwig von Knebel. Goethes Freund*. Jena 1929.

Michel, Christoph (Hrsg.): *Goethe. Sein Leben in Bildern und Texten*. Frankfurt a. M. 1982 (2. Auflage 1998).

Safranski, Rüdiger: *Goethe. Kunstwerk des Lebens*. München 2013.

Schöne, Albrecht: *Der Briefschreiber Goethe*. München 2015.

Seckendorff, Curt Graf von: *Karl Siegmund Freiherr von Seckendorff am Weimar'schen Hofe in den Jahren 1776-1785*. Leipzig o. J.

Sengle, Friedrich: *Das Genie und sein Fürst*. Stuttgart, Weimar 1993.

Stein, Carl von: *Goethe*. Leipzig 1924.

Susmann, Margarethe: *Deutung einer großen Liebe. Goethe und Charlotte von Stein.* Zürich/Stuttgart 1951.

Stein, Carl von: *Goethe*. Leipzig 1924.

Tümmler, Hans: »Knebel und Carl August«. In: *Viermonatsschrift der Goethe Gesellschaft.* 9. 1944.

Unseld, Siegfried: *Goethe und seine Verleger.* Frankfurt a. M. und Leipzig 1991.

Unseld, Siegfried: »›Mein Lebenswerk ist das eines Kollektivwesens ...‹ Goethes Produktionsweise«. In: *Insel Almanach auf das Jahr 1999. Johann Wolfgang Goethe zum 250. Geburtstag.* Zusammengestellt von Hans-Joachim Simm. Frankfurt a. M. und Leipzig 1998.

Zapperi, Roberto: *Das Inkognito. Goethes ganz andere Existenz in Rom.* München 1999 (4. Auflage 2002).

Dank

Für die kritische Lektüre des Manuskriptes danke ich
Christine Razum, Dr. Sebastian Kleinschmidt, Hans
J. Wiedemann und meiner Verlegerin Ulla Unseld-
Berkéwicz. Gesine Dammel danke ich für ihre sorgfäl-
tige Lektorierung.

Am Meer, 31. Juli 2015
                                        Sigrid Damm

»Eure Liebe begleite mich ...«

Oft und gern sei er *in Gotha* gewesen, an seine Aufenthalte dort würden *sich die reichsten Erinnerungen eines langen Lebens knüpfen*, erinnert sich der 78-jährige Goethe.

Als junger Mann hatte er von Italien dem Gothaer Herzog sogar seine Dienste angeboten. Dennoch ist Weimar über fünfzig Jahre Goethes Lebensort geblieben; die Stadt, an die sich der Begriff der Weimarer Klassik bindet.

Hätte es nicht auch Gotha sein können? Diese Frage ist der Ausgangspunkt von Sigrid Damms Buch.

Vom ersten Aufenthalt des 19-jährigen Studenten auf Schloss Friedenstein über die intensive Zeit der Freundschaft Goethes zum Gothaer Regenten und dessen Bruder bis hin zum alten Dichter, dem Besuche und Nachrichten aus Gotha stets willkommen sind, wird erzählt.

Dieses Buch – wie stets bei Sigrid Damm auf der Grundlage akribischer Recherchen erarbeitet – enthüllt ein weitgehend unbekanntes Kapitel in Goethes Biographie und fügt ihr eine neue aufregende Farbe hinzu.

Sigrid Damm, Goethes Freunde in Gotha und Weimar.
Gebunden. 239 Seiten

Sigrid Damm

Christiane und
Goethe Eine Recherche

»Meisterhaft und erschütternd geschrieben.«
Marcel Reich-Ranicki

»Wärst Du nur jetzt bei mir! Es sind überall große breite Betten, und Du solltest Dich nicht beklagen, wie es manchmal zu Hause geschieht. Ach! mein Liebchen! Es ist nichts besser als beisammen zu sein. Wir wollen es uns immer sagen.«
Goethe an Christiane, 10. September 1792

Sigrid Damms Recherche *Christiane und Goethe* ist die erste authentische Lebensgeschichte Christianes und ihrer Partnerschaft mit Goethe, die über achtundzwanzig Jahre währte – »spannend wie ein Roman und doch in allen Einzelheiten verbürgt«. (Andreas Nentwich, *Neue Zürcher Zeitung*)

Sigrid Damm, Christiane und Goethe. Eine Recherche.
insel taschenbuch 4380. 531 Seiten

Sigrid Damm

**Die Rehabilitierung
eines Dichters**

Vögel, die
verkünden Land
Das Leben des Jakob Michael Reinhold Lenz

Sigrid Damm erzählt das Leben des wilden Träumers und unge-
wöhnlich begabten deutschen Dramatikers Jakob Michael Reinhold Lenz, das über die Jahrhunderte durch Halbwahrheiten und
Goethes hartes Urteil in *Dichtung und Wahrheit* entstellt war.
Kindheit im Baltikum in einem Pfarrhaus, Studienzeit in Königs-
berg bei Immanuel Kant, Flucht nach Straßburg und die glück-
voll-produktiven Jahre dort, Freundschaft zu Goethe; schließlich
Weimar und Goethes Bruch mit Lenz. Danach sein Umherirren
in der Schweiz, Ausbruch der Krankheit, Rückkehr nach Livland.
Und die letzten Jahre im russischen Exil, wo Lenz zweiundvier-
zigjährig auf offener Straße in Moskau stirbt.

Sigrid Damm, Vögel, die verkünden Land. Das Leben des
Jakob Michael Reinhold Lenz. insel taschenbuch 4418. 452 Seiten